U0932424

龍騰之路

一个钢铁人的逐梦之旅

李根龙　著

中国文联出版社

图书在版编目（CIP）数据

龙腾之路：一个钢铁人的逐梦之旅 / 李根龙著 . --
北京：中国文联出版社，2024.3
ISBN 978-7-5190-5489-2

Ⅰ . ①龙… Ⅱ . ①李… Ⅲ . ①钢铁工业－工业企业－
经济发展－常熟 Ⅳ . ① F426.31

中国国家版本馆 CIP 数据核字 (2024) 第 061937 号

著　　者　李根龙
策　　划　赵纪军　董方春
责任编辑　周劲松　张　甜
责任校对　秀点校对
装帧设计　赵杜飞　贾闪闪

出版发行　中国文联出版社有限公司
社　　址　北京市朝阳区农展馆南里 10 号　　邮编　100125
电　　话　010-85923025（发行部）　　010-85923091（总编室）
经　　销　全国新华书店等
印　　刷　三河市龙大印装有限公司

开　　本　710 毫米 × 1000 毫米　1/16
印　　张　17
字　　数　340 千字
版　　次　2024 年 3 月第 1 版第 1 次印刷
定　　价　79.00 元

图 1　龙腾特钢党委书记、董事长季丙元

图 2　龙腾特钢八号门全景

图 3　20 世纪 90 年代后期，龙腾拆除篱笆墙，重砌砖墙，这是当时的新厂门

图 4　20 世纪 90 年代的龙腾厂区一角

图 5　20 世纪 90 年代的轧球生产线

图 6　2009 年 12 月 18 日，炼铁分公司工程打下第一根桩

图 7　创业之初简陋的大会主席台，左起分别为丁君华副厂长、季丙元厂长、张丽明主任

图 8　龙腾新能科技装备有限公司全景

图 9　智能化端板生产线

图 10　龙腾汽车锻件公司机加工中心

图 11　全封闭原料码头及目前国内跨度最大的拱形屋面太阳能光伏发电厂

图 12　龙腾特钢 · 北科大创新发展研究院

图 13　PC 钢棒生产线

图 14　季丙元董事长在车间与技术人员交流

图 15　2011 年 3 月 17 日，徐利副总经理为高炉点火后的第一炉铁水点赞

图 16　2014 年 7 月，季丙元董事长被评为全国钢铁工业劳动模范

图 17　2018 年 11 月，龙腾特钢第一个海外工厂——龙腾艾梅伊（赞比亚）工厂竣工投产

图 18　2019 年，龙腾特钢与越南同行举行联谊会

图 19　2021 年 6 月，季丙元董事长参加建党百年座谈会

图 20　2021 年 9 月，“船舶用钢供需座谈会”在龙腾举行

图 21　2022 年，徐胜副总经理在龙腾先进集体和员工表彰会上讲话

图 22　2022 年，徐胜副总经理与淡水河谷战略合作签约

图 23　2022 年 9 月，龙腾出资翻建的聚沙西村全部完工，交付村民

图 24　2022 年，龙腾拥有完全知识产权的两项新技术半自磨“时空动态加球法”和“时空延时加球法”经专家鉴定达到国际领先水平。

图 25　不远万里赞比亚分厂送党课（左 1 为徐胜副总经理、左 2 为朱永坤副书记）

图 26　龙腾希尔顿酒店效果图

图 27　建于宋代的梅李聚沙塔（梅李镇党政办公室提供）

图 28　穿镇而过的梅塘（常浒河）（梅李镇党政办公室提供）

目 录

序 章

龙腾印象

"龙腾",是江苏龙腾特钢集团有限公司的简称,也是中国钢铁行业耳熟能详的一个品牌。

龙腾建于1993年,2023年迎来了它的三十周年华诞。而立之年的龙腾今非昔比。

龙腾坐落在常熟市第一个镇办工业经济开发区——梅李镇,但龙腾又不仅在开发区,从昔日的小巷通塔路到梅李塘岸畔的聚沙路,再从聚沙路到经济开发区,龙腾有过三次迁徙的经历。但每一次乔迁,龙腾都保留了原先的生产基地,那里的厂房和设备犹在,生产运营也如常进行。

对30年里的"龙腾三迁",与其说是"迁徙",不如说是三次规模上的"扩张"。30年里,龙腾从一个大铁匠铺子似的钢铁作坊,靠"踏石留印、抓铁有痕"的实干精神一步步成长壮大,最终跻身"江苏工业企业百强""中国民营企业500强"。"龙腾三迁"是从小到大、由弱到强的历程与跨越。

2018年年底,常熟市曝出一个惊艳全市的新闻:龙腾缴纳的税金达到10.5亿元,在改革开放40周年之际,龙腾以优异成绩,向党和国家奉献了一份厚礼。这一令人瞩目的成就在常熟工业发展史上显然具有里程碑的意义。

而在2018年年底召开的全市工业企业负责人座谈会上,当市委领导要求各企业自报年创税收情况时,往年的纳税老大哥企业按惯例次第报数,到了龙腾党委书记、董事长季丙元发言时,他只是平静地说:"龙腾的税金比去年略有增长。"

那年,龙腾销售各类特钢438万吨,是1949年全国钢铁总产15万吨的29倍多,实现销售额190亿元、出口创汇40亿元,同比均有大幅增长。

这就是龙腾,只是默默攀登,从不张扬显摆,更不会因为哪方面成就高于兄弟企业而顾盼自雄。因为龙腾追求的目标更高更远,它只与强者较劲比拼,在年纳税动辄数十亿元、上百亿元甚至上千亿元的中国钢铁同行中，龙腾从来不敢妄自尊大。

龙腾人一向以多纳税为荣。

2008 年，龙腾创造的税金首过亿元，进入全市十大纳税大户行列，季丙元并没有满足，“才一亿元”呀！让他耿耿于怀的是周边大钢厂那些诱人的数据。

不过，2018 年的确是龙腾“名利双收”的一年，在取得骄人业绩的同时，还获得了“中国钢铁行业改革开放 40 周年功勋企业”“江苏省改革开放 40 周年十大影响力功勋企业”等尊贵的称号。季丙元本人被评为“苏州市十大杰出人物”。

最让龙腾人兴奋和倍加珍惜的是，2021 年 7 月，在建党百年之际，龙腾特钢党委被评选为“江苏省先进基层党组织”，这是龙腾在常熟市独享的殊荣。

2020 年，龙腾提出到 2023 年实现钢铁产量 500 万吨的基础建设布局，为不久的将来再增百亿元销售额和创造 40 亿元利税的目标做好前期准备工作，在 2024 年元旦前，所有目标均已完成。这是龙腾在 30 周年华诞之际为本厂定制的“一盒大蛋糕”，也是龙腾的发展后劲所在。

龙腾探秘

是什么让这个当年岌岌可危，举步维艰，招工无人问津，借贷求告无门，几近靠山山倒、靠水河干的小钢厂不断超越，从常熟地方工业企业中的末梢直至独占鳌头的呢？

是什么让许多人对龙腾刮目相看，让常熟市成千上万家企业艳羡不已，更有人在努力探寻龙腾后来居上的奥秘的呢？

人们对龙腾的崛起感到诧异是有理由的。

论厂龄，在常熟市，作为钢铁企业的龙腾姗姗来迟，直到 1993 年建立，1994 年才投产。而当时在本地和周边城市先于龙腾建立的钢铁企业大大小小已有数十家，并早已在市场占尽了先机。

论行业，常熟市自古就是一个以轻工、纺织、服装为主的江南小城，能和钢铁沾上边的只有街头铁匠铺子，后来才陆续出现的钢铁企业并不具有行业优势，钢铁厂的生产、营销、工艺及内部管理是常熟市工业体系中薄弱的一环。对龙腾这个在农村集镇上冒出来的“小萝卜头”，人们起先也并未寄予多大希望，所赋予的功能无非就是让他们“多养几个人”而已。

论产品，龙腾建厂之初，常熟市多家大小钢厂由于缺少原始创新能力，在产品结构上竞相跟风模仿，同质化丧失了企业的独特优势，龙腾也未能幸免。

论市场，龙腾的产品也就一个“光杆儿”——螺纹钢，而同城、同行、同质、同产品的低价恶拼堪称惨烈。龙腾起家时设备简陋，仅有两座面积各为 2 000 平方米的车间，员工都是来自田旮旯的庄稼汉。那么，龙腾是如何从一个毫不起眼的小微企业脱颖而出一步步跻身常熟市工业企业第一方阵，从四处举债到常熟市第一纳税大户的呢？

自小刺头深草里，
而今渐觉出蓬蒿。
时人不识凌云木，
直待凌云始道高。

这是唐人杜荀鹤的名诗《小松》。

如果把龙腾比作一棵松树，它在幼苗时代生长在茂密的草丛里不为人所知，但它顽强地刺向天空，在岁月的风吹雨打里不断成长，直至成为令人赞叹的参天大树。

有人说，龙腾是“一匹黑马”，有人说，龙腾是“一鸣惊人”。其实，哪有什么所谓的“黑马”，哪有什么“一鸣惊人”的好运，龙腾是拼出来的，是季丙元在党和政府领导下，带着他的农民兄弟含辛茹苦、百折不挠地拼出来的。

成功，是一个让人自豪、骄傲的结果。但没有偶然的成功，每一个成功者的背后都有着不为人知的艰辛与苦难。爱因斯坦说：“成功 = 艰苦劳动 + 正确方法 + 少说空话。”从这点来说，成功的企业都一样，不成功的企业各有各的不幸。

“骄兵必败，哀兵必胜”，也许正因为龙腾早期的不顺与困厄，反而磨砺了龙腾掌舵人季丙元的意志，激发了他的斗志，使他不屈不挠地带着龙腾员工与苦难、不幸抗争、角逐，并在顽强的搏击过程中产生了一种“抗体”，有了应付未来各种挑战的抗力和实战智慧，从而在云谲波诡的市场竞争中保持清晰的思路和对于危机的警觉，得以一次次化险为夷，驶向风光无限的彼岸。

作为一个有着数十年新闻从业经历的记者，我在离开新闻单位后，有幸在龙腾工作了 5 年。其间，在龙腾火热的生产现场、在纯朴憨厚的工友之间，我耳濡目染，对龙腾的“前世今生”逐渐有所认识。而与季丙元董事长零距离接触，以及与其他干部员工的交往，让我看到了季丙元董事长的聪慧睿智、丰富的实战经验和钢铁般的意志，也让我看到了集结在龙腾麾下的人才的力量。这是一个群英荟萃、藏龙卧虎的特种钢铁企业。季丙元以优秀禀赋和他带领全体龙腾人在逆境中的坚忍、坚韧及破釜沉舟的拼搏精神造就了今天的龙腾。

这一切的动力何在？我想，源于季丙元常说的四个词八个字里："感恩、珍惜、争气、回报。"

感恩是对党、对这个伟大时代心怀感恩。"没有党的领导，一个人的本事再大也没用；没有党的指引，一个企业不可能发展壮大"，"没有党的改革开放政策，我们这些人只能耽误在田里了"。2020 年 10 月，季丙元在公司召开的一次干部大会上如是说。

珍惜就是珍惜这大好时光，珍惜发展的历史机遇，珍惜党和政府为民营经济提供的好政策、创造的好环境，珍惜在龙腾举步维艰的起步阶段，义无反顾地加盟龙腾、为龙腾慷慨解囊的患难之交，珍惜龙腾第一代创业者——那些灰头土脸、身上油渍锈迹斑斑的老员工勠力同心打下的基业。

争气就是要为企业争气，为乡亲们争气，为始终关爱龙腾，对龙腾寄予无限希望的各级党组织争气。还要为披星戴月、含辛茹苦抚育他们兄弟姐妹的父母争气，也为自己争气。

回报就是做出成就，报效国家、报效故乡、报效人民，这是奋斗的出发点，也是奋斗的缘由。为国家多纳税，为地方经济发展、公益事业、脱贫攻坚多做贡献，以一个企业家应有的担当造福一方，承担起自己和企业的社会责任。季丙元说过，个人所需无非日食三餐、夜眠八尺，而报效祖国和人民的事业是无限的。

可以说，"感恩、珍惜、争气、回报"就是潜藏在季丙元心灵深处的原动力。

龙腾精神

东汉哲学家、思想家王充说："涉浅水者见虾，其颇深者察鱼鳖，其尤甚者观蛟龙。"作家、记者只有深潜水底，才能了解一线建设者的真情实感，看到闪烁在他们身上的时代精神。

"人是要有一点精神的"，企业更要有一点精神。在梅李镇、在常熟市，有一种精神叫"龙腾精神"——龙腾特钢人的精神。精神是人们在改造世界的社会实践活动中通过人脑产生的观念、思想上的成果。龙腾精神是龙腾全体员工共同的意志和思想境界，是现代意识与龙腾企业结合的群体意志，也是这家钢铁企业辉映着党的精神谱系光芒的时代精神，是现代意识与龙腾企业结合的群体观念。现代意识即为新时代社会、市场、质量、信念、效益、文明、道德等意识汇集而成的价值观。

季丙元董事长把龙腾迄今为止的30年划分为四个发展阶段，分别是艰辛起步阶段、规模扩张阶段、全面提升阶段、创新发展阶段。

在"艰辛起步阶段"，他们靠披荆斩棘、不畏艰险的拼搏精神和坚忍不拔、勇往直前的进取精神克服困难，战胜艰难险阻，使龙腾在钢铁领域强势同行林立的市场上站稳了脚跟。

在"规模扩张阶段"，龙腾上下在共同的拼搏过程中，形成了"同甘共苦、患难与共的团队精神"，靠"聚精会神、勤勤恳恳的实干精神"求发展，实现了企业规模和产品市场的两个扩张。

进入"全面提升阶段"后，龙腾以"差异化发展"战略思维为指导，以专精特新为产品指导开发了3个核心产品。接着，龙腾以"破釜沉舟、志在必得的奋斗精神"，斥资十多亿元，竖起高炉，建成炼铁分公司，企业由此从一个来料加工企业升格为综合钢铁联合企业。

此后，龙腾紧随新时代的铿锵步伐进入目前的"创新发展阶段"。在这一阶段，龙腾人以"追求卓越、勇于突破的创新精神"争做贡献。2019年以来，龙腾总投资过百亿元，十大新项目接踵而至，先后建成了焊材分公司、汽车锻件分公司、新能源装备科技有限公司、双高线厂等，建成码头料场环保大棚，大棚一棚两用。"三废"治理成效卓著，2022年11月，龙腾通过了钢铁行业全流程环保超低排放改造公示，并先后荣获江苏省级绿色工厂、国家级绿色工厂、"国家级需求侧管理示范企业"、"中国'碳达峰'领军企业"等荣誉。此外，龙腾相继建成党建中心、会务中心和体育中心、龙腾希尔顿酒店。在脱贫攻坚战、乡村振兴战略、美丽乡村建设和抗疫斗争中龙腾勇于担当，积极参与，充分体现了他们的"家国情怀""心系天下"的奉献精神。

龙腾的精神可提炼为：

披荆斩棘、不畏艰险的拼搏精神；

坚忍不拔、勇往直前的进取精神；

同甘共苦、患难与共的团队精神；
聚精会神、勤勤恳恳的实干精神；
破釜沉舟、志在必得的奋斗精神；
志存高远、不骄不躁的空杯精神；
追求卓越、勇于突破的创新精神；
家国情怀、心系天下的奉献精神。

历史长河奔腾不息，唯有精神财富才是人类历史长河上永不消逝的粼粼波光。龙腾精神是龙腾人在党的指引、教导之下和在企业生产实践中不断升华的思想境界，不断充实的企业文化内核。

季丙元多次说过："如果没有这样的精神，就没有今天的龙腾。"龙腾人凭借这样的精神成就了今天的龙腾，传承这样的精神，也必然会迎来更辉煌的未来！

龙腾之歌

常熟市地处长江下游，境内景色秀丽，湖山如画，充满灵秀之气。一方水土养一方人。数千年来，常熟人生活在这片有山有水、山水相依的土地上，也形成了兼具水之柔情、山之刚毅的品格。

在这座美丽的国际花园城市里，人们看到的不仅有曼妙柔美的江南水乡风光，更有时代弄潮儿创造的一个个经济奇迹。在这片仅 1 146 平方千米的热土上，星罗棋布着几万家工商企业，密度高达每平方千米 20 多家。

一家工厂，一个故事。
一个梦想，一个约定。

在美丽的国家森林公园虞山和不舍昼夜滚滚东流的长江之间，有一片气势恢宏、总面积达到 4 000 多亩的厂区，那就是江苏龙腾特钢集团有限公司，人们习惯叫它"龙腾"，这是简称，也是人们对它的昵称。

巍峨耸立的高炉里铁流滚滚、腾焰飞芒，数百条生产线上缓缓移动的火龙源源不断地在尽头推出圆钢、耐磨球、轴承钢球、PC 钢棒、船用型钢，以及各种各样的钢锭……

环绕着这座钢城的华联路、龙腾路、新泾路上的大货车首尾相连，绵延数公里。这些挂着豫、沪、皖、浙、鲁、苏等祖国各地牌照的大货车穿梭其间，夜以继日地把带着龙腾温度的特钢运往祖国各地和世界 40 多个国家、地区。

寒来暑往 30 年，在这并不算多长的 30 年里，龙腾取得的经济成就让人感佩，而更让人惊艳的是龙腾的厂容厂貌，它颠覆了人们心中原本的钢厂形象。如今的龙腾特钢已彻底甩掉了钢铁企业“傻大黑粗”的帽子，他们打赢了蓝天、碧水、净土保卫战，最终成为一座“长在树林里的钢铁厂”。2021 年 12 月底，龙腾获得了国家工业和信息化部颁发的“中国绿色工厂”称号，季丙元董事长追求的“绿色特钢，生态龙腾”以其崭新的形象让人耳目一新。

曾经，留在人们印象中的钢铁厂是这样的：灰蒙蒙的厂房，浓烟滚滚的高炉烟囱，厂房上空弥漫的烟气，地面上总是有些漂浮着黄色油渍的污水细流，鼓风机、排气扇、电动机不停地嘶吼着，时有震耳欲聋的钢铁碰撞的响声，还有车辆在厂区道路上急驰时卷起的尘土……

而在龙腾，“绿”早已成为这片庞大钢铁工业园区的基色和标识，作为一位新闻工作者，我曾去过许多工矿企业，而龙腾是我见过的所有企业中最绿最美最整洁的一家。整个厂区的绿化面积占比高达 40%，公司的绿化总面积达到 20 多万平方米。占地 400 亩的龙腾农业采摘园更是如诗如画，已经成为常熟市的一个新景点。

初到龙腾，正是草木葱茏、百花盛开的江南四月天，漫步龙腾，扑面而来的是一片浓绿。整个厂区没有裸露的泥土，总部和各分公司的园林里绿草如茵、鲜花烂漫，空气里流动着碧树、花草散发的宜人芳香，让我嗅到了虞山、尚湖的气息。

龙腾厂房的绿色墙体和橙色屋面与周边美景相映生辉，也让龙腾显得格外绚丽明净。厂区中央，那支由天蓝色打底的圆柱体烟囱四周画着洁白的云朵，告诉我龙腾人对蓝天白云的崇尚。经处理，从烟囱里冒出来不再是烟，而是乳白色的水蒸气。

常浒河，一条穿过梅李集镇故而又叫“梅塘”的古老河流，逝者如斯，滔滔不绝地在常熟市大地上流淌了数千年。

距龙腾大本营四五千米外的梅塘南岸，有一座覆盖面积达到 328 亩的环保大棚，那是龙腾的水运码头和原料货场。

2019年，季丙元董事长为根治货场扬尘问题，动用3亿元资金，建造了一个硕大无朋的封闭库场，库场里堆放着小山包似的矿砂。忙忙碌碌的装卸桥、起重机、龙门吊、叉车、送取货机等装卸机械井然有序地分列河道两岸，一根直径近一米，长约5千米的全封闭橡胶管道把货场和炼铁分厂连了起来，这个架设在空中的管道源源不断地把铁矿砂从码头输送到炼铁分厂。

全封闭的货场码头、全封闭的输送管道、全封闭的运输车辆，没有任何尾气的电动大卡车，使龙腾实现了“用料不见料，生产不见尘”的目标。

龙腾的水路运输码头坐落在聚沙东路上，码头库房里堆放着码得横平竖直的特钢成品。从码头往东10千米就是波浪滚滚的万里长江，龙腾特钢近半数的钢产品就是通过长江转运到祖国和世界各地的。

“苔花如米小，也学牡丹开。”1993年，龙腾仅40多个工人，两座小厂房，一条生产线，一台加热炉。但这座钢铁行业的“苔花”志向高远，自强不息，为的就是要像美丽高贵的“牡丹”那样盛开怒放。后来，它做到了！

目前，龙腾员工队伍已增加到6 000人，建筑面积扩大到近250万平方米。当年那土法上马建造的螺纹钢生产线，早已被数百条具有国际先进水平的现代化、智能化生产线取代。

“绿色发展”“创新发展”“科学发展”“高质量发展”已成为龙腾雄浑激越的主旋律。迄今龙腾获得授权的专利已达到300多个，其中发明专利20多个。

30年的梦想与追求，30年的跋涉与搏击。悠悠岁月里，有龙腾人在坎坷长途上栉风沐雨、艰辛跋涉的脚印，有龙腾人在市场经济大潮中颠簸沉浮的身影，更有龙腾人执着的信念与坚定的守望。在不懈的奋斗中，进入而立之年的龙腾迎来了令人瞩目的辉煌！

一路风雨沧桑、一路阳光希望。龙腾从小到大、从弱到强。龙腾人奋斗的故事，深深地镌刻在苏南的这块土地上。

本书将循着季丙元率领龙腾人艰辛创业的足迹，通过深入采访当事人、知情人、见证人和搜集原始资料追踪史实和现实，去探寻龙腾的发展脉络与成功的秘籍，力求准确无误地厘清龙腾30年里的重大事件，全程、全景展现龙腾人创业、奋斗、圆梦的历程。再现季丙元等龙腾拓荒者用他们的青春和热血书写的奋斗篇章、铸就的灿烂辉煌，同时展现年轻的龙腾后来人传承龙腾精神，继往开来为祖国钢铁事业做出的新贡献。

我以“四个发展阶段”为脉络撰写此书，为叙述方便，也为给读者以完整印象，在写某个重要事件时，将跨越时空，予以完整的介绍。如耐磨钢球是在第一阶段开发的，到境外办厂虽已是第四阶段的事，就一并交代了。

作为本书作者，我要考虑的是两件事：

一是这本书能为龙腾留下什么？我想，要收集盘点龙腾在30年里的大事要事，讲好季丙元等龙腾人艰辛创业的故事，从中提炼龙腾企业精神，进而使之成为企业之魂，在精神的旗帜下上下同欲，继往开来，为百年龙腾奠基，为祖国的强大不懈奋斗。

二是能为读者，尤其是中小企业的创业者提供些什么？“未来中国，是一群正知、正念、正能量人的天下。要与智者为伍，与良善者同行。”就具体事物来说，人生各得其所，人与人非类不比，但每个人在自己的领域里都应力求把事情做到极致。虽说术业有专攻，但隔行不隔理，诸如企业管理理念、决策思路及以诚立人、以信立业和应对逆境与危机的智慧、举措等都是可以互相借鉴的。

所有通向成功的路上都有荆棘与陷坑，都有辛酸与煎熬。因此，在奋斗的征程上，有的人只走了几步便回头了，从此淹没在茫茫人海里；有的人走得稍远一点，但因多次失败而心力交瘁，没有坚持下去；有的人走得更远一些，然而却在接近成功之际功亏一篑，黯然下场。行百里者半九十，只有永不退缩，才能走出“山穷水尽疑无路”的迷茫，进入“柳暗花明又一村”的新天地。

探寻丰厚的龙腾企业文化内涵和精神动力，了解一个成功人士的禀赋，探寻他之所以能够把多次面临夭折风险的微型企业“带大”的奥秘，相信这多少会让读者有所悟、有所得。

艰辛起步

这是20世纪六七十年代梅李公社寺泾大队的一户普通人家。一家9口人，一个小院落，三间茅草房、一台锅灶、一架木织机、一辆手摇纺车、一副水桶、几把锄头、一根钉耙、两杆连枷、一个猪圈、一只羊、一个鸡窝……

正在草房屋面上忙着的是一家之主季雪根，他弄了些破缸片儿和几块碎磨盘压在屋面上的茅草上，为的是防止刮风时把铺在屋顶上的茅草吹乱甚至刮散。通常，常熟市农村人家都会把一些有点分量的东西压到屋面上，以固定屋面。

“嘎嗒嘎嗒嘎嗒嘎嗒……”从屋子里传出持续不断的机杼声。女主人温美英正在操纵织机。这是一架可以追溯到黄道婆时代的古老机械，是当年在常熟市农村人家常见的设备，用以纺织土布。织成的布料既可为一家人做衣裳、被罩、床单，也可以卖了挣俩小钱花。

“爸爸当心点呀！”当季雪根在屋面上拾掇的时候，一个五六岁的男孩仰着头用他清亮的童声提醒爸爸，这孩子就是季丙元。而每当妈妈坐在织机前脚踏手拉地操作织机时，小丙元澄澈的双眸会好奇地追踪在面前飞速来回穿行的线梭子。

这是季丙元记忆深处的家和他那辛劳的父母。

雪根真棒　他也是梅李现代工业奠基人

提到父亲，季丙元十分自豪。老人家是他心中的高山，也是他的骄傲。他曾说过：“父亲是我人生的导师，对我的影响最大。”

为了解季家从前的日子，我多次采访季丙元的弟弟季坤元。随着坤元的介绍，一位热情开朗、慷慨豪爽的农村汉子形象浮现在我的眼前。

为了让自己的5个孩子和父母一家9口能过上温饱的日子，季雪根与妻子温美英竭尽全力地“修地球，挣工分”，还喂了一头猪、一只羊，养了几只很争气的母鸡，它们天天下蛋，积多了就悄悄拿到街上卖，为家里换些油盐钱。

那时，季家最贵重的财产是妈妈用的织机，这台设备在艰苦的岁月里为补贴一家的生活派了很大的用场。

季雪根是各种农活的行家里手，他终年忙忙碌碌，农忙时节他“眼睛一睁，忙到熄灯”，披星戴月地“做地里（田间劳动）”，犁地耕种、插秧播麦、车水摇船、开沟挖渠都是一把好手。只是由于家里孩子多劳力少，任两口子多勤快还是年年透支，日子也一直过得紧巴巴的。可即使这样，季雪根也从不愁烦悲观，他总是乐呵呵的。

雪根还是村民公认的热心人，在村里以乐于助人著称。村里的老老少少都喜欢与他交往，哪家有什么难事急事，也都会找他拿个主意。他呢，来者不拒，有求必应，总是千方百计地帮这帮那，所以提到“雪根”这个名字，村里人都会跷大拇指。

为了改变家庭贫困状况，20世纪60年代初，季雪根进了常熟市铁红厂，成为厂里的一位外聘营销人员，为推销铁红粉，他常年驻扎在浙江杭州。后来，寺泾村也开了家小厂，村里让他“乘汤落面（搭车做相关的事）”，兼带着推销村里的产品，他二话不说，一口答应。

1967年，梅李镇的农、工、副三业经济开始起步，办了一些社队企业。为扩大梅李镇农副产品和工业产品的销量，公社谋求向外拓展，急需物色一位这方面的能人。

听说本公社有现成的人才，公社领导打听到这位能人就是寺泾村的季雪根，他正在杭州“做供销”。进一步了解，又得知他们家是“根正苗红”的三代老贫农。雪根口碑、口才都非常好，且豪爽大方，老的少的都合得来，生的熟的都不拘束。公社根据“又红又专”的用人标准，也很看中他的情商，决定把到浙江拓展业务的事务交给他负责——既然有现成的人才，哪能“放着河水不洗船”呀！

一天，两位公社干部专门找到季雪根，请他利用在杭州打下的天地和建立的关系，为推销梅李的工业产品、土特产品出把力。此外，还要他“再带只眼睛”，看看能不能从外地为梅李引进一些工业项目和生产原料。能为故乡的发展出把力，爽快的季雪根又是二话不说就应承了下来。

为方便工作，梅李公社建了个“公社农副产品联销社浙江办事处”。从此，季雪根除了担任铁红厂的业务代表外，还多了个梅李公社驻杭州办事处负责人这个身份。这之后开始了他单枪匹马在浙江为家乡发展打拼的历程。

在联购社，季雪根采、购、销一身兼，很快就展示出他出众的公关营销能力。他最初的任务是为梅李粉丝厂推销粉丝，成功地把公社粉丝厂生产的粉丝推向苏州、杭州和上海等地的商场。订单不断增加，销量直线上升，弄得粉丝厂加班加点还供不应求，不得已厂里招了工，也改了原来每天只开一个班的规矩，变为每天开两个班。

改革开放后，梅李镇和整个常熟市的厂子多了起来。20世纪八九十年代，常熟市各乡镇基本都有一个特色品牌，如辛庄的蛇皮、杨园的草皮、碧溪的羊毛衫、莫城的小化工等。梅李镇的特色产品就是竹器。

一开始，梅李镇只有两个大队有“竹器厂”，集镇上另有几个竹木行，生产竹篮、竹匾、竹席、牙签、绒线针、刷锅帚、热水瓶外壳等，但由于缺少柔韧性好的优质竹篾，产品质量有些问题，影响了销售，束缚了发展。

得知这个情况后，季雪根为解决梅李竹器行业“缺少好毛竹”的问题，在浙江考察调研了一圈，他发现，浙江山区有漫山遍野的竹林。货比三家之后，他果断下单订货，当第一批价廉物美的几大卡车毛竹运到梅李镇时，生产竹器的社员个个喜出望外。

公社领导曾要他“再带只眼睛”为梅李引进生产原料，毛竹也许就是梅李镇获得的第一种生产原料了，起码是“之一”。

这之后，时有满载毛竹的一辆辆大卡车在梅李街上招摇过市，成为当年镇上一道“流动的风景”。这道亮丽的“风景”就是由季雪根一手“设计制作”的。老一辈梅李人心中对此都有深刻印象。即便如今，人们提起来依然津津乐道。

有了充足的原料，那两家竹器厂越做越大，其他大队一见这行业投资少，见效快，来钱多，纷纷效仿，以至全公社24个大队竟有20个开了竹器厂，还不包括梅李街上的那些竹器行。

各厂生产的竹制品种类涉及日常生活的方方面面，小到牙签、大到竹制凉亭，还有针线笸箩、淘米箩、饭篮子、鱼篓子、鸟笼子、竹椅子、竹躺椅、各种形状的竹篮子应有尽有，多达200多种。这些竹制品篾丝细腻，纹理清晰。心灵手巧的梅李人独具匠心，让梅李一度成为华东地区有名的“竹器之乡”。

当时所有竹器的原料都来自季雪根，绝大多数的竹制品也都是通过他销往全国各地的。此外，还有梅李生产的锁、食品、绒毛玩具，等等，也都由季雪根牵线搭桥，销往上海、浙江和本省各地。

对季雪根，当年梅李镇分管工业的副书记肖根发是这样评价的：“雪根是梅李工业经济发展的功臣，他长期一个人在浙江为梅李打市场，很辛苦，也很有成效，梅李许多企业都是在他帮助下发展起来的。可以说，如果没有他的努力，梅李的乡镇工业就不会发展得这么快。这是我们镇党委、镇政府一致的看法。”他还说：“为了推销梅李的农副产品和工业品，雪根接触的客户很多，在外公关免不了有些人情往来，那时公社的出差补贴很少，为了打市场他常把自己的钱用得光光的，却从不计较这些得失。”

梅李镇原党委副书记、农工商总经理顾喜芳提到季雪根时说：“雪根是梅李现代乡镇工业的奠基人之一。他在杭州前后长达 26 年，这期间他就是梅李农副产品和百来家企业产品的总经销。他为梅李乡镇工业的兴起发挥了重大作用，是为梅李产品打开局面，走向全国市场的第一功臣。”顾喜芳也认为：“如果没有季雪根的努力，梅李乡镇工业不会发展得这么快。”

为了梅李农副业和工业的发展，也为了能多挣点出差补贴养家，季雪根常年在外，往往两三个月才能回来一次。孩子们常常缠着母亲问爸爸什么时候回家。一次，丙元、坤元又在缠着妈妈问“爸爸什么时候回来？”

对于孩子们的问题，母亲总是说“快哉快哉（快了快了）”，其实对丈夫何时回家她也没底儿，或许个把月，或许两三个月，没个准头。

孩子们对父亲的归来充满期待，除了想爸爸，也是因为爸爸的包裹里有各种好吃的杭州特产。每次回家爸爸都会把他那鼓鼓囊囊的包裹往桌上一放，在儿女期待的目光里，一会儿拿出一堆糖果、蜜饯，一会儿拿出各种动物造型的饼干，变魔术似的递给他的孩子们，这是他们最开心的时刻，妈妈则在一边笑盈盈地看着。

季雪根每次从杭州回来，高兴的不光是他的儿女，村里的其他小孩也都很兴奋，他们大呼小叫，互相传递“季伯伯”“季叔叔”回来的消息。不大一会儿，季家屋里就聚集了一群叽叽喳喳的邻家小孩。于是，“季伯伯”“季叔叔”会把糖果糕点拿出来分给那些孩子。

其实，季雪根在杭州购买这些儿童食品时，就已把邻家孩子的一份考虑进去了。拿到“好吃吃”的孩子们兴高采烈，手里抓着糕点、糖果的孩子吃一口看一看、看一看吃一口，困惑竟有这么好吃的东西，那神情让季雪根和温美英乐得直笑。丙元兄弟姐妹也都习惯了与人分享好吃、好玩的东西。

到了晚上，季家灯火通明，屋子里“涌足涌满（人多，水泄不通）”人，四乡八邻来看季雪根的人除了一些本公社的公社干部、大队干部之外，还有从碧溪、浒浦、周行、珍门等附近公社赶来的干部和厂长，他们来这里一是为了解外面的行情，二是托雪根到浙江代为找找客户。有请他帮忙推销布匹的，也有请他设法打开羊毛衫市场的，还有请他去推销玩具、土特产的……

“起码，你得为我们拿个主意。”他们说。那时，对于与赚钱过好日子有关的事，他们总是津津乐道，常常眉飞色舞地围在一起唠到半夜。

雪根陪着哥儿们抽烟聊天，美英忙着泡茶续水。20 世纪八九十年代，杭州的“西湖”牌香烟与上海的“凤凰”“牡丹”等好烟齐名，每次回来，季雪根都要买好几条，亲朋好友见了面，他就你一包我一包地扔给大家品尝。

对浙江市场有什么需求，哪些东西好卖，哪些东西前景看好，又有哪些东西太多卖不出价，他都说得头头是道。而他的话往往就是梅李和周边公社社队企业调整产品结构的依据。

一次，我去坐落在聚沙东路上的龙腾老码头，遇到季丙元的弟弟季坤元。提到他父亲时，坤元说：“我爸从我一岁就开始外出奔波，直到我 26 岁才回来。那时家里没有电话，他一走就天南地北的断了联系。我们盼着爸爸回来，可一年他也回不了几次，为了我们这个家，我爸一年到头在外忙。”他还不无自豪地对我说，“我爸爸当年在梅李的影响一点不比我小阿哥现在‘退斑(逊色)’。”他举了个例子：

当时去苏州、杭州都要到常熟南门一号桥洙草浜轮船码头坐船，由于他父亲跑得特别勤，跟码头上上下下混得像一家人那么亲热。一次两个梅李人要去杭州，码头工作人员与他们攀谈时得知他们是季雪根的老乡，马上说：“上船上船。”“票还没买呢！”两人要去买票。对方竟说：“不要买了，季雪根的老乡直接上船。”后来又有个跑外勤的梅李人想试试可当真，也到洙草浜码头乘船，码头工作人员听到他的东乡口音，问他是不是梅李人，再问认识不认识季雪根。那人说：“怎么不认识，老朋友呀！”结果也不用买票就上了船。

其他不论，这要有多好的人缘才能让人家爱屋及乌惠及老乡呀！

1993 年年底，季雪根在外奔波了 26 年之后告老还乡，但这位操劳了一辈子的老人闲不下来，一直在小儿子坤元工作的龙腾特钢老码头上打杂，或在码头内部道路上搞卫生什么的。

看着窗外奔流不息的梅塘，坤元的思绪在岁月的深处流连，像是陷在遥远的回忆里。

“那老人家也在码头上打工?”我的问题中断了他的沉思，他告诉我：“码头上从没给我爸开过工资，我跟我爸提过，他就是不要。我爸有辆‘老人小三轮车’，常骑着在外收旧货捡破烂。我二哥(季丙元)时常给我爸点零钱花。”说完，坤元感慨地叹息了一声。

接着告诉我说，他父亲喜欢“闹忙(热闹)”，经常与几个老友去聚沙公园喝茶聊天，茶叶、香烟到早上的大饼、油条、面或有时中午吃顿便饭，所有的钱全是他爸掏，不许别人付账。有几次，厂里发水果票，坤元把自己的一份给他爸，而每次都会被他爸送给孩子多的邻居家。

慷慨豁达、乐观开朗的季雪根也是一个耐得清贫、耐得寂寞、耐得重压的人。为了妻儿，作为顶梁柱，他不辞劳苦地撑起了这个家。而为了乡亲们，他有求必应、不遗余力地长年在外推销梅李的产品。

季丙元曾多次说过：“父亲对我的影响最大。”他的身上有着父亲阳光乐观、不畏艰辛和一种对家庭、对故乡、对社会的责任感。在季丙元的内心深处，还有一个让他永远难忘的父爱故事。

那是1980年5月一个阳光明媚的星期天，小农具厂几个年轻人相约先到厂里集中，然后一起进城到老县场“东方红电影院”看电影《红楼梦》。早早来到的季丙元，就在厂门卫与王瑞华等工友说话。不一会儿，一辆运送乙炔气瓶的卡车开进工厂大门，在前方不远停下之后，开车的师傅从驾驶室跳下来开始卸货。季丙元见状对王瑞华说：“王师傅不聊了，我去帮帮忙。”说着便过去帮着把乙炔气瓶往下搬。搬着搬着，未料到突然有个乙炔气瓶泄漏，气体直冲季丙元双眼，顿时他疼得不行。出事了！王瑞华等几位同事都吓得要命，赶过去一看，季丙元的双眼又红又肿。大家都非常担心这个才18岁的“小哥”眼睛不保，急得忙把季丙元急送市医院眼科治疗。可两三天过去了，却没一点好转，他双眼除了疼痛肿胀，还不住流泪水。

在杭州的季雪根得到儿子眼睛受伤的消息后，为节省时间，请寺泾村支书帮忙把丙元送到杭州。他们一到杭州，季雪根就立刻把儿子送到事先联系好的大医院治疗，可效果也不好。于是，季雪根又到处打听，得知上海一家大医院的眼科全国有名，又一路搀着儿子赶往上海。

路上，父亲不停地安慰儿子，不时用冷毛巾敷在儿子双眼上以减轻痛苦，为他擦拭不由自主流下的泪水，就这么一路呵护着儿子来到上海医院。那些天，他撂下手头的事，日夜陪护着儿子。医好儿子的双眼之后，他又一路陪着儿子从上海回到梅李。一个多月后季丙元的眼疾完全治愈，他又回到了岗位上。

父爱如山，那是季丙元成长记忆里永远忘不了的一幕，每当想起那一幕，他都非常感动。他忘不了父母的爱，忘不了父母拖着他们五个孩子度过的那段艰辛岁月。双眼受伤的那次痛苦经历，也让他终生难忘。在担任厂长之后，他始终把安全生产放在最要紧的位置上，不惜花重金为员工的人身安全设置了可靠的屏障。

艰苦岁月　妈妈织机的晨曲暮歌

在远处公鸡的啼叫声中，温美英醒来了。农村人家的一天常常是从公鸡报晓的那一刻开始的。

窗外晨光初现，屋里依然很暗，静悄悄的。温美英摸黑用指头在床边的矮柜上摸索到一个火柴盒，把它从一头推开后，捏起一根火柴，划燃后点亮了床头那盏煤油灯。她依然疲惫困倦，于是便让自己又在床上适应了一小会儿。

作为家庭主妇，她总是三更灯火五更鸡地忙里忙外。从懂事起，季丙元就觉得妈妈一直在做这做那，从早到晚。

季丙元的母亲身上有着中国农村妇女克勤克俭、真诚朴实、惜贫怜弱的美德，丈夫长年在外，她独自在家上奉公婆，下育儿女，白天下地挣工分，早晚得空就纺纱织布补贴家用。夫妻俩一主外，一主内，起早贪黑地劳作，维持一家 9 口的生计。

“不早了”，此刻，她毅然起床。为了不影响丈夫和“小丙元”——这是她第 4 个孩子季丙元的昵称。她轻手轻脚地披上衣服、打开房门，来到“前头”——常熟梅李人家把东西房中间的那间屋子叫“前头”，也即中堂。西屋住着公公婆婆和刘琴、恒元、桂芬三个孩子。

季家“黄土筑墙茅盖屋”，三间草房的东、西两侧是卧室。放在“前头”的织布机和手摇纺车占去不少面积。门口右侧是一口两眼灶台，屋子靠墙处有一张饭桌，几个条凳。

温美英已坐到织机前，她习惯性地先试机，脚踏机板，同时用手拽了下机头上方的吊环，织机上的棉纱上下挪动了一下，线梭子随即发出“嘎嗒”一声清脆的响声，瞬间从一头蹿向对面，抵达挡板后又被“嘎嗒”一声快速弹了回去。

“正常”，接着她熟练地操纵着织机，上下部件开始缓慢移动，线梭子飞速穿行在交叉的经线之间，速度越来越快了，屋子里响起连续不断的“嘎嗒、嘎嗒、嘎嗒……”的机杼声。

第一抹黎明的霞光透过薄雾映照在大地上，窗外院里的东西现出分明的轮廓，有猪圈、鸡窝等。墙根下堆有一小堆砖头——农村人家建房犹如鸟儿做窝，季雪根攒点钱就“衔点材料”回来、攒点钱就“衔点材料”回来，就这么一次次地把买回来的砖头、瓦片堆在屋外，还在砖瓦堆上甩上些石灰水作为记号。他将在砖瓦积累到差不多够用的时候翻建瓦房，为此他努力了一年又一年。

1977年出生的坤元是季家最小的孩子。他告诉我，他从小就知道屋外有个“砖头堆”。1982年他5岁那年，家里才把三间草房翻成了5间瓦房。为积攒建材，父母花了十多年。

“咕咕咕咕”，几只母鸡开始在窝里骚动，圈里的那头猪“咕噜咕噜”地哼哼着，只有洁白的小羊还静静地呈卧姿趴地上。

持续了很久的“嘎嗒嘎嗒”声停了下来，温美英来到灶台上，往铁锅里倒上水，接着淘了几把米，又加些麦粞和切碎了的胡萝卜，一股脑儿地推进铁锅，盖上锅盖后转身坐到灶膛前的那张矮凳上，从左边的柴草堆里取出一把打成“8”字形结的草把，点着之后推进灶膛。烟囱上升的气流带着火苗蹿起，灶膛里炉火熊熊——黎明时分，村子里的第一缕炊烟袅袅升起。

灶膛前的温美英不时用火钳把没有完全松开的草把挑散，又不时向灶膛里推进另一个草把。

铁锅“咕嘟咕嘟”地开了，粥香溢满了屋子，又过了会儿，她不再烧火，把粥焖着，回到织机前。

“嘎嗒、嘎嗒、嘎嗒”，织机又响起来了。

家里没有钟表——这是温美英从不敢奢望的奢侈品，但她能凭着晨光的亮度和太阳的高度把时间猜个八九不离十。

这时东方霞光灿烂，屋外流光四溢，她估摸着已过了六点，就搁下手里的活儿，进西屋把刘琴和恒元推醒了，让他们起床吃早饭上学念书去。

之后，她继续织布。

她正在赶的这活儿是从一家企业接过来的业务，那家厂子需要织一批毛巾面料。接个生意不容易，她紧赶慢赶就是为了不延误交货日期，最好能提前，下次去揽活儿会好说些。

纺车和织布机是江南许多农村人家的“设备”。季丙元等兄弟姐妹都是在妈妈“嗡嗡”的纺纱声和“嘎嗒嘎嗒嘎嗒”的织机声里长大的。他们从小就习以为常，这与村子里“啪啪”的连枷打谷声，摇船的欸乃声，担水浇地、挑粪施肥时的号子声，以及鸡鸣狗吠猫咕噜一样，都是农村生活交响的和声。

“妈，您睡没睡呀？”从西屋来到前头的大女儿刘琴困惑地问妈妈。

她昨晚做完作业上床后就是在“嘎嗒、嘎嗒”的声音里迷迷糊糊进入梦乡的，早上醒来后，这“嘎嗒、嘎嗒”声竟然还在。

妈妈说：“睡过了。”

“妈妈晚上早上不是织布就是纺纱，‘日里（白天）’还要‘做地里’赚工分，吃得消吗？”憨厚的大儿子恒元担心妈妈的身体。

“看你说的，妈妈身体好着呢！”

正说着话，四五岁的小丙元趿着双不跟脚的鞋摇摇摆摆地来到“前头”。

“弟弟来了，来，让姐姐抱抱！”

“还是阿哥来抱吧！”

妈妈意外地问：“小丙元，哪能也起来哉？”

小丙元用他的小手背来回揉着惺忪的双眼对妈妈说：“妈妈，我也要织布。”

“宝囡囡呀，要是‘恁’（你）也能织布，妈妈就熬出头来哉！”妈妈开心地笑了起来，笑得很灿烂。

因为农忙双抢，季雪根昨天在地里忙到大半夜，本想多睡会儿的，被“前头”闹醒后，索性也起了床。可又被美英推进房间，要他继续睡。

1962 年 2 月，季丙元就出生在这个普通农民家庭里，他是父母五个儿女中的第四个孩子。生他的那天，温美英还在“做地里”，突然间肚子剧烈地疼了起来，她连忙往家赶，谁知还是把孩子生在了半路上。也许正因为这样，季丙元对这片大地，怀有与生俱来的深情。

五年后的 7 月，随着小儿子坤元的呱呱坠地，这个三世同堂的农户成为九口之家。夫妻俩为一家的生计，一年忙 365 个早晚，尽管这样，可每到年底，只要生产队会计扒拉着算盘珠子噼里啪啦一核计，准透支，在整个寺泾村，季家一直是最穷的农户。

我曾三次采访季坤元。他说，那时，他们家除了过年，几乎一年到头不见荤腥。与许多农民家庭一样，孩子们的衣服都是大的穿了小的穿。

“我最小，每件衣裳都是哥哥下放给我的。”坤元说，“最为难的是，我都上学了，妈妈还让我穿两个姐姐套不上的花衣裳。我不愿意，妈妈哄我说我穿上花衣裳特别好看，可我已经晓得难为情哉！”

每次提到母亲，我都发现坤元的眼里噙着泪花，为了不让他尴尬，我都会装着没看见，只顾低头打字做记录。

“妈妈最苦了，我爸爸到杭州工作之后，家里里里外外都是妈妈一个人忙，白天下地，晚上在家里不是纺纱织布就是纳鞋、缝补衣裳，还要督促哥哥姐姐做作业。改革开放后，村里包产到户，家里分到三亩半地，春耕夏种秋收冬藏的活儿，也是妈妈在忙。”

他的介绍，让我看到了艰苦岁月里一位克勤克俭的农村妇女形象。她所努力追求的只是一家老小的温饱、平安，所盼望的也只是自己的孩子都有出息，将来能胜过自己，过上比自己这一代人更好的日子。她为此夙兴夜寐、含辛茹苦地劳碌了一辈子。

坤元告诉我：“爸爸奔波在外，顾不上家里的事，爸爸所能做的就是省吃俭用，把从牙缝里挤出来的所有钱都寄给妈妈养家。”

为斫羊草　不满一篮不回家

提到丙元阿哥，坤元说：“二哥在我们家是最懂事的，从读书的时候起，他每天放学回来后都主动帮妈妈做些家务事，喂猪、割羊草什么的。放学早的话，他还会赶到地里帮我妈干些农活。就是后来进了厂当工人了也是这样，一下班就下地。”

我有点意外地问：“董事长还会种田？”

“会呀！”坤元说，“育秧、插秧、播麦、种油菜啥都会，有模有样的！妈妈经常夸他能干。那时要缴公粮，收割脱粒之后，摊在阳光下晒几天，然后姐姐哥哥七手八脚地把粮食铲到麻袋里，再合力把一袋袋麦子或稻谷搬上板车。每次去粮管所缴公粮，我都闹着非要跟着去，忙我是帮不上的，就觉得好玩。哥哥姐姐拉的拉、推的推，一路说说笑笑，开心得不得了……”

我想，如今的企业家季丙元总是以多纳税为荣，这样的意识也许就是在当年缴公粮时形成的。

季丙元很小的时候，就有与一般孩子不一样的禀性，他有很强的目标意识。

寺泾村是一个绿水环绕的小村庄，暮春初夏时节的田野空气清新，散发着百草、农作物和水草混合的香气。岸柳倒挂的小河平静如镜，漂浮着淡淡的白色雾幔，水面上浮着田田荷叶、睡莲，还漂着细碎的野菱浮萍，小河清澈得能看到河底的几块碎砖。摇曳的水草之间时有一小群寸许长的鱼苗儿悠然游弋。蓦地，会有鱼儿跃出水面，又“咚”的一声坠下，溅起的水花散成不断扩散的涟漪。浓荫遮天蔽日的小河边，一位垂钓者伫立在芳草萋萋的河堤上，一支钓杆伸向水面，他叼着支烟，神态安然，物我两忘。

有时，会从空中传来一声鸟鸣，埋头割草的季丙元便举头仰望，视线里，一只鸟儿直击蓝天，向着远方奋飞，他久久地看着越飞越远的鸟儿若有所思。

懂事的季丙元从小就想着要为父母分忧，六七岁的他就很努力地为家里做事，如扫地抹桌子什么的。那时，家里养了一头猪和一只羊，上小学的小丙元放学后常挎着大竹篮跟着同村的卫良哥哥等几个孩子结伴去田埂上、河岸边“斫羊草”。

经常与季丙元一起斫羊草的季卫良告诉我：“丙元斫羊草不像有的人斫多少算多少，他是有目标的，每次外出都必须斫满一篮草才歇手。”

我问道：“目标，是大人定的吗？”

卫良笑了笑说：“哪里呀！是他自己定的。不斫满一篮他不会回家。其他小孩觉得差不多也就回去了。可他只要篮里没满，谁也拉不动他。”

“记得曾有个小伙伴对他说：‘你把篮子里的草挑挑松不就满了吗？’丙元不解地看了小伙伴一眼，不但没那么做，还把篮里的草压了压，之后继续斫草。”

“一次，我看天色不早了，”季卫良接着说，“就对他说‘回家吧，也不一定非要斫满一篮的，要看情况’。”

小丙元扬起头很认真地说：“弗来格（不行的），讲好一篮就一篮。哪能讲了不算数的？”

卫良无奈，只好陪着他继续斫草，直到篮里满满的，他这才侧着身子挎着沉沉的一篮青草心满意足地回家喂羊。

丙元还常带着弟弟坤元一起斫羊草，他耐心地教弟弟，告诉弟弟哪种草羊爱吃，哪种草羊不爱吃。最让坤元佩服的是，二哥到哪都能找到羊草。比他大五岁的丙元阿哥在他眼里就是一个无所不知的小大人。兄弟俩有时还要一起切南瓜喂猪，他们在长条凳上一人坐一头，比赛看哪个切得快。

为了能让自己的孩子将来都能做些“大事”，夫妻俩节衣缩食，陆续把五个孩子都送到学校读书，夫妻俩为这节省到了极点。把这一切看在眼里的丙元还在读小学时就对妈妈说：“等我长大了一定要着力做事，让爸爸妈妈过上好日子。”

妈妈对他说："有儿子这话，妈妈再苦也开心的。真要有一天有了钞票，看到穷人家，能帮就尽量帮帮人家，穷人'作孽(可怜)'的呀！"

多少年过去了，含辛茹苦的母亲因积劳成疾，75岁那年就溘然离世，父亲不久也追随母亲而去，永远离开了他宠爱的儿女和为之奋斗过的这块热土。但可以告慰两位老人的是，如今他们的五个孩子都各得其所，过上了幸福美满的生活。他们的小丙元，已成长为很有名望的大企业家，正带着一支6 000人的钢铁工人队伍，以杰出的成就报效国家，造福乡里。

多少年来，寒门孝子季丙元一直没有忘记，是父母含辛茹苦地带领一家人度过了那个艰难岁月。一次，他看到一位年轻农妇，坐在家门口缝补衣裳，一个小男孩依偎在她身旁，这情景让他蓦然忆起少年时代母亲坐在门口千针万线为自己补衣的往事，触景生情，不禁潸然泪下。

季丙元没有忘记初心，始终没有改变一个农家子弟朴素朴实的本色，也一直保持那种内敛低调的风格，他的车是常熟市一般小老板都买得起的奥迪，并已用了近十年。他在提到父母的影响时说："父亲强烈的事业心、高度的责任感、执着的敬业精神、慷慨豪爽的性格，母亲的善良勤俭、惜贫怜弱和不辞劳苦的美德，都给我留下了深刻的印象，并已深深植入在我们这个家族的基因之中。"

勤奋懂事　人见人夸的小小学徒

季丙元从小就是一个善良、懂事的孩子，每当看到父母扛着农具、披着夕阳，从田埂上回家的时候；每当他看到辛劳一年的父母盼着分红却因透支一无所获时的无奈、失落、沮丧的神情时，他都急切地盼自己快点长大，为改变家里的困境去扛活儿。

可他还没等到自己"长大"，十二三岁就利用课余时间到梅李西街上的一家竹器店学编竹篮、竹席。

初中毕业后，季丙元听说"街上有家工厂要招人"，就毅然退学前去报名，这是梅李镇上的一家农具厂，厂长让他等一两年再去工作。但季丙元说："为了进厂，我已退学了。现在，我就赖在厂里不走了。"

厂长决定留下他，就对他说，留下也行，但是厂里只管饭，不发工资。对这个条件，季丙元一口答应了，因为他觉得，这至少可以省下自己那份口粮，让哥姐弟弟多吃一点，自己还能学一门技术。

就这样，他高高兴兴地“上班”去了，从此成为镇上的一家农具厂的“编外学徒”，也是厂里最小的学徒。

进厂后，季丙元先是打杂做“下手”，吃了年把“萝卜干饭”(为师傅们打下手的杂务)。可他这个“编外人员”却并不拿自己当外人，每天上班比谁都早，到了厂里，先把工作场所打扫得干干净净的，替师傅们把茶杯洗干净，等到大家来到厂里时，开水也早已烧好灌热水瓶里了。下班后，他又总是要把所有工具收拾排放好才回家。

这是一家生产钉耙、锄头、镢头、铁铲等常用农具的小企业，厂里还有个冷作车间，主要做些粮油店用的压油器，或方或圆的房屋落水管等，做这些产品需要焊接，焊工在厂里是个吃香的技术活。

数月之后，大家都发现这孩子“很聪明”，又“不怕吃苦”，农具厂负责人就让他去冷作车间跟师傅学“烧电焊”。

季丙元喜出望外地穿上了那套面料厚实、质地坚硬的糙白帆布电焊服，尽管是件小号的，可穿在才 15 岁的孩子身上还是又肥又大。一脸稚气的小丙元心里却暖烘烘的，这套服装可是一个“正式工”的标志啊!

小农具厂对压油器等冷作产品的焊接质量要求很高。起初，季丙元焊接的焊缝歪歪扭扭，像又粗又厚的“肉百足”(大疤痕)，这让他很不好意思。

为了提高焊接技术，每当师傅电焊时，他都会戴着面罩在一旁细心观察、虚心请教，还常常抱着本焊接技术书看得津津有味。

业精于勤，慢慢地，他的焊接技术明显长进了，操作时他神清气定地戴上面罩，拉下防护墨镜，一手拿着焊丝，一手握着焊枪，焊丝随着焊枪慢慢移动。渐渐地，他焊的焊缝越来越平滑、细腻、整齐了，焊缝表面余高也都能控制在三毫米以下，焊缝处和热影响区的表面没有裂纹、气孔，更没有肉眼能见的小凹坑。

师傅向他跷起了大拇指，夸他“‘生活(技术)’好”。

不久，他拿到了“焊工操作证”。

1978 年农具厂并入电动平车厂，季丙元仍旧当焊工。

江河禀赋　梅李人澎湃的激情与坚忍的韧性

1978 年，中华大地春潮涌动，始于农村的改革让世世代代面朝黄土背朝天的亿万农民跃跃欲试。恭逢盛世，为圆千年梦想，潜藏在梅李人心中的活力空前迸发，"万元户""小康之家""发家致富"等目标不再遥远。在美好未来的召唤下，亿万人民锐意改革、大干快上，神州大地日新月异。

1978 年，做了两年学徒的季丙元"转正"，成为梅李农具厂的"正式工"，到 2023 年的 45 年来，季丙元见证了改革开放以来伟大祖国的沧桑巨变，也成为在这个伟大新时代党的路线、方针、政策和建设事业的践行者，在时代大潮里他带着一群农民兄弟和打工者历经坎坷、顽强搏击。

那年 5 月，一个风和日丽的日子，得知自己即将"转正"的季丙元乘兴来到常熟城区北门大街，沿着虞山言子墓道拾级而上，来到矗立在虞山东麓山峰上的辛峰亭。微风带着山上树木、花草的芳香拂面而来，轻轻地从他的脸上、手上滑过，温暖而柔和，让他感到春意盎然。站在辛峰亭上，大半个城区尽收眼底。郊外，水乡宁静的湖泊、池塘星罗棋布，河流就像一根闪亮的光带，湖泊、池塘和河流的波光里跃动着希望。

"欲穷千里目，更上一层楼。"登高望远，不仅能看到气象万千的景致，也能让人的思绪带着某种希冀飞翔。

辛峰亭是一座黄墙黛瓦、飞檐翘角的六面楼阁式建筑，建于 800 多年前的南宋嘉泰初年。微风中，悬挂在辛峰亭檐角上的六个风铃发出清脆悦耳的"叮当"声。站在辛峰亭外的山地上，他极目四顾，心旷神怡。春天完全来临了，树木卷蜷着的幼芽儿都已经充分舒展，历经酷寒的常青树深色的老叶间泛出了嫩绿，沉寂了一个冬天的草坪正在构思新的篇章。树上的、地上的花儿有的含苞欲放，有的已经盛开，整个虞山五彩缤纷，漫山遍野幽香四溢，让人陶醉。透过浓密的林木缝隙，他看到了虞山中路上川流的游人。

当视线越过以南宋方塔为中心的古老城池时，他看到了东南郊外的琴湖。约有 1 200 亩水面的琴湖状如一面大地宝鉴，在明媚的阳光下闪闪发光，那是常熟城中的一泓清泉。那儿他曾去玩过，碧湖上空沙鸥翻飞，锦鳞游泳，水面上铺满了田田莲叶，数叶小舟正在湖中收取网线，五六只鱼鹰站立在两侧船帮上待命，环湖花木丛生，周边散落着绿树掩映下的粉墙黛瓦……

"多好的一个地方呀！"美不胜收的琴湖给少年丙元留下了深刻印象，他也没有辜负这块宝地，日后在那儿为琴湖锦上添花，投资 15 亿元在琴湖北岸造了一座龙腾希尔顿酒店，这酒店成为常熟市地标建筑之一。

就如所有登高望远者攀登高峰后都会情不自禁地朝着故乡的方向眺望那

样，季丙元在山头上远望着东方，东出市区约 15 千米处就是他的故乡梅李。

常熟城东门外的常浒河全长 22 千米。1958 年拓浚时，当地政府将梅李以下 8 千米河段裁弯取直加宽，宽度达到百米以上。

蓝天下的常浒河犹如一根细细的光带蜿蜒延伸向东方，直至消失在两岸林带和远方影影绰绰的农舍、楼宇之间。

常浒河沿途流经九里、兴隆、塘桥、梅李、白宕等镇村，唯独在梅李穿镇而过，故两岸百姓历来习惯把常浒河称为“梅塘”或“梅李塘”。

梅塘犹如一段写在地面上的历史，循着悄悄流淌的梅塘溯流而上，即可一窥古老梅李源远流长的历史进程。

20 世纪 70 年代，考古学家在梅李塘桥村发掘北罗墩古文化遗址，发现远在 4 500 年前即有先民活动的遗迹。2020 年 10 月，考古学家又在梅李何村旧址再次出土陶罐等一批文物，碳 14 测得这些文物距今 7 000 年。

7 000 年前，鸿蒙初开，还处在新石器时代初期，在这块长江下游冲击平原上已初露人类文明的熹微曙光，使之成为环太湖流域良渚文化遗址的组成部分。

梅李区位优越，水陆交通发达，是常熟东部重要的交通枢纽，离上海、苏州、无锡仅 40 分钟左右的车程。2008 年 5 月，苏通大桥开通后天堑变通途，驱车 40 分钟即可从梅李到达对岸名城南通市区。

在梅李镇版图上，梅李塘之外还有一条穿镇而过的河流——“盐铁塘”。这是一条人工河，全长 95 千米。

2 200 多年前，西汉吴王刘濞欲利用海水资源发展盐业生产，为方便水上运输，从张家港市杨舍镇，一路向东南方向开凿了这条河道，沿途流经常熟、太仓和嘉定，最后经上海黄渡汇入吴淞口。

东西向的梅李塘与南北向的盐铁塘一纵一横呈“十”字形在梅李集镇中心交汇，丰沛的水资源润泽了这片沃土，密集的水网方便了水上交通，惯于依水而居的吴地先民遂聚集于此。

公元 908 年的五代十国天宝元年间，吴越王钱镠派麾下两员大将梅世忠、李开山奉命在这一带扎营驻守，其间组织沿河居民依军建城，建成之后当地百姓以梅世忠、李开山两位将军之姓“梅”“李”为地名沿用至今。

北宋年间，梅李是常熟市仅有的三个集镇之一。

1949 年以后，常熟政府在区域内设有 33 个乡镇场，地处常熟东的梅李镇，由于集镇规模、人口数量、工农业产值都仅次于城关镇——虞山镇，故梅李在常熟市素有“东乡十八镇，梅李第一镇”的公认地位。

梅李也有着光荣的革命传统。早在 1928 年，中国共产党就在梅李发展党员，开展活动。1938 年 5 月，中共常熟县委在梅李重建，使梅李成为抗战期间中共常熟县委所在地。县委建立的同日，常熟人民抗日自卫队（简称“民抗”）也在梅李宣告成立。解放前，有 50 多名梅李儿女为民族解放事业献出了宝贵的生命，苏南地区著名的三英烈李建模、任天石、薛惠民都是梅李人。现代京剧《沙家浜》部分素材就取自梅李人民在党领导下的抗战史实。

来到这个千年古镇，会感到一股江岸集镇扑面而来的清新古风，感到一个古镇在社会转型时期的嬗变与生机。昔日的窄巷与繁华的街道，地摊上的土特产与超市商场琳琅满目的商品，修修补补的小作坊与高大宽敞的现代厂房，行色匆匆的上班族与步履迟缓的老人，提篮小卖的农妇与农贸市场丰富的蔬菜荤腥，踩着小三轮的居民与川流不息的车水马龙，老式巷道两侧的旧式民居与时尚新村错落有致的现代公寓等的夹杂交错，都会让人感到正在发生的社会变革。

“一方水土养一方人。”世代生息在这方热土上的梅李人，经滚滚长江的汹涌浪涛和温婉水乡涓涓细流的数千年洗礼、滋养和浸润，性格里综合了大江一往无前的澎湃激情与溪流不舍昼夜的韧性，形成了梅李人聪慧、尚贤、孝慈、乐善、敦厚、纯朴、坚毅、执着、包容、开放且不畏艰险的禀赋。

俯瞰山下鳞次栉比的城市建筑，远眺直至地平线上的那片绿油油的大地和被绿水环绕的农舍，少年季丙元感到了一股正在涌动的春潮和拂面的春风。

远远地，仿佛传来了京剧《沙家浜》郭建光高亢的唱段：“全凭着劳动人民一双手，画出了锦绣江南鱼米乡……”

一股激情在这个少年的心中燃起，一定要不负青春和这个时代，趁着年轻，要用青春搏一场，为家、为梅李、为常熟、为国家做点事。

有目标的人生有方向，有目标的人生有奔头，他抖擞精神，朝着故乡的方向走去。

龙腾奠基　爆竹响彻梅塘两岸

1993 年 2 月 27 日，一个阳光明媚的日子，一阵爆竹、挂鞭响彻梅塘岸畔。这是常熟市龙腾特种钢有限公司的前身——“常熟市上海龙腾特种钢厂”奠基的喜庆之日。

参加奠基活动的人群里，有一位英气勃勃、目光炯炯有神的小伙子很引人注目，他就是梅李电动平车厂的副厂长季丙元，那年他31岁。

根据镇委决定，这家钢厂将由梅李平车厂兼管，因此，作为平车厂分管生产经营的厂领导，季丙元显然不会只把自己作为一场礼仪活动的普通参与者，看个热闹高兴高兴即作罢。

在这之后的30年里，他在党组织的关怀指导下，栉风沐雨、历经艰辛，默默无闻地埋头苦干，以敢闯、敢干、敢为天下先的开拓进取精神，在逆境中不停息地搏击、奋斗，逐渐带大了龙腾钢厂，最终跻身常熟市工业企业第一方阵，在常熟市26 000多家本土企业中首破10亿元税金大关之后，所创税金一直在全市工业企业中名列前茅。

那是又一个万象更新的初春时节，丰饶的常熟沃土里，万千不安的春笋正在悄悄抽芽，就将破土而出，星罗棋布在江南大地上了。

在常熟，梅李镇是个农业镇，工业基础薄弱，但早在宣统年间，集镇上就有了一家色织布厂，这是常熟当时的第二家使用半自动手拉机织布的工厂。

20世纪20年代，一家碾米兼发电的工厂在梅李西街开张，到30年代，全镇已建成十多家私营小布厂，一批铁作、木作、竹作、成衣等手工业工厂也相继问世。尽管都只是农耕时代小打小闹、敲敲打打的人工作坊，却也是梅李工业的雏形。

1950年后，梅李的工业迎来崭新的发展机遇，到1958年，镇上陆续开办了五金厂、农具厂、印刷厂、织布厂、食品厂、综合加工厂等集体企业。

20世纪80年代末90年代初，"无农不稳，无工不富"成为苏南农民的共识。改革开放之后，"小康""万元户""发家致富"成为梅李人可望也可即的目标，为了圆梦，他们不懈地与苦难、贫穷、落后抗争、角逐。

梅李镇党委、政府围绕"农业出题目，工业做文章"，以转移农村剩余劳动力为契机，以横向联合为突破口，大力兴办乡镇企业，组织当地农民依靠自己的力量，发展以集体经济为主的乡镇企业，农民成为"离土不离乡，进厂不进城"的企业主人。

多次来常熟等苏南城市考察的著名社会学家费孝通把这称为"苏南模式"。

苏南模式催发了乡镇工业的蓬勃发展，梅李迎来了前所未有的发展机遇，"发展是硬道理"，梅李利用通江达海的区位优势，建设双向开放门户，加快了兴办乡镇企业的步伐。

从 1988 年到 1992 年，全镇实现工业总产值近 13 亿元，5 年共向国家上缴税金 5 600 多万元，使梅李成为连续 5 年在全市 33 个乡镇场名列第一的纳税大镇——这奠定了梅李工业强镇的地位。

2021 年 5 月 7 日上午，我按与梅李镇老书记徐永达的约定，上午 9 点来到坐落在富阳路上的常熟慈善总会，寒暄了几句后，老书记打开了话匣子："龙腾钢厂，是小平同志南方谈话后梅李镇确定的第一个重点项目，镇委、镇政府非常重视。"但建钢厂的投资很大，先要解决钱的问题。

起码要有七八百万元钢厂才开得起来，镇里一下拿不出这么多钱，就到上海找个实力强的单位，用联营的办法来解决资金上的困难。

这就拉开了钢厂建设的序幕，接着，各种举措相继出台，各项工作随之一环扣一环地展开了。

龙腾特钢董事长季丙元在介绍了当时的情况时说：与上海龙腾工贸公司合作建了特钢厂，这是第一步。总经理王丁山在得到上海浦东即将开发的信息之后，购买了 300 亩地，浦东开发后他将寸土寸金的 300 亩地卖了 200 亩，剩下的 100 亩做了房地产。在决定与梅李合资办厂之后，他到梅李来看地，当他在梅李看到梅隆宾馆时，对气派的梅隆宾馆赞赏不已，便对镇领导说："这么漂亮的宾馆，卖给我吧！"

话说 1992 年 12 月 12 日，梅李镇就钢厂建设项目的投资等问题与上海一家公司签订了合作协议。双方并就设备、原料、企业管理和产品销售做了安排和分工，并将钢厂定名为"上海常熟龙腾特钢联营厂"，确定产品为建筑用螺纹钢。

1992 年 12 月 13 日，梅李镇将合资建办"上海常熟龙腾特钢联营厂"的报告呈报市政府，不久就得到同意批复的消息。

1993 年 1 月 7 日，在梅李镇党委书记会议上，通过了季丙元正式进入龙腾钢厂领导层，成为龙腾特钢的创始人之一。

转眼到了 1993 年 2 月 3 日和 4 日，顾喜芳总经理组织梅李镇农工商总公司与上海龙腾工贸总公司梳理了联营上的一些细节问题：确定厂址、建造两跨车间、购买设备，商定了双方资金到位的具体时间。镇委书记徐永达等镇主要领导到会。

1993 年 2 月 10 日下午，徐永达、顾喜芳、肖根发等镇领导及农工商总公司副总经理徐金华到电动平车厂，就“发展平车、开发轧钢”这一议题召开办公会议。徐永达书记介绍了建设轧钢厂的决策过程和前期工作情况，要求平车厂“老厂带新厂”，两厂一手抓。

1993 年 2 月 15 日，龙腾钢厂的营业执照和银行开户账号同时办理完成，确立了龙腾钢厂独立核算的法人资格。

至此，万事俱备。于是，有了 1993 年 2 月 27 日龙腾钢厂的奠基活动。

环环相扣，紧锣密鼓，一连串的举措一气呵成。在激情燃烧的岁月里，这就是梅李镇令人叹为观止的高效率。

挑选厂长　镇领导不约而同说丙元

企业的竞争说到底就是企业家才略、思路、凝聚力、执行力、管理能力、协调能力、决策能力、洞察能力和驾驭市场能力的竞争。厂长作为工人的主心骨、企业的中流砥柱，是解决企业所有难题的决定人，也是企业各项工作和发展方向的决策者，工厂兴衰成败取决于厂长。

对于龙腾钢厂面临的潜在危机，梅李镇党委、政府非常清楚。要让龙腾钢厂逆势而上，必须从全镇工业系统现有厂长中选一个最得力的副厂长去担任龙腾厂长这个职务，所选之人必须政治强、业务精、会管理、事业心强、富有创新精神和市场开拓能力。“千军易得，一将难求。”谁是能带领龙腾钢厂走向美好未来的最佳人选？

1994 年 2 月 1 日，梅李镇召开党政联席会议，其中一个议题就是最后确定龙腾钢厂厂长人选。

这是梅李镇党委、政府、人大、农工商总公司主要领导悉数出席的会议，当提到一年前徐永达和顾喜芳的建议厂长是季丙元时，得到与会领导一致赞成。

顾喜芳说：“镇党委政府认为季丙元年轻有为，人品非常好，他聪明又肯吃苦，有拼劲，是条汉子。他在平车厂担任企业领导职务期间‘认责于心，把责于情，尽责于行’，是镇办企业副厂长中的佼佼者。”

“用准一个人，能带动一批人。我们就是要为有能力的人提供展示才华的平台，进一步发挥他的潜能。”顾喜芳说，“作为全镇工业的主管部门，我们全力扶持和支持他开展工作。”

一位镇领导说：“季丙元这人，你给他多大的平台，他就能创造多大的奇迹。

看看他在平车厂的贡献就知道了。”

龙腾钢厂的建设开始进入实施阶段。

季丙元于1981年1月来到电动平车厂，到1994年2月6日到龙腾特钢赴任，他在平车厂工作了13个年头。这期间，他从一名普通员工逐步成长为生产组长、车间主任、副厂长。

为了电动平车厂的发展，他带着厂里的技术人员和生产骨干创新发展，开展科技攻关、新品开发，干得风生水起。由于产品质量好，售后服务周全，他们生产的常平牌电动平车闻名遐尔。在努力提高电动平车生产质量的同时，勇于开发新品的季丙元还扩大了冷拨拉机、扎管机的生产。带着现金，开着卡车上门等货的客户络绎不绝，产品销量一度占到全国总销量的近一半。这一切与季丙元的技术才能和他强烈的服务意识有关。

一天，厂里来了一位外地客户，但他带来的不是购货的支票，而是几张图纸，要让梅李平车厂根据他们提供的图纸生产一批特殊电动平车。那位客户说，已经找过两家电动平车生产企业了，都说太复杂，很麻烦，没谈成。经过打听，这才来到常熟梅李电动平车厂。

厂里几个师傅摊开图纸看了一番也没有理解他们的意图，于是就带着客户去见生产厂长季丙元。

季厂长看了图纸之后，问了些问题，发现对方要求改动的地方较多，要生产这种有特殊要求的电动平车甚至还要把生产工艺做一番修改。季厂长沉思了会儿对客户说："没问题，可以做，你放心回去，过几天我们再碰头。"

送走了客人，季丙元当天就把图纸带回家琢磨起来，之后每天晚上他都要看到半夜，花了整整三个夜晚，终于弄明白了对方的意图，心里也有了非常清晰和臻于至善的生产方案。三天后，季丙元把他的想法与对方沟通之后，客户拍手叫好，连连说："到底是大品牌，比我们想得还周到。"不久，一批独特的电动平车，运到了外地的那家企业。

镇委、镇政府很快就下达了季丙元到龙腾钢厂担任厂长的任命书。

接到任命后，季丙元想了很多，从一个干得顺风顺水、驾轻就熟的企业去一个还不知如何开局，结局又会如何的新厂，他心里确实还没有底。

比较一下平车厂与龙腾钢厂，一边是产销两旺的梅李镇骨干企业，一边是还没投产就面临不少潜在危机的小微钢企；一边是财源滚滚、员工收入水平在梅李名列前茅的国内知名企业，一边是还没赚回分文，连工资都不知在哪飞的钢铁作坊。

在平车厂工作的十多年里，他和工友们朝夕相处，齐心协力地把平车厂从名不见经传做到在全国闻名，一旦要离开，不免依依不舍。

他想到1991年6月27日那个让他难忘的日子，那天，他光荣地加入了中国共产党。他没有忘记当自己举起右手，面对党旗宣誓时的澎湃心情。那一刻，他浮想联翩，想到自己从一个贫苦农民家庭的子弟，从一个小小的学徒，成长为梅李骨干企业的副厂长的过程，这一路没有党的培养，根本不可能。他决心不辜负党组织的信任，迎难而上，趁年轻多做点事。

按照镇委、镇政府的安排，龙腾钢厂基础建设工作有条不紊，顺利进行，“四通一平”、厂房建设、采购设备、安装生产线……一切都在按计划顺利实施。由于没有通电，临时从附近企业拖了根电线过去。

龙腾钢厂与梅李平车厂是两块牌子，一套班子。龙腾虽有“厂”的名号，其实也就是梅李平车厂的一个“厂中厂”，当时常熟不少企业都有这样的“厂中厂”，为的是用“老厂带新厂”的办法，两条腿走路。“厂中厂”一可做主厂的备胎，二也是镇里今后的一个潜力和后劲所在。老厂带新厂的好处是可以充分利用老厂的企业管理经验和技术力量，减少管理人员，同时也可以为一些富余人员提供新的岗位。

“厂中厂”的生产工艺、生产设备、管理要求及其产品一般都与主厂没有直接关联，龙腾钢厂要生产的螺纹钢也与平车厂生产的电动平车等是两回事。一般来说，“厂中厂”往往都是在另立门户之后真正开始发展起来的。

季丙元赴任后，龙腾钢厂开始独立门户。

生存危机仿佛与龙腾钢厂相伴而生。

20世纪八九十年代初，悄然兴起的房地产业对螺纹钢的需求量陡增，一批以生产螺纹钢为主的小钢厂应运而生。龙腾钢厂就是奔着生产螺纹钢而创建的。

可当时全市和周边昆山、太仓、张家港、吴县、锡山、江阴等地生产螺纹钢的小微钢铁企业不下十数家，捷足先登的企业，早就像四散的蟹苗各个占据了自己的“领地”，把苏、锡、常地区的螺纹钢市场挤占得几乎不留空隙。

然而，市场瞬息万变，在酝酿和建设龙腾钢厂的初期，螺纹钢还是供不应求的香饽饽，可随着龙腾钢厂基础建设的日益推进，螺纹钢市场却逐渐呈现萎缩趋势，这对龙腾构成了巨大的潜在威胁。

当时就有不少人认为，建龙腾钢厂是“捐了个末梢（没有抓住最佳时机建厂）”，有好事者还编了顺口溜“触龙腾霉头”：“龙腾龙腾，弄个潭潭。”吴方言中“潭”“腾”同音，都读“téng”，意即挖了个坑、捅了个窟窿，成为要不断往里白扔钱的无底洞。直至产品问世后的一个阶段，还有此类“触霉头”的顺口溜还在梅李流传：“龙腾厂长，急得头昏。月月产品，弗足千吨。”

去新的岗位，万事开头难，与龙腾钢厂竞争的又都是些“钢铁硬汉”。在激烈的竞争中，不出色就出局，没有其他结果。但面对镇委、镇政府的安排，他表示坚持服从，他下决心一定要把龙腾带大，不辜负党组织的信任。他坚信在党组织的引领之下，只要能团结带领员工下死劲谋发展，前路再难也没有过不去的坎。他下决心克服一切困难，不负青春不负党，排除万难把龙腾搞好，不辜负组织的希望。

此时，而立之年的季丙元，不再是刚进农具厂时那个既好奇又腼腆的小小少年了。18 年的工龄，其中 7 年车间主任和 6 年生产厂长的磨炼，使他从一个农家子弟成长为一个风华正茂、深邃睿智，自信理性、意气风发的企业领导者。

在镇里和电动平车厂的支持下，他挑了潘瑞忠、瞿卫江、金建康、王瑞华 4 位技术人员和业务骨干一起去龙腾。

“趁年纪轻去搏一记”，这就是季丙元动员 4 位工友一起去龙腾时说的一句话，他的话干脆利落，成为几个同事的共识。

1994 年 2 月 6 日一早，季丙元骑着辆自行车，车把上挂着一个公文包向梅塘北岸的龙腾钢厂飞快地骑了过去。换算成农历，那天是春节前的腊月二十六，快过年了。

前方，一个新的挑战正在等待着他。

背水一战　誓与龙腾生死与共

接到镇政府的任命后，季丙元在平车厂办理了移交手续，1994 年 2 月 6 日，快过年了，龙腾首任厂长到任。

穿过镇区，季丙元骑过一条渣土碎石铺就的厂道来到厂门口，下车看了下工厂的大门——那扇与工厂篱笆墙联结，用竹竿、木棍捆扎而成的对开柴门，门上挂着一把链条锁。西侧篱笆上缠绕着一根电话线，终端在工厂左侧的一幢二层小楼上，那是龙腾钢厂办公楼。

关于这篱笆墙还有一个小故事。

梅李百姓有在元宵节点火把闹元宵的习俗，这种活动在当地叫作“点点赞”。

1997年2月22日那天是元宵节，龙腾厂外附近的小孩兴高采烈地点着火把在工厂围墙外玩耍，不慎点着了龙腾的围墙——那道篱笆。看着熊熊大火、滚滚浓烟，一个个小孩都吓哭了。

厂里的工人、厂外的农民见失火了，七手八脚地把火扑灭。

这把火烧毁了龙腾二三十米长的一段“围墙”，通向厂长室的那根电话线被烧得耷拉在乌焦的篱笆上。

几个工人找那几个孩子的家长交涉去了，要他们赔。

季厂长过来之后对大家说：“赔就算了吧。只是你们做父母的以后一定要带好孩子，孩子小，玩明火危险性太大了，不小心烧伤人就麻烦了，现在孩子没事是万幸。”

有位家长过意不去，说要付点损失费。

季厂长笑了笑说：“不要了，钢铁厂红红火火才好呢！”

从打开工厂柴门的那一刻起，季丙元开始了他在龙腾的奋斗历程。

曾听有人说，龙腾的康庄大道是从打开一扇窗起步的。说季厂长来到龙腾的第一天，有几个员工陪着他去厂长办公室，可却怎么也找不到门钥匙。一个工人拧着门外的锁把儿压了几下，没用，又心怀侥幸，用其他钥匙一一试开，也不行。

“实在找不到的话，就把靠插销的那块窗玻璃拆了吧。”季丙元对身边的人说。

一位员工按厂长吩咐，找来工具拆下一块窗玻璃，开了窗，接着开了门。

简陋的龙腾钢厂办公楼坐北朝南，原是基建办和基建人员的临时住处，后龙腾另立门户，才改成了办公楼。办公楼建筑面积800平方米左右。厂长到任之前，在办公楼西侧接出与主房构成直角的辅房，也是两层，上层两间一间是厂长室，另一间是厂里唯一的会议室。

办公楼上下各8间屋子，二楼除厂长室、会议室之外，还有副厂长室、销售办、财务室。楼下是生产办公室、化验室、供应科、销售部、小仓库等。楼梯设在办公楼东侧墙体外。

旭日东升，季丙元来到二楼办公室外的阳台上，占地20亩的厂区尽收眼底，厂区北面是一条小河，是现成的护厂河道，东、西、南三面都扎了篱笆墙，有几处篱笆上挂着还未放青的藤蔓植物。

此刻的东方云蒸霞蔚，阳光穿过云层罅隙，把一道道倾斜着的光柱投射在大地上。厂区外一片绿油油的麦田上浮着一层乳白色的晨雾，轻纱般缭绕在田野上的一丛树冠上。这儿，那儿，散落在田野里的农舍上空渐次升起炊烟，由于静风，炊烟都垂直地竖在屋面之上，这一切宛如一幅叫“远乡”的油画，定格了农村大地上静美的一刻。

从附近农家传来雄鸡嘹亮的啼声，苏醒的大地呈现出江南水乡迷人的美，闪耀着永恒的光芒，办公室南边不远处就是不舍昼夜流淌的梅塘，沿着梅塘东行约 10 千米就是波涛翻滚、奔流不息的万里长江。

自幼生活在这方土地上的季丙元无数次地目睹父老乡亲们在晨光里牵着牛、扛着农具走向田野，直至暮色苍茫才披着夕阳回家。他看着自己的故乡随着日月流连不断发展，而现在，挨到他这一辈人接棒奋斗了。有幸赶上了一个好时代，他要努力为故乡锦上添花，等有了钱按照妈妈的教导，帮帮没钱的人家。

阳光普照大地，也照亮了他的心。

他将思绪收回到自己的钢厂，也收回了远眺的视线，看着厂区，仅 20 亩的地方，除了厂房、办公楼，还有许多白地，心里在想挣到钱之后在空着的地方建什么。接着，他下楼向车间走去。

龙腾已建有两跨并列的车间，其中一跨面积为 2 000 平方米，为主轧区，打了围墙、盖了屋顶。另一跨面积还有七八百平方米的“车间”只有立柱，没打围墙，被工人称为“露天跨”，没打围墙的原因是资金不足，省一点是一点了。“露天跨”是打算用来堆放坯料、成品和工具等。

经过“露天跨”，季丙元来到主轧车间。钢厂所有装备都呈现在他面前：一列 250 小轧机组，这条螺纹钢生产线已安装完毕，可以轧制 Φ10—12 螺纹钢、一台 60 吨剪切机、一座 2.4×8 米的小加热炉和一台 1 000 马力的旧柴油机。

2023 年 7 月 13 日，季丙元董事长在提到这段往事时，说：“当时，厂里就这点装备，还没有电网，只有一台柴油机，这真是一个笑话，一个天大的笑话，开钢厂竟然只能靠柴油机，说出来像是讲神话故事。”

在静悄悄的车间里，季丙元前后左右、上上下下地查看了生产线上的压辊、导轨、减速器等部件，想象着螺纹钢源源不断从这里倾吐出来的样子。面对 250

轧机——龙腾唯一的一套生产线，他心存感激——厂子就靠它起家了！

但他也不无疑虑，那台柴油机因为曲轴有伤，无法正常使用，而螺纹钢市场已呈现萎缩迹象，上来就不顺。

当年，在平车厂时，季丙元虽然不负责龙腾钢厂的筹建，但他对工程进展情况和把螺纹钢作为主产品的原因很清楚，就是为了赶新一轮的翻房、建房高峰。

“60 年代盖草房，70 年代砌瓦房，80 年代带走廊，90 年代造楼房”，这是农民住房不断得到改善的真实写照。

开放搞活之后，农民手头积攒了一些资金，便纷纷将草屋、平房推倒重建，并越建越好，终于过渡到了一家一幢独院楼的时代。条件好的一些村子如任阳镇的蒋巷村、白茆镇的康博村、藕渠镇的老浜村等都出台了集中改造民居、建设农民新村的规划。

20 世纪八九十年代，城市改造和商品房建设开始兴起，拥有私房的市区居民也争先恐后地翻建新房。

就这样，苏南迎来了周期最长、范围最广的新一轮农舍的翻建高潮，井字架遍布城乡，螺纹钢成为供不应求的热销建材。

龙腾特钢轧钢分公司副总经理张丽明接受我采访时介绍了龙腾开厂前的螺纹钢的销售盛况：“那时浒浦一家钢厂经常排满了上门求购螺纹钢的货车、农用车，客户大多是带着大把大把的现金来的。工人加班加点都忙不过来。”

龙腾钢厂就是瞄准红火的螺纹钢市场而建的。

在资金有限、技术力量不足、生产设备落后的情况下，梅李镇选择生产螺纹钢的决定是理性的、正确的。一口吃不成胖子，先产好销的螺纹钢，等企业发展有了钱再作道理。

“万事开头难，死店活人开。眼前这厂还不像，但会好起来的，‘面包会有的，牛奶也会有的’。”他这么安慰、鼓励自己。

在车间里，季丙元再次理了下头绪，他决定先用电动机换下柴油机。

厂长来了　这下有希望了

“厂长来哉，来么有望哉！”得到信息的员工奔走相告。

其实，厂长还没到那会儿，几个消息灵通的员工就在议论揣测他们的厂长了。

这是一位50岁上下的师傅，他摸着下巴上的花白胡楂儿若有所思地说："原本有点乱螨螨（没头绪），像苍蝇掐脱头，总算来则个（来了个）厂长。听说该（他）才30出头，太年轻哉！就弗晓得格小哥阿来（阿，表疑问。小哥：小孩、小青年。阿来：行不行），阿缠得过宁嘎抖厂老角色（缠：复杂的缠斗。宁嘎：人家。抖厂：大厂。意即能不能在激烈复杂的竞争中战胜其他大厂经验老道的老厂长）？"

嘴上叼着支烟的一位师傅接过他的话茬儿说："阿缠得过宁嘎（能不能竞争过人家）？就弗晓得哉。只听见港（说、讲），厂长姓季，老本是（原本是）平车厂厂长。列格（这个）小后生年纪轻么轻，能干倒是蛮能干的。"他用食指弹了弹夹在拇指和中指之间的香烟，像是要弹掉了什么顾虑似的，"弗是金钢钻，弗揽瓷器生活（活儿）。甫到厂长位置（奋斗到厂长职位），肯定有点篓子金（篓子金指能力、本事、才华、办法等）的。"

"哎哇，正是哇！"坐"烟枪"边的一位师傅点了点头附和，"科来呢（看来呢），列个厂长也是老实小哥，年纪抖点格宁（年龄大点的人）就门槛精哉，葡老厂里（窝老厂里）弗拆啥心思（不劳心伤神），轻轻松松赚铜钿，啥宁（哪个人）高兴到龙腾来掮列格大末梢加（加，语气词）？办新厂苦头格，特别是开头阶段，舍是（都是）撒屎吃瓜子——小进大出。钞票覅赚着，要买啥买啥，几乎烦得啦（多么烦呀），拆脑筋格。"

这算是一种经验之谈吧？

"阿来弗来么，已经来格哉！随该哉呀（就不说了）！喊额里哪能么哪能（叫我们干嘛么干嘛），做生活（干活）吃饭，好不好该格事体（他的事情），额里么就是做坯（我们就是做事的料子），只识做生活。"这是事不关己，但能"做一天和尚撞一天钟"的。

"季丙元，听见歇格（听见过的），"说话的是人称"老百晓"的一位员工，"港哉，抓生产蛮来筛格（有人说了，抓生产非常能干），该（他）负责生产的平车全国出则名（出了名），格叫'高山上打鼓——名（鸣）声在外'。产品贺色（货色）不错，卖得飞起来，急棍格（厉害的）。"

又一位工人沉思了会儿说："科来作兴弗碍（看来可能没事）。听宁嘎港，列个（这个）季丙元是'脚板底绑铜锣——跑到啊得响到啊得（哪里）'做啥像啥，小哥也养的双胞胎。啥体有人来港（所以有人在说），列爿厂（这家厂）要是连季丙元也耒弗来（弄不好），就只好'榻浪脱哉哇'（垮台完结死了）。"

一位鱼尾纹很深，组长模样的师傅啜了口茶开口了："厂长来哉，对龙腾来港是好事体。额里大嘎（我们大家）么先着力做哉哇！既然来（在）一条船浪（船上），就合弄饭吃哉哇。好么（做得好的话），跟该后底（跟他后面）摸俩个小铜钿，发笔小财；弗来么（不行的话），至多再掮把铁拉（扛把锄头）做田里扣哉哇（种田去呗）。哪能办加（能怎么办呢）？但是弗管哪能，有厂长总比呒厂长有望。"

龙腾的第一代员工其实都只是穿着工装的当地老农，来龙腾之前，他们"只识土坷垃，不识铁疙瘩"。本以为到龙腾"出出气力，卖卖苦力"，就能"摸俩个小铜钿补贴补贴屋里"的，看着已经安装好了的生产线、加热炉、柴油机等设备，这才有了"蛮复杂，不比种田"的感觉。却原来，这不是光凭憨力就能做好的"生活（活儿）"。

从田野里走来的龙腾第一代员工，都有着中国农民质朴憨厚、任劳任怨和坚韧执着的品性，他们对未来也都有各自美好的设计。可虽然论种地他们都是老把式，对于工业生产用一位师傅的话来说，就是"连厂门朝哪开都弗清爽"，炼钢对他们来说更是"墨黑隆咚"。

可正如拿破仑所说：一头狮子带领的一群羊，可以打败一头羊带领的一群狮子。龙腾的幸运在于，镇党委、政府为龙腾挑选的领头人就是无所畏惧、勇往直前的"雄狮"。为了培养龙腾这支员工队伍，季丙元用美好的前程鼓舞人、凝聚人，用健全的制度管理人，并千方百计请来专业技术人士对员工进行技术培训、安全教育等，在工资福利上，也一直坚持生产长一寸，福利涨一分，逢年过节，还要买些时令果品、粽子、月饼等食品分给大家，与工人分享企业发展的成果，让工人感到是"怀里揣棉花——暖心"。

来到龙腾，季丙元厂长只觉得肩上有了一种沉甸甸的负重感，那是责任的压力和工人的希望，他第一个目标，就是尽快把龙腾开出来。

当时龙腾的情况是这样的：要钱没钱，要技术没技术，装备简陋，即将投产的螺纹钢是厂里的"独卵种（独苗苗）"，固定资产不到 400 万元，流动资金不到 10 块钱，财务会计无账可算，在厂里打杂。厂区没有一条像样的路，晴天一路灰尘，雨天一路泥浆。这也罢了，对季丙元来说，最具威胁的是市场对螺纹钢的需求峰值的快速下坠，随时有卖不动的隐忧，前景很不乐观。

离开干得风生水起、热火朝天的电动平车厂，到龙腾"重做馒头重发酵"，先不说远的，怎么做才能先把机器开出来，怎么做才能把员工每月的工资钱"抠出来”,怎么做每月才能攒些买原料的钱,这是季丙元必须面对的现实问题。

开弓没有回头箭,既然来了,就要铆足劲儿带着这帮乡亲拼一条出路来。

“理想很丰满,现实很骨感”,他四顾茫茫,苦苦地思索、反复地斟酌、艰难地抉择,但没几个人知道他的焦灼与压力。

一天,他遇到少年时代常常一起“斫羊草”的季卫良,聊到工作时,他说了句让季卫良迄今记忆犹新的话:“看来,我季丙元这辈子是要活也活在龙腾,死也死在龙腾了。”

季卫良清晰地记得他说这话时的肃穆、凝重和毅然决然的神情。

“他这是要豁出去了,”季卫良对我说,“他要毕其功于一役,破釜沉舟、背水一战干一番了。”这位解放军老兵用军事语言诠释了季丙元“生在龙腾,死在龙腾”这话的含义。

他说:“这是丙元不到长城非好汉的誓言。”

“我知道丙元这个人,”季卫良告诉我,“他从不辜负别人,对上,他只会考虑如何把事情做得更好才对得起上头的信任;对下,他不会辜负指望他奔小康、过好日子的弟兄们。他曾经说过‘我要把厂做得凡是梅李、常熟其他厂里工人能得到的“好处”,龙腾的员工也都能得到’。”

夜半三更　冒雨骑车护电机

时近午夜,躺在床上辗转反侧萦绕着这事那事的季丙元突然觉得似有细雨敲窗,仔细一听,不但窗户上,堆在墙根那的砖瓦上也有滴里答啦的雨点声。

“不好!”他像被弹起来似的揽衣推枕下了床。虽说这雨还稀稀拉拉下得并不连贯,但在多雨的江南三月,谁能保证这不是大雨来临的前兆呢?

睡得正香的妻子被丙元窸窸窣窣穿衣披雨衣的声音弄醒了,迷迷糊糊地问道:“困梦头里做啥加?阿是又困弗着哉?(睡梦中干什么呀?是不是又睡不着了呀?)”

“不是,落雨哉,电动机还在外头。笃湿(淋湿)不得了。”

这龙腾特钢的第一台电动机在季丙元眼里就是“龙腾的心脏”。

说话间,他套上衣服,披上雨衣,带上房门,跨上自行车就蹿了出去。他要与可能到来的大雨赛跑。

1994年春节前几天季丙元到龙腾,用电动机替换柴油机是他的第一个决策。一家钢厂没有电网，动力设备只有一台柴油机，这有点荒唐可笑，别说是二手破柴油机，即使全新柴油机一般在连续运行 12 小时之后，输出功率也会降到额定功率的 90%，所以非换掉不可。

春节过后，季丙元把动力改造方案报到了镇里，由镇党委出面，为龙腾向梅李镇工业供销公司经理的周和兴借了 10 万元。

先前为安装柴油机，基建单位在车间里浇筑了一块表面积约 10 平方米，深度达到 2 米左右的水泥钢筋地基，重新浇筑一块适合 380 千瓦电动机用的新地基，这就必须先把原来水泥钢筋地基掘掉。

这项工作量非常大，在季丙元的带领下，工人们动用大铁锤、空压机、手动风镐和电焊切割机没日没夜地干。季丙元厂长每天忙完手头工作之后，都会到现场陪施工人员。

整整干了一个星期后，大家才把那柴油机地基彻底掘掉。之后又自己动手在那位置上铺设了一块新的水泥地基，预埋了地轨、螺丝桩，为安装电动机做好了前期准备。

1994 年 3 月初，一台崭新的 380 千瓦电动机从无锡一家电动机厂运到了龙腾，当天天气晴朗，就把它临时放在没墙壁的“露天跨”那儿，不料半夜竟然下起了雨。由于无墙遮挡，电动机很可能被大雨浇湿，一旦进了水，损失就大了。在季丙元心里，这台电动机就是龙腾的“心脏”啊，可不能有丝毫闪失。

打在他脸上的雨水在催促他，快、快点、再快点。雨夜的梅李郊外黑灯瞎火，好在他对家和厂之间的这条路，太熟悉了，哪儿凸、哪儿凹，哪儿宽、哪儿窄，他都一清二楚，即使伸手不见五指也不会摸错。

路上，他还想到白天为电动机张罗电源的事，电动机有了，没有电源怎么办？

刚好隔壁电动平车厂正在建造新厂区的 500 千伏变电站，只是还没有投用，从那儿到龙腾大约有 500 米的距离。

“可以从那儿拉根线到龙腾来呀！”有了这想法的季丙元立刻去梅李镇用电站申请，这得到供电站长龚定和的支持，龚站长专门到常熟供电局为龙腾钢厂办理了通电手续。

电源问题也有望了，各项架线准备工作也随之开始。

从 500 千伏变压器那儿到龙腾要经过一块农田，季丙元专门向村委和几家农户打了招呼；在沿线作等距测量，为电杆定位；生产部主任唐寅芳按照厂长吩咐，根据实际需要买回了足够长的电线和10根水泥电杆。

架线这活儿最累人的就是要把那10根电杆从厂里抬到沿线电杆坑边，那些水泥电杆每根长10米，重六七百公斤。

季丙元和他挑选的唐寅芳等7名身强力壮的管理人员，8个人分左右各4位对抬着一根电杆往各个电杆坑位上送。由于田土松软，还有田埂、沟渠，他们抬着沉重的电杆，深一脚浅一脚、你歪我扭，哼哧哼哧地忙了半天才气喘吁吁地把电杆都送到了位。

架设这条线路，从测距、挖坑、竖杆、回填、校直、夯实、登高拉线，直到把一条120平方毫米架空线送进车间，前后只用了四五天，其间除了登高作业请了几位专业电工之外，其他都是季丙元和本厂员工自己动手完成的。

一年后，龙腾有了自己的配电站，这条线路才被取消，这是后话。

在龙腾的30年里，季丙元带着他的员工风里来，雨里去，不分昼夜地干，有过许许多多这样的故事。随着岁月的流逝，有太多往事都已隐进岁月的烟云，这正如一首诗所云：

天空没有留下一丝痕迹，
鸟儿曾在那儿奋力飞过。

雨也下得紧了些，可不能有了电源又毁了电机呀！他非常后悔，白天没把电动机往里送一点放到能避雨的地方。心急如焚的季丙元像参加比赛似的把自行车蹬得飞快，四五分钟后就到了厂里。

车间内外黑咕隆咚，季丙元点打火机找到电灯开关，开灯后，他就直奔“露天跨”放电动机的位置，见电动机只有无墙遮挡的一面有些水渍，整台电动机没什么问题。

“谢天谢地，幸亏雨还没下大。”他心里的一块石头落了地。

雨仍在下着，他一不做，二不休，立刻用单梁电动葫芦把电动机拉起来，慢慢地移到了能够遮风挡雨的车间里侧，龙腾的这颗“心脏”保住了。而大雨像在等他似的，等安排好电动机，雨“哗啦哗啦”地下大了。

没事了，下吧。可白天抬电杆，夜里没睡成的季丙元精神一放松就犯困了，他看了下表，已是凌晨1点多了。

越下越大的雨水就像泼下来的小石子似的，“叮叮当当”地洒在车间的屋面上、窗户上，电动机老位置那儿已经一片潮湿。

接着他又在车间各处看了下，没问题，就关上灯跨上车，不紧不慢地往家骑。大雨一路“唰唰”地抽打着他的雨衣，20 多分钟后他躺到了床上，舒畅地叹了口气睡他的“回笼觉”去了。后半夜，他睡得很香。

1994 年 10 月 3 日，丁君华副厂长到任后，季丙元厂长交给他的一个任务，就是去故障柴油机供货方要求退回 10 万元货款。可丁副厂长多次与销售单位协商无果，于是按照季厂长的意思诉诸法律，与对方对簿公堂。最终因被告无法提供那台柴油机的质量保证书，龙腾胜诉，常熟市人民法院判决对方退回全部货款。

更换电机　亲赴浒浦请能人

在这些日子里，季丙元连续 40 多天没有休息过，工人都说他“不识吃力格，天天从鸡叫忙到鬼叫”。

在无锡几位电工师傅的帮助下，电动机安装完毕接上了电源，万事俱备，只欠东风了。到了试运转那天，全体员工按照厂长的要求，早早地守在各自岗位上，怀着激动的心情要“为产品接生”。

那是一个艳阳高照的日子，应邀前来帮助安装启动电动机的无锡电气技术人员再次查看了启动柜等装置，只等厂长发令。

大功即将告成，忙乎一个多月的季丙元虽然明显消瘦却容光焕发，正式开机前，他再次听取了各个岗位负责人的情况汇报，然后一起进入车间。

上午 10 点 18 分，季丙元厂长下达启动设备的指令。

车间负责人、电工唐寅芳应声揿下了启动按钮。

电动机缓缓转动起来了，转速也越来越快了。不料 10 多秒之后，电动机突然发出“咕”的一声，随即停转。

这个意外让几位无锡电气技术人员面面相觑，紧接着他们立刻对电柜等进行检查，没有发现任何异常。确认无误后，调整了启动时间，待启动装置元件冷却后，再次开机，这回电动机倒是没有骤然停转，可转速只能维持在全速运转的60%左右，不死不活似的让人堵得慌。

再次检查，还是找不出原因，提不起速。

时近中午，季厂长叫大家吃午饭，休息会儿再作道理。下午，几位无锡技术人员商量了一下，再次对启动柜和电动机做了检查调整，还是不行，一筹莫展的无锡师傅非常焦虑和内疚。

“从来没有遇到过这种情况。”一位技术员困惑地说。

季厂长蹙着眉头思考对策。一个员工向厂长报告说，之前来龙腾帮过忙的王信明电工活儿特别好。

季厂长问：“那王信明在哪呀？”

另一个工人告诉厂长：“王信明家有点远，住在长江边的浒浦街上。驾驶员瞿卫江去过，他认得。”

季丙元随即叫上司机瞿卫江，开车直奔浒浦镇。

那天下午 5 点多，正是晚饭时分。中常拆船钢铁总厂技术设备部部长王信明正坐在家中饭桌边，像往常那样惬意地呷着小酒。他的电气活儿在浒浦、碧溪、珍门一带颇有名气。

听到门外的汽车引擎声，他朝外张望了一下，一辆红色普桑正从路口开过来，在离他家不远处的空地上停妥之后，从车上下来的一个人匆匆朝他的屋子走来。

“是王信明师傅家吗？”在门外问话的是一位眉清目秀的小伙子。

“是的，是的。”王信明不觉一愣。

“我是从龙腾钢厂来的，我姓季。”

“噢噢，季厂长。我听说了，你是龙腾钢厂厂长。”

王信明起身把厂长迎进屋，这时司机也跟过来了。

看着正在吃晚饭的王信明，季厂长对他说：“还是你们国营企业好哇，准时下班，已经吃晚饭了。我们今天还不知忙到什么时候呢！”

“听这一说是龙腾有什么事了，厂长都来了。”王信明心想。

他对季厂长说：“厂长亲自登门，要是有什么事需要我帮忙的话，只管吩咐。”

季厂长说：“就是有个难事特来麻烦你，电动机试机提不起速，请你帮我们找找原因。”

“按理，是不会转不起来的。”王信明说完仰面把杯里剩下的黄酒一饮而尽，推开碗盏起身对厂长说，“天还早，我跟你过去看看。”

苍茫暮色里，红色普桑沿着常浒路向梅塘河畔的龙腾钢厂急驶。白昼的时间已经长了些，天尽头胭脂似的晚霞亮灿灿明晃晃的，车开到梅李时，太阳已经下山了，天空还依然湛蓝，悠悠白云静止在天幕上，半个白色的月亮挂在东边天际，夜幕即将降临。

“王师傅、王师傅……”王信明跟着厂长来到龙腾，与他相识的工人都和他打招呼，在协助龙腾钢厂为250轧机安装的日子里，他们已混得很熟了。

王信明向电工唐寅芳了解了启动时的情况，接着在启动柜里做了一番检查，然后对季厂长说：“按照目前的状况，这套启动装置是无法让电动机正常运转的。”

一位无锡技术人员不自在了，他说：“都是标准的启动装置的配备，完全没有技术上的问题。”

王信明点了点头说：“是的，安装得都对，只是有点小问题。”

接着，他胸有成竹地对季丙元厂长说：“我先利用现有的元件改造一下，就可以让电动机正常转起来。”

听了这话，季厂长马上说道：“好的。你指挥，其他人全力配合。”

王信明安排几个工人分头去借或去买大截面短导线、接头和压接工具。王信明对启动柜线路图做了些改动。

时钟已指向夜里11点，王信明在做了最后一次查看后让开机，守在启动装置边的唐寅芳由于先前数次失败不免有点迟迟疑疑，他用眼神请厂长指示。

厂长说：“按王师傅的要求做！”

电动机缓缓转动起来了，转速越来越快、越来越快，10多秒后即“呼呼呼”地进入全速运转状态。

“哦！哦！哦……”现场员工高兴得欢呼起来。

季厂长朝王信明跷了大拇指，连连说“好！好！”

无锡技术人员也过去向王信明表示祝贺。

为了总结经验，季丙元连夜组织几个技术人员和电工开了个小会。王信明在会上分析了起初试机失败的原因，一是架空线路过长，选择的供电线截面偏小，致电动机启动时的大电流产生严重压降；二是启动装置在启动运转一二十秒之后，由于变阻器压降过大，转速达不到70%以上，于是停止工作。他说，在电流进一步上升和电压下降的情况下，电动机是无法全速运转的。

他还与无锡技术人员做了交流。他说，在正常条件下，这样装置启动低负载电动机是适用的，但用在轧钢机负载的电动机上是不行的，必须针对负载的实际情况另行设计。

时间已接近凌晨，季厂长对大家说："今天就到此为止吧，大家回去休息，明天继续。"

他叫司机把王信明送回浒浦，并约好明早再派司机把他接过来。

这是一个晴朗的夜晚，满天星斗在洁净的天幕上闪闪烁烁，郊外夜色茫茫，集镇万籁俱寂，唯有梅李塘汩汩东流，不舍昼夜。

参加调试的工人陆续回去了，最后离厂的季丙元厂长骑着小木兰摩托回家。虽然有点疲惫，但由于最终找出了问题，也有了解决问题的方法，这让他的心踏实下来了。

三四月间的深夜依然有点凉，但季丙元心头却热乎乎的，事情正一步步接近成功。

这是王信明的一个不眠之夜，到家后他没有上床，而是连夜为龙腾250轧机重新设计绘制了启动装置图。

第二天一早，季丙元就匆匆来到厂里。瞿师傅也很快把王信明从浒浦镇接到了龙腾。

王师傅向季厂长递上了他连夜赶出来的设计方案，这让季厂长非常感动。经过商量，季厂长让王信明就近联系周行镇一家企业，让他们按设计图为龙腾制造启动柜。为保险起见，厂长要求把供电线截面从120平方毫米扩大到240平方毫米，增加了一倍。

周行那厂也急龙腾所急，加班加点，通常两个月才能完成的启动装置，只用了20天就向龙腾交了货。

1994年4月22日，农历二月十二，这一天是龙腾钢厂第二次试运转的日子，对龙腾来说，这是一个历史性的时刻，龙腾特钢就是从这一天开工的。

上午8点整，季丙元厂长命令开机。生产部主任、电工唐寅芳得令摁下启动按钮。电动机随即带着减速箱、三轴箱由慢到快运作起来。季丙元看着手表，10秒后，电动机"呼呼呼呼"地全速飞转起来了，在场的员工笑逐颜开，个个神采飞扬，如愿以偿的厂长脸上非常舒展。

运转了一会儿之后，一切正常，厂长即指令关机，让员工用连接辊把三轴箱与轧机连接为一体。不一会儿，技术人员报告"完成连接"。

这是最关键的一步，大家凝神屏息地等待厂长的指令。

季丙元厂长面对生产线大声发令：

"合闸开机！"

守候在启动柜边的唐寅芳应声把早已搁在启动键上的指头往下一摁，整条生产线蠕动起来了，接着"哐、哐、哐、哐、哐哐哐哐……"车间里奏起了从慢到快，再到连续不断的雄浑交响，铿锵激越地宣告龙腾钢厂正式开工投产了。

20 秒后，设备进入正常运转状态。

20 秒——那是龙腾自运行 30 年以来的第一个 20 秒，关键的 20 秒——就是从那一刻起，龙腾迈开了发展的步伐，就是从那一刻起，龙腾和着这雄浑的交响扬帆起航，直到现在，向着未来！

一向沉静的季丙元厂长显然有点激动，他高兴地连连说："好！好！成功了！成功了！"并上前握住王信明的手说："谢谢你、谢谢你！"

那一刻，距今已经整整过去了 30 年，然而，往事并不如烟，季丙元和那一辈的龙腾开拓者从未忘记 30 年前的那一幕、那一刻，因为，那是龙腾历经坎坷走向辉煌的起点啊！

招收员工　"看得起龙腾的我都要"

经过几番调试、试运转，螺纹钢生产线即将进入正常运转阶段，但由于国家政策的制约、市场萎缩和同行搅局等，终究难以为继。只是这个过程可权当练兵，使工人学会操作设备，了解生产工艺流程，进入工作状态。而要把企业做大，必须另辟蹊径，瞄准市场开发适销产品。龙腾原 40 个员工加上跟季丙元一起从平车厂转来的 11 人，也仅有 50 多人。季丙元决定招工，为不久之后上马新品准备员工队伍。

1994 年 2 月 10 日是大年初一，春节 1 个月后的 3 月 10 日，龙腾发出招工信息。这时的人们大多已从节日氛围里回过神来了，回故乡过年的农民工也大多进了城，求职的人比较多。

当年负责财务的王瑞华会计介绍说："1994 年过年后不久，季厂长就开始招工了，这是龙腾第一次招工，要进厂的直接向厂长报名。厂长当然不会坐等报名的人，该办公办公，该下车间下车间。有人来了，门卫老徐伯伯就告诉来人厂长在哪在哪，来人找到厂长后便跟厂长去到办公室办理手续，手续很简单，报上名字、年龄和所在村（大队），提供本人身份证让厂长记在本子上就好了。然后厂长告诉他什么时候上班、干什么、待遇多少和厂里的规矩，安全生产注意事项什么的。"

厂长跟求职人员的谈话就是“面试”，这人的脾气性格呀、体能体力呀、适合做啥呀，等等，谈过话之后，厂长就有数了，然后把他们派到合适的位置上去。

王瑞华说：“当时来龙腾的人年纪都比较大，起码五十来岁了，也没有文化，讲话声音响的响、低的低，来龙腾也没有什么其他想法，就是来‘摸俩铜钿贴补贴补屋里’的。这些人大多是其他厂里不要的，有的人‘思想也不好’，甚至‘进去过’，我们厂长也不嫌，说过去是过去，到龙腾起头起脑重新来。”

“那第一次招了多少人呢？”我问。

“具体记不得了，30 多人吧。招工的事前后持续了一二十天，可是也有的人招进来只做了一两天就走的。龙腾处境艰难，厂又小又有点破败，连一条像样的路也没有，人家看看没希望就走了，留不住人，外地人也留不住。”

汽车弹簧扁钢上马后，产销两旺，接着又开发了轴承钢球、汽车车轮挡圈钢、针织横机面板等产品，厂里人手不够的矛盾再次凸显。1998 年，龙腾再次招工。

这次接到招工任务的几个工人做了横幅和宣传牌，宣传牌上写明包括年龄、身高、体质、学历等应征要求。之后，分成两路，分别到市区劳务市场和梅李集镇中心设摊招工。

设在城里的招工摊子倒是不时有人来打听，可一听说“龙腾在梅李乡下”，想报名的人一扭头就走了。

最不堪的是梅李，有求职者经过龙腾招工摊位时头都不侧。有几个人竟当着龙腾人的面对另一个人说：“龙腾龙腾，弄个潭潭。今朝弗晓得明朝，弗来格！”还有个人不屑地说：“弄啥乖张（开什么玩笑），龙腾也来凑闹忙？”

这让招工人员“很受伤”，气得想跟人打架。

龙腾招工无人问津的情况持续了两三天，回去怎么向厂长交代呢？两个摊点上的招工人员都很尴尬。

季丙元厂长得知龙腾在外招工连续两天“连个老虫（老鼠）也𫘝招到”的情况之后也没有生什么气。他沉思了一下说：“你们不要这个条件那个条件了，不管男女、不管老少、不管四残人员，只要看得起龙腾的人，我都要！”

有了厂长这句话，招工人员来者不拒，两路人马又忙乎几天，才满足了当时要 60 多号人的需求。这些人大多是些老实巴交、没什么文化的老农民，另外还有些外来打工者，他们来龙腾的想法也很简单：到钢厂扛几天苦力，一个不对，马上撤退。

曾经参加过招工的棒线分厂厂长居进对当年龙腾特钢招工之难深有体会，那是“很伤自尊”的活儿。为了留下难忘的招工记忆，他一直保存着当年招工时用过的一条横幅，横幅上那句话像钢筋那样直来直去：“招工——PC 钢棒招收收线工、放线工。”

居进感慨地说：“现在有句话说‘今天你对我爱理不理，明天我让你高攀不起’，从前我们没这个底气，现在我们也没这个傲气。不过当时真的困难，人也招不到。再看现在，来了多少大学生啊！”

对新工人，龙腾利用本厂专业技术和老师傅“传帮带”，向他们传授生产技术；通过建立考勤制度改变“农民工”“日出而作，日落而息”的农耕作息习惯，以适应三班倒的工厂生产需要；通过制定技术创新奖、安全月奖和产、质量考核制度，激励员工的工作热情和能工巧匠小改小革的积极性。员工们苦干加巧干，努力钻研技术，技术能手不断涌现，在每个季度一次的安环工作大会上，在创新创造小改小革上取得突出成就的员工，还要登上主席台上交流，接受大家的敬意。

季丙元是一个有情有义的汉子，对每一个员工都关怀备至，从工作、生活上关怀每一个员工，用美好的前程鼓舞员工、凝聚人心，全厂员工拧成一股绳，同心同德谋发展。

30 年来，季丙元坚持把企业的利益与员工的利益紧密结合起来，建立员工最低工资保障制度。而即使在企业最困难的阶段，他也坚持做到每月准时发工资，“只拖时辰，不拖日脚（日期）”。许多员工不知道，建厂初期，厂长每月为筹集人员工资和解决物流、水电等费用，千方百计找米下锅，独自承担了整个工厂运营的经济压力。

进入新世纪之后，季丙元董事长在全公司推行现代化工厂行之有效的“6S”现场管理法”，即整理（Seiri）、整顿（Eeiketsu）、清扫（Seiso）、清洁（Seiketsu）、素养（Shitsuke）、安全（Security），提高了效率，保证了质量，安全生产得到了充分保证，各车间井井有条，实现了工作环境的洁齐美。

也正因为曾经的渺小与磨难，让季丙元很早就提出了一个关于“四个龙腾”的目标，就是要让公司成为一个“社会尊重的龙腾，政府肯定的龙腾，市场首选的龙腾，员工向往的龙腾”，这是一个历尽艰辛的企业不甘久居人下的奋斗目标，也是季丙元董事长整个企业经营管理理念的组成部分。

如今的龙腾员工已接近 6 000 人，慕名前来报名的大学生越来越多，逢龙腾招工，让人最直观的感觉就是，“员工向往的龙腾”已成为不争的事实。

举债借贷　说起来都是泪

举债借贷，是季丙元刻骨铭心、不堪回首的苦难历程。

调整产品结构就要解决设备改造和原料进货的资金问题，首先要有 30 万元的流动资金。季丙元把一家人节衣缩食省下来的几万元钱和夫人压箱底的钱都拿出来凑，又东挪西借了一番，还是远远不够。

他把最后的希望寄托在银行借贷上。

这是第一次去贷款，出发前季丙元又把所需证件一一清点了下，营业执照、税务登记证、组织机构代码证书、企业法人代表身份证明、厂房经营场所产权证和企业公章、本人私章等证物齐全。于是开车去市区一家银行办理贷款手续。

来到银行，他拾级登上某银行大厅的台阶，边走边琢磨着该如何去陈述贷款理由才能如愿以偿。来龙腾之前，他从来没借过钱贷过款，但从广播喇叭里经常听得到某银行是“常熟人自己的银行”这句广告词，想到这，又多少舒缓了他有点忐忑不安的情绪。

说来也巧，当他来到那家银行时，遇到一位与他互相熟悉的大老板，那老板一到，信贷员忙笑脸相迎。大老板也是来贷款的，一开口就是 300 万元。

“行行行。”一位银行经理模样的女士连连说。

也许是有人向行长报告了有大老板光临的消息，不一会儿，春风满面的行长迎到大厅。

“哪阵风把您这位大老板吹来了呀！”行长笑容可掬。

大老板呵呵笑道：“哎呀，来沾点财气呗！”

“有什么需要只管让他们办，您到我办公室喝杯茶。”行长把大老板迎进办公室。

一缕茶香从办公室溢了出来。

另一边，信贷员手脚麻利地为大老板办手续，300 万大洋顷刻划到那大老板公司的账上。

这一幕让季丙元既羡慕又紧张，但也让他从中看到了希望，事情看上去并没有担心的那么难。

“要是我们也能贷到 300 万元，那能做多少事啊！”他想。

“下一个。”听到营业员的招呼，季丙元立刻凑到窗口。

窗玻璃里有两个营业员，一个没有什么表情，一个神情严肃地打量了季丙元一眼,这让他多少有点窘迫。

他从包里把扎一块儿的证件一一递进窗口下的收取凹槽,他有点紧张激动,但尽量和颜悦色地用一种平和的语气告诉对方,厂里要上一个非常关键的项目,来贷款就是为了解决设备改造所需要的资金,那将是一个市场前景非常好的产品。

"我们就贷 30 万元。"他说。言外之意是这个数只是前面那位老板贷款数额的十分之一,要求不高。

对方又漫不经心地看了眼这位估摸才 30 岁出头的小伙子,接着瞄了瞄他小心递过去的几份证件,翻看了几份之后,自言自语似的轻轻嘟囔了一句:"不行啊!"

紧张期待中的季丙元听到"不行"二字,顿时脸都急得有点红了,他问:"是不是还缺什么证件,要是缺的话,我马上回去补。"

他不敢往更坏处想,尽管知道有贷不成的可能。

"东西嘛倒不缺。是你们厂不符合贷款条件。"那柜员的声音很平静,但对季丙元来说,却是一个炸雷。

接着,在季丙元的慌乱之中,营业员慢条斯理地把季丙元递过去的那些证件推下窗口的收取凹槽,让他收回。

这个项目能否上马事关工厂的生死存亡,有没有这笔钱又是这个项目能否上马的关键,他怎么能就这么空手而归呢!

虽说季丙元是个"每逢大事有静气"的人,但在事关企业生存的大事面前,他紧张焦急得心里乱跳。他央求那位信贷员:"请你们救救急,帮帮忙。"

"不行,跟你说了不行,这是有规定的!"

他心有不甘,还在请对方通融,不耐烦的营业员语气越来越强硬。

"跟你说了不行就是不行!"说完,营业员的视线越过季丙元,朝服务窗口外喊道:"下一个!"

没有商量余地了,季丙元心里乱糟糟地走出了银行。

在银行大厅外,他又遇到那位大老板,那位大老板笑嘻嘻地对季丙元说:"你看我,只要宝宝开口,300 万元一借就是。你,借不到的。"

季丙元什么也没说。

银行的藐视,大老板的奚落,深深地刺痛了他的心,他感到忧伤、无助、苦涩和心酸。回到车上,止不住的泪水潸然而下,"没有钱怎么办? 我季丙元做点事怎么这么难呢?”他心里道。

“有钱英雄汉,没钱汉子难。”

龙腾,当初就是这样一个汗水和着泪水流淌的地方。然而,让人欣慰的是,这最终催生出繁荣的果实。

这个遭遇也让他瞬间明白了人为什么要自尊、自强的道理。一个梦想在他心中升腾,他下决心冲破一切艰难险阻,把企业做大做强,有朝一日,不但要让龙腾不差钱,还能有钱借别人,帮帮那些像自己这样的人。

转而他又想,常熟也不就这么一家银行呀!这家不行,就再跑另一家,不至于一家不借吧!

可他接二连三地在当地几家银行都碰了壁,终于了解到,整个常熟银行,都已对龙腾关上了大门。在常熟地界上,龙腾“朝不保夕”的说法,不仅是乡间的传说,也已经成为当地银行都已掌握的“情报”,并做了风险评估:龙腾撑不下去了,而且也没有什么迹象显示有朝一日还能“咸鱼翻身”,石头是往山里搬的,水是往河里倒的,有哪家银行会冒险去发放八成以上收不回的贷款呢?

一次,时任梅李党委书记的徐永达在接受采访时也曾提到这段往事,他说:“这些情况,当时镇委都是知道的,丙元的压力真的非常大。”

龙腾是梅李镇党委 1992 年决定开发的第一个工业项目,也是第二个入驻梅李工业园区的项目,镇里市里都很重视,丙元知道党委政府对龙腾的希望,他非常努力,也受了许多委屈。

龙腾特钢建厂的那个阶段,是一段激情燃烧、如火如荼的岁月,在党的改革开放政策指引下,梅李镇在工农业经济大发展的同时,还根据市里部署在全镇开展创建“全国文明城市”的活动,镇委、镇政府忙得像作战前线指挥部。然而,无论多忙,还处在襁褓之中的龙腾都是镇党委、政府关注的重点之一。

20 世纪 90 年代之初,电力供应紧张,还是计划用电,龙腾为了节省电费往往只开夜班。徐永达书记在忙完白天的工作之后,常常在夜晚骑着自行车赶到龙腾钢厂现场去看看。“只要看到车间里灯火通明,听到车间里有‘轰隆轰隆’的机器响声,我就放心了。要是里面黑咕隆咚的就有点不放心,连续几天这样的话,我就会侧面了解一下是不是有什么问题。”他说。

“踏破铁鞋呀!每天东奔西跑,鞋都磨坏了几双。”在副总经理黄耀良的办公室里,肖根发副书记说的一番话让我记忆深刻:“我通过种种渠道,利用分管工业积攒下来的人缘,带着丙元到处找银行借钱,跑了几十家金融单位和友好单位。常熟不行了，就到苏州想办法，苏州不行了，又去南京，结果还是不行。丙元压力大得不得了。镇里许多同志也在担心，就算龙腾开下去能不能赚钱还是个问题，因此主张关了拉倒。但徐书记和我等几个人力主把龙腾开下去。因为我从这位年轻厂长身上看到了他执着的进取精神。”

后来，他们把目标转向上海，找到一家工业供销总公司，想与这家公司共同投资解决资金困难，再不就借一笔钱解了龙腾的燃眉之急。于是，季丙元又和肖副书记频频赶赴上海，有时肖根发没空，就季丙元一个人去。

精诚所至，金石为开，命运没有辜负他。

值得高兴的是，那位总经理被季丙元的真诚和强烈的事业心感动，在他与季丙元交谈了几次之后打消了心中的疑虑。季丙元清晰的思路和他对于推动龙腾发展的一些规划打算让他觉得龙腾不会没有希望，他对这个年轻人充满了信心。1994 年五六月间，他应季丙元的邀请还专程到龙腾钢厂来过。肖根发副书记一起接待了这位贵客。

那位老总对肖根发说：“我要看的不是这家工厂，而是季丙元这个人。”

龙腾有救了，那家工业供销公司借给龙腾 150 万元现金，并拨给龙腾价值 150 万元的优质坯料。

采访过程中，一些老师傅、老领导也都提到过季丙元厂长借钱的那些往事，这让我看到了一幕幕季丙元到处求助的苦难经历，对他那种一次又一次无功而返时的悲凉心境感同身受，感情在不知不觉中融入他的愁绪和他的企盼里。

虽然，过去的日子已经渐行渐远，许多沉重的过往都已经成为遥远的昨日故事，但有些人、有些事不该被遗忘。龙腾的拓荒者在与苦难、不幸争斗、角逐的过程中形成的坚忍不拔、艰苦奋斗的创业精神和逆势而上、百折不挠的进取精神，也必须在龙腾的后来人身上代代相传。

差异发展

困难重重　独木桥上受挤兑

“龙腾钢厂开张”的消息以电传速度传遍了梅李，之后在常熟和邻近城市不胫而走，“吃啥饭，当啥心”的同行对业内信息总是格外关注：季丙元是怎样一个人呢？

一些同行开始打探龙腾钢厂厂长季丙元的信息。

他们很快了解到，在梅李工业系统，季丙元一向以思想深邃、思路清晰、思维敏捷、富有创造潜力和极强的执行力著称。他在担任电动平车厂生产厂长期间，电动平车以“无懈可击”的产品质量、实用美观的造型和既满足用户对大宗产品的需求，又能不厌其烦地为有独特需求的客户提供个性化服务，从而使企业美誉鹊起，以至在短短几年内就使本厂电动平车的销量位居全国第一，到他离任那年，占到全国总销售的近一半。

正是他出类拔萃的表现，在龙腾建厂一波三折，螺纹钢市场前景堪忧的危难之际，镇党委、镇政府才一致决定把他从电动平车厂调到龙腾钢厂担任厂长。一位镇领导说：“相信丙元一定能在逆境中闯出一条路子来。”

奔着生产螺纹钢而建立的龙腾钢厂面临的现实很严酷，产品尚未问世，市场即开始滑坡。一些同行掌握了季丙元的“厉害”之处，把他作为“厉害角色”来对付。为了挤兑龙腾，好几个同行企业“合计”出一个“促狭办法”，抱团结成“价格联盟”，以低价挤压龙腾的生存空间，这是明摆着要不惜代价把龙腾扼杀在摇篮里了。不得不说这是个狠招，虽说这种扰乱了行业经营秩序的做法损人不利己，但比较而言，在这种恶性竞争面前，新生的龙腾更脆弱。

这是来自外界的压力，内部压力也不轻。

由于生产经验不足，龙腾生产的螺纹钢时有质量问题，劳动生产率也很低，当时每班生产的Φ10—12毫米螺纹钢产量只有8吨到10吨，约等于国内一般钢厂班产的十分之一。有几个月甚至连员工的工资钱也没做出来，季厂长只好去哄自己夫人，向她“借钱”，再向朋友举债，凑足之后把工资发给员工。

龙腾的螺纹钢生产原料用的是旧船钢板，把船用钢板处理成可用原料，要经过氧气切割、剪板机剪切等工序，这是比其他厂多出来的成本，价格上毫无优势可言。

关于螺纹钢成品的销售，协议也对合资双方做了具体规定。由于初建的龙腾仅有一些零散客户，而无批量进货的大客户，市场销售举步维艰。

季丙元介绍说，1993 年 6 月，国家就已经出台宏观调控政策，控制螺纹钢产能，明确规定不得用船用钢做螺纹钢坯料。

如果说产量、质量和销量经过努力还能不断提高的话，龙腾无解的难题就是，根据国家规定，龙腾特钢生产的螺纹钢，无法通过国家产品认证。

没有经历生死危机考验的企业很难称得上一个成功企业，反过来也就是说，凡是成功的企业都曾经历过九死一生的考验。

面对同质竞争和国家对螺纹钢坯料的限制，初建的龙腾特钢为度过危机，季丙元厂长使出浑身解数维持运转，但龙腾还是做一天亏一天，也没有合格的坯料。

季丙元董事长在回忆这段往事的时候说：“在这种情况下只能停产，问题是停产以后怎么办？梅李镇党委、政府与上海合资方商谈，对方的意见是关下来等市场形势好转之后再开。镇里也有领导生怕开下去越赔越多，建议关厂。”

季丙元说：“镇里征求我的意见。我说，龙腾改造和转产都可以，但如果让我等，那我不干。我还年轻，即使把厂关掉，我也不会停下来等。我的意见是按‘差异化’发展思路，市场化的运作机制，去找大钢厂不喜欢的产品来生产，梅李镇采取了我的意见。我就在细分行业内找很小、很少的产品。”

季丙元要转型调整产品结构，上海龙腾工贸公司要停工等待时机好转，显然意见不一。1995 年 4 月初，上海龙腾工贸公司以“国家宏观调控后整治钢材市场的急剧变化迫使企业改造转产，(龙腾)转产有违合作双方的初衷”为由，提出解除原合资协议。季丙元在处理好资金及债务方面的问题后，当年 4 月 8 日与合资方解约。

其实，自 1993 年 6 月国家出台不得用旧船用钢板轧制螺纹钢的规定之后，合资单位即有意打退堂鼓了。

陷在诸多困扰中的龙腾举步维艰，弄不好，开局就是结局，季丙元很纠结。

2023 年 7 月 22 日，为了向我介绍龙腾特钢 30 年的发展历程，季丙元上午花了四小时写了近 6 000 字的文字，文章分“9 大步”和一个总结性的“结语”。下午又花了近两小时一步一步为我的创作做了指导。让我印象深刻的不仅是他的记忆，他写作的速度和清晰的逻辑思维，更有他归纳的 15 个“怎么办”，而每一个“怎么办”，都曾是龙腾的生死劫。

如没有电源、坯料、人才等。二三十年过去了，季丙元竟能一气呵成把这些问题罗列出来，可见在历史的现场，他为解决这些接踵而至的难题，曾经有多纠结、多无助、多痛苦、多疲累，其中有的“怎么办”是足以能让人崩溃的。

1994 年，季丙元在担任厂长之后就开始思考如何让工厂活下去这个问题。“决不能让开局成为结局!”他立志要带领龙腾攻关夺隘，走出困境。

他觉得，一个称职的企业领导要有百折不挠的意志和坚忍不拔的耐力，有困难扛得住、有压力顶得住、有风雨挺得住，再苦再累不言沧桑，埋头苦干，在逆境中拓荒前进。

“看来，靠一根螺纹钢支撑不起龙腾。”

面对同质竞争，他下决心远离独木桥，另辟蹊径，错位竞争，差异化发展，大路朝天，各走半边。

差异发展　逼出来的战略思路

梅东路上的通塔桥堍灯火通明的农贸市场一大早就已聚集了不少人。从那儿传来的人语汇成一片嗡嗡声。沿路蒸着包子、饺子、馒头的点心店热气腾腾，清新的空气里还夹着从大饼油条摊儿上飘来的香味。绿荫覆盖的聚沙公园室外茶场摆放着一张张八仙桌，古老的聚沙塔下围坐着吃早点、喝早茶的居民。为客人泡茶、续水、端面、送点心的服务员穿梭其间……

龙腾钢厂就坐落在这条街道的东端。

那天一早，季丙元骑了辆红色小木兰摩托车上班。

还不到上学、上班时间，路上行人稀少，倒是汽车明显多了，还不时有挂着私家牌照的轿车从街上开过。

善于捕捉商机的季丙元从一辆辆远去的汽车轮辙里，看到了一个汽车大国就将崛起的迹象。“估计要不了多长时间，过去做梦都不敢想的汽车就会陆陆续续开进寻常百姓家了。”他想。

季丙元知道，每辆汽车上都有成千上万种钢铁材质的零部件，其中有没有一种是龙腾能生产的呢？

灵感乍现，一种豁然开朗的感觉让他为之一振。

这之后，“为汽车生产做点什么”这个想法就一直萦绕在他的心头，成为他挥之不去的念想。

整个螺纹钢市场每况愈下，下马在所难免。调整产品结构势在必行。

古语有云：“穷则变，变则通，通则久。”这话道出了一个颠扑不破的真理：世间万物，都有一个发生、发展和衰落的过程，到衰落阶段时，就必须寻求变化以谋出路。如果一味因循守旧、不思改变，就只能画地为牢、坐以待毙；反之，若能顺应变化做出相应的调整，则可能绝处逢生、化险为夷。

季丙元审时度势，一方面先努力维持螺纹钢的生产经营；另一方面在市场上，同时从各种钢铁产品信息里寻找商机，在本市和邻近城市走访考察了一批汽车整车生产及零部件市场。

他说：“要找在细分行业内大钢厂不喜欢的产品生产，那种很小、很少的产品。”

在螺纹钢做不下去，合资单位解约，龙腾面临夭折威胁的情况下，为什么要吊死在一根绳上？他也看到了，缺乏特色的企业都难逃同质化竞争的宿命，只有坚持错位竞争才能突出重围。他不想跟在别人身后亦步亦趋。为什么要在独木桥上你挤我、我挤你，还弄得互相耿耿于怀呢？

情急智生。季丙元在龙腾急迫的生存危机里通过观察、调研和思考，在心中逐步形成了一个崭新的理念：差异化发展。

季丙元说：“要按差异化的发展思路，市场化的运作机制，在夹缝中求生存、找生机，挖掘市场机会，找到目标市场，从市场需求出发，用人无我有，精心打造的独特产品去满足普遍存在的共性需求。在卖方市场转化为买方市场的当今，给别人一个买你产品的理由：与众不同。”

成功是什么？成功就是一种突破、一种超越，成功就是要去做别人不愿做、不敢做或者没想到要做的事。

季丙元坚定了自己“差异化发展”的思路，并逐步完善这个理念，最终成为贯穿在龙腾特钢发展历程中的经营战略。

经过对林林总总的汽车零部件研究之后，季丙元选中了“汽车弹簧扁钢”。这是一种安装在汽车悬架中的弹性梁，兼具弹性、柔韧性和耐压性的避震部件，产品结构简单，工艺也不复杂，质量容易把控，市场前景看好。

一天，在厂长办公室季丙元厂长与总工程师陈国平探讨上马“汽车弹簧扁钢”这事。

陈国平于1993年年底入职龙腾钢厂，是龙腾特钢唯一的轧钢高级工程师，他清楚国内弹簧扁钢生产营销情况。

“全国生产弹簧扁钢的钢厂只有4家，都是规模不大的中小型国有企业。”陈工对季厂长说。

他还说：“大钢厂不生产弹簧钢板的原因是产品规格太多，轧制过程中需要频繁更换轧辊，很麻烦，但对产品的质量要求却非常高。由于汽车还不普及，市场对弹簧扁钢需求量也不大，对大厂来说，生产这种产品在企业总产值中的占比微乎其微，不屑生产。”

关于坯料，陈国平说：“国内轧制弹簧扁钢用的钢坯都是炼钢厂提供的钢锭，供给轧钢厂开坯，轧成60毫米或80毫米的方坯，再经过第二次轧制成弹簧扁钢，然后供弹簧钢板厂总成，有几家钢铁厂都生产弹簧扁钢的坯料。”

听了工程师的介绍，季丙元厂长说：“大厂不愿做，正是我们见缝插针、拾遗补缺的机会。要是没有一点难处，这项目也轮不到我们上了。”

关于设备问题，陈工说：“把螺纹钢生产线改造一下，就能生产弹簧钢板。”

季丙元对看准了的项目说干就干，他让陈国平起草了《常熟市龙腾特种钢厂设备改造方案》，呈送镇政府。

当时，龙腾正面临关厂危机，镇里主张关闭龙腾的领导不在少数。在这紧急的关头，季丙元提出的调整产品结构无疑是拯救龙腾的一个重要举措。为此，他直接去镇里，把螺纹钢生产面临的难题和他准备调整产品结构，进行设备改造，生产汽车弹簧钢板等思路当面向镇党委书记徐永达做了汇报。

徐书记至今依然清晰地记得当时的情景，他在接受我采访时说：“汽车弹簧扁钢是丙元提出来的第一个项目。他是有想法有思路的人，市场情况也摸得很透。当时由于多种原因，螺纹钢市场不景气，销售困难，质量不保，生产原料不符合国家规定要求。可是要不要把厂开下去，要不要调整产品结构，镇党委和镇政府领导的意见并不统一，主要顾虑是螺纹钢做不好，再用一大笔投资做弹簧扁钢，万一还不行，损失更大。因此，当时多数人提议索性把龙腾关了，以避免更大的损失。”

徐书记回忆说：“我看得出丙元的决心，他一直在千方百计地要救活这个厂。他特地到镇党委找我，把他考察了解到的情况一一对我说了，丙元对我说他‘再苦再难也要把弹簧扁钢做好’。我也很感动，他是个做事情的人，我也知道他的能力和意志，我相信他。”

没隔几天，徐书记就带着镇里分管工业的相关领导一起到龙腾特钢现场办公。龙腾特钢厂长季丙元，副厂长黄耀良，总工程师陈国平，技术人员潘瑞忠、唐寅芳等参加了现场会。

会上，陈国平从专业角度、技术层面介绍了弹簧扁钢的性能、生产过程，以及国内弹簧扁钢生产情况。

季丙元在会上介绍了螺纹钢的生产经营情况，并重点汇报了他之所以决心转产的原因：

一是改革开放15年来我国交通运输和物流业发展势头强劲，推动了汽车行业的迅速崛起，弹簧扁钢作为汽车的重要部件，将成为汽车行业市场源源不断的需求。

二是目前在全国范围内生产弹簧扁钢的钢铁厂极少，产品供不应求，现在国家经济形势越来越好，汽车保有量不断增加，并且最终会进入千家万户，汽车市场空间广阔，弹簧钢板前景看好。

三是弹簧扁钢结构简单、制造工艺不复杂，重点在于生产原料，而龙腾已找到优质弹簧扁钢的原料供应基地。

四是原来的螺纹钢生产线可以改造成弹簧扁钢生产线，技改投资不大，大约需要300万元。资金问题可通过借贷或合作生产、利益共享的方式解决。

他说：“比较麻烦的是，生产弹簧扁钢利润微薄，产品规格太多，车上的每一片弹簧扁钢的尺寸都不相同。这正是大厂不愿生产的一个原因，但这却是龙腾的机遇。”

季丙元的一番话说服了全体参加现场办公的镇领导。

徐永达书记在会上代表镇委表示支持龙腾特钢转产弹簧扁钢的方案。不久，镇政府正式批复同意了龙腾提交的《常熟市龙腾特种钢厂设备改造方案》。

在接下来的日子里，季丙元开始为设备改造和购买坯料筹措资金，所需资金正如他在镇领导现场办公会上所说的300万元。

招工和借钱成为上马弹簧扁钢的主要前期工作。

自造设备　天方夜谭竟成真

1994 年 5 月 31 日，龙腾在轧完了最后一批螺纹钢之后拉下了电闸，电动机以渐行渐弱的音阶停止了它持续了两个月的轰鸣。

车间一下静了下来，静得让人感到有点陌生，感到有点不适应，甚至有点不知所措。

“结束了。”一位工人说，“可惜没赚到钱。”在静悄悄的车间里，他的声音显得很大。

“勠悲观，上弹簧扁钢能把损失都补回来。”这是另一个人的声音。

车间是静了下来，但“此时无声胜有声”，这不是结束而是新的开始。季丙元厂长酝酿已久的一场战役就要展开了，龙腾就将“铁骑突出刀枪鸣”了。

厂里建立了“设备改造领导小组”。厂长总负责，高工陈国平负责工艺技术，潘瑞忠分管机械设计，吴永成分管配件外加工，肖友红负责描图，唐寅芳和王信明分管供电事宜。

当年 6 月 1 日，设备改造工程正式启动。开工前，厂长简短地说了几句：“设备不改造，工厂撑不下去；改造不好，也撑不下去。大家都想成功，但是成功不会主动来找龙腾，必须我们自己走向成功。看看梅李，看看常熟，再看看国家，哪个人、哪家厂、哪块地方不在搏命呀！接下来会很忙，很辛苦，望大家克服一下，大家对厂里的情况也都很清楚，就一句话，我们要么死掉成为历史，要么发展创造历史。”

“厂长放心，我们愿意跟着你搏一记！”人群里一个工人扯开嗓门回应。

员工们的掌声响起。

2023 年 7 月，季丙元董事长在回忆这段往事的时候说：“如果说钢厂没有电网，用柴油机轧钢是一个大笑话的话，那么要用 250 轧机轧弹簧扁钢，这又是一个天方夜谭。但是，你不改，厂就死了。要改吧，设备不行，换设备又没钱。怎么办呢？”

下马螺纹钢，上马弹簧扁钢，设备全部要改造，首先要改造的就是轧机，因为原来轧螺纹钢的 250 小轧机使不出大轧机的力道，宽度也无法适应弹簧扁钢的生产。技术人员一筹莫展。季厂长亲自动手，他因陋就简，应用杠杆原理一点一点地移动排方寻找适合的着力点，终于使小轧机有了生产弹簧扁钢的大轧机力，就这样他们自己搞了个“300 轧机”。

完成了轧机的改造之后，接着的问题是：没钱买冷床怎么办？

“人家厂里的冷床咔嗒咔嗒咔嗒咔嗒都是生铁浇铸的大型平面冷床，”季丙元董事长说，“冷床内还要灌冷却水，但那冷床千把万以上一台的，我们怎么弄得起呢？又不能没有，怎么办？当时我们搞到一批旧钢轨，用反铺钢轨的办法来满足冷床所需要的平面。钢轨的合金成分高，变形的可能性很小，吸热量相对其他钢材也要高出很多。就这样我们自己动手造了一台冷床。哪像现在，你看看，我们的冷床都是一两千万元的。”

终于改造好了，不料轧出来的弹簧扁钢成型不好，最后才知道那电动机的转速对轧螺纹钢来说正好，可对轧弹簧扁钢来说转速就太快了。当时，工艺全部排好，基础全部铺好，已经全部投产，就是因为速比太快，又要拉出去改，总之是天天在生死线上搏斗。

季丙元说：“没有钱，但又想要让企业活下去，硬是在生死线上挣扎。”

2000 年，江阴和淮安两家钢厂提升弹簧扁钢生产工艺，搞连铸连轧，龙腾竞争不过，季丙元加快了连铸坯改造连轧生产线的技改，请来扬州弹簧钢厂的总工来为龙腾解决了工艺上的问题。

实施连铸连轧改造是要钱的，没有钱怎么办？季丙元请求一位大老板为龙腾的贷款做担保。为此，身为厂长的季丙元每天到那老板家做“义工”，把他家里里外外打扫得窗明几净、纤尘不染。

功夫不负有心人，担保问题被解决了。

由于本厂工程技术人员经验不足，在 250 轧机改造中套用低碳钢工艺的长线路，高碳钢轧到很薄之后，温度每一秒钟都会急剧冷却，到后面就轧不好了。

当时龙腾已经开始生产了，要解决轧不好却没有技术怎么办？季丙元就带着厂里的技术人员到无锡锡兴钢厂取经。

季丙元说，如果按照本厂技术人员的工艺做下去，不马上改变工艺路线，就是“天坍的事”。

他说：“在无锡专家的帮助下，我们改善了工艺，又把油压剪切机改为机械剪切机才能解决问题，总算把企业救活了。”

季丙元叹息了一声说：“换设备还是没有钱，又到处求人。”

“本来已进入正常生产阶段，又被同行用连铸连轧逼上绝路，再次完成设备改造之后，却又买不到钢坯，设备天天停在那里。又在全国到处打听哪有高碳钢，最后找到山东一家钢厂才找到这种原料，生死关头再次找到了出路。”

“可因为我们没现金还石横钢厂的货款，都是用旧汽车抵的债，这条路后来也断了。”

“市场就是战场，陆上万马奔腾，水上百舸争流，都是自顾不暇，在一场接一场的生死大决斗中，很多时候龙腾‘叫天，天不应；叫地，地不灵’。”季丙元说，“全靠挑战自己！”

没有钱，但不认命，渴望活下去，龙腾为此在生死线上不停地挣扎。为了生存，季丙元带着幼小的龙腾，以顽强的张力，誓死不归的追求，凭简陋的设备和薄弱的技术力量，在市场的挤压之中负重前进，像钢铁那样在烈火中淬炼，像凤凰那样在烈火中涅槃。

提到技改中的“创新”，季丙元董事长无限感慨地说：“哎呀，那个时候的创新都是没有钱的自主创新。是‘死里逃生’的创新，不是现在公司拨款让‘锦上添花’的那种创新。”

日夜苦斗 “季丙元要吃饭 龙腾人要吃饭”

“那时真的很劳累，但是没人叫一声苦，大家都年轻，干起来管啥工作时间不工作时间的，从一早干到半夜是常态，有几次在夜里干着干着，突然发现天竟然已经亮了。”说话的是轧钢分公司副总经理张丽明，当年他是全程参加设备改造的员工之一。

“听说厂长经常和你们在一起做？”我问。

“不是经常！是每天，是时时刻刻和我们在一起做，除了处理行政事务。他手上、脸上、工作服上的灰、铁锈和大家一样多。厂长带了头，工人有劲头，车间里热火朝天。厂长都这么干，我们有啥好说的？自觉自愿，毫无怨言。”他说，“回忆过去，我觉得最困难、最艰苦的时候，付出最多的时候，其实也是最开心的时候……”

他的话犹如“情景再现”，我仿佛看到了当年突击改造250设备时的一幕幕情景：先是拆，工人们拿着工具，各就各位，拆卸编号，再依次把拆卸下来的前后轧辊等移钢部件一一用电动葫芦拉下去，轻一点就直接动手搬下去。

白天很快过去了，夕阳下的梅李街道上行人、车辆越来越稀少了。

夜色渐浓，镇区远远近近的店家和人家窗户里透出来的灯光接二连三地熄灭了，聚沙路上的街灯也昏昏欲睡似的，天幕蓝得很深，星光月色下的聚沙塔影影绰绰。

夜，已经很深了，四周悄无声息，只有地处集镇东南与农田交汇处的龙腾钢厂，依然灯光璀璨，大伙儿围着 250 轧机忙得不亦乐乎。

季丙元厂长扯下脖子上的毛巾在脸上擦了把汗，问大家："要不要休息一下，眯会儿接接力？"

"我不吃力！""我也不吃力！"员工接二连三地回应。

"额利弗来哉（我不行了），眼皮相打，想眯个刻把钟，厂长。"一个小伙儿对厂长说。

"好的，去吧！"厂长指着墙根说。

那儿有一叠平整的包装纸板，是连轴转的工人轮番休息的"床位"。

"到辰光喊一嗓！（到时候喊我一声）。"小伙子边走边嘟囔。

一个工友开玩笑说："肯定是休息辰光弗困（不睡），找女朋友谈情说爱开哉（去了）！"

"就是呀，跟女朋友一道他才兴奋呢！哈哈哈哈……"

笑声驱散了大家的睡意。

干着，干着，有人发现，黑洞洞的车间窗户发白了——天快亮了。

多少个日日夜夜就这么过去了，家在浒浦镇的张丽明连续两周没回过一次家，"娘子（妻子）"不放心，一天带了些食物和替换衣裳，赶到梅李来看丈夫。得知季丙元厂长也在车间里没日没夜地带着大家在赶工期，他娘子感慨地说："季丙元要吃饭、龙腾人要吃饭呀！"

"要吃饭"，是常熟人极言一个人或一个集体玩命工作的形容词。

"就是的。"张丽明说。

想到娘子一人在家带孩子、上班，还要种块自留地，他感到过意不去，带娘子到梅李街上坐了回馆子，犒劳了一下娘子和自己。饭后，一个回浒浦，一个回龙腾，又各忙各的去了。

早在龙腾钢厂筹备阶段，张丽明就曾应邀前来指导螺纹钢生产线的安装，之后便回到原厂，未料季丙元厂长再次上门找他。

张丽明说："厂长亲自来喊我，我也不好意思回绝，就想临时去帮一把。但季厂长的刻苦精神和他的人格人品，都让我感动，不忍心离开，渐渐地也就打消了回原厂的念头。"

“小张啊，我们要趁年轻一道做点事。”这是季丙元厂长跟他说过几回的话。

季丙元厂长与人交流从无花里胡哨的言辞，更不夸夸其谈，但他的话接地气，很能激起别人的共鸣。“趁着年轻做点事”，这其实是许多人内心的想法，这样的愿望得到激励，就会迸发出巨大的工作热情。

对龙腾人来说，每一个不曾起舞的日子都是对生命的辜负。

大功告成 弹簧扁钢问世

经过日夜奋战，到 1994 年 9 月底，完成了设备改造任务。这次改造的成果是，龙腾自造了一台 300 轧机，增加了一台主减速机，新添了一台 800 千瓦功率的主电机。

本着少花钱多办事的节俭原则，季丙元提出在改造设备过程中能自己造的就不去买，他用自己的实战智慧带领员工“自力更生闹革命”，回答了一个又一个“怎么办”，自己动手设计制造辊道，对无须承受重压和冲击力的附件，用厚铁皮取代昂贵的钢板制作。经过改造，五架 300 轧机取代了原来的五架 250 的轧机，自制链式自动冷床等也都为企业节省了大笔资金。

万事俱备，季丙元宣布国庆节之后试生产。

红旗飘飘，鼓乐阵阵。举国上下都在欢庆中华人民共和国成立 45 周年。

1994 年国庆与龙腾特钢发展史上的大事紧密相连，对龙腾来说，这是 30 年发展史上的一个新起点，龙腾人沉浸在快乐之中，一个工人说：“这是龙腾向国庆 45 周年的献礼。”

万事俱备，只欠东风。

10 月 2 日，弹簧扁钢生产线即将投入运行，常熟大地上的钢铁巨人就将迈出它发展历程中的第一步，这一步又恰好始于喜气洋洋的国庆期间。人逢喜事精神爽，这一年的国庆龙腾的新产品投产，双喜临门，大家心里都乐呵呵的，喜悦之情就溢在他们的脸上。

季丙元厂长一样非常高兴，但由于螺纹钢试产时的波折殷鉴不远，他的乐观是审慎的。他知道，不到顺利轧出第一根弹簧扁钢，就不能轻言成功。

国庆期间，他每天都在厂里。自从来到龙腾之后，除了出差的日子，其余的时间不仅白天在厂里，晚上睡觉前也一定要去厂里看看。“不然，就是到了床上也睡不着。”他说。

改造后的轧机焕然一新，设备擦拭得光可鉴人，此刻正在静静地酝酿着它新的交响。主厂房外的货场上整整齐齐地码放着一堆方坯，这些60毫米、80毫米的方坯分别来自无锡县钱桥钢厂、山东石横钢厂、河北邯郸钢铁厂等单位。

弹簧扁钢生产开工那天，厂里虽然没有张灯结彩，但大家都感到厂里有一种隆重的仪式感，还有一种迎接和见证某种重要时刻来临时才有的庄重、肃穆。大家很少说话，但都在心里为龙腾祷祝。工人们都不约而同地穿着干干净净的工作服，这儿那儿，在各自岗位上为开机做最后的准备。

眼前的一切让季丙元感到舒心、欣慰。上午9点58分，他大声发令："开机!"

电工合上电闸。

加热炉烈火熊熊，弹簧钢板生产线机声隆隆，第一块火红的弹簧钢板从轨道上游向冷床。

"哐哐哐哐……"久违的雄浑交响里，交织着工人的欢呼。

疲劳测试　国标弯曲八千　龙腾弯曲过万

《孙子兵法》有云："求其上，得其中；求其中，得其下；求其下，必败也。"如果期望值定得偏低，不"求其上"，结果可能会更低，甚至连底都托不住。所以必须坚持诉求的高标准，这也是季丙元对弹簧扁钢的质量要求。

只有坚持以高出国家要求的标准，一丝不苟地把好产品质量关，才能以过硬的产品质量通过国家级质检。这就是30年来龙腾的产品之所以能让客户满意，能在竞争激烈的市场上攻关夺隘、不断扩大市场占有率的奥秘之一。

汽车钢板弹簧是汽车悬架中必不可少的弹性元件，它由若干片等宽但不等长，厚度可相等，也可不相等的合金弹簧片组合而成，是每辆车上都有的弹性梁，一旦安装到车上，就长期处在交变载荷的承重状态，因此，国家对弹簧扁钢表面质量和内在质量的要求都非常高。

弹簧扁钢使用寿命的测试一般先由生产厂家按国家标准自测，有自测合格的前提，才可上报申请接受国家级的测试检验。

弹簧扁钢这个产品，寄托着龙腾翻身的希望，对于产品质量，季丙元亲自主持了弹簧钢板的自测。

合格的汽车钢板弹簧都必须通过试验系统针对产品的耐久疲劳、伸缩疲劳、弯曲疲劳、断裂疲劳、动静刚度、载荷疲劳等力学性能的检测试验，通过检测获得汽车减震弹簧疲劳强度和使用寿命的依据。这是弹簧扁钢投入市场之前必过的第一关。

1994 年 10 月初，龙腾生产的弹簧扁钢问世，产品符合国家技术要求。国家规定，弹簧扁钢的使用寿命必须通过弯曲疲劳测试确认，通过将弹簧扁钢压弯到极限之后观察其反弹能力和内部质量。国家制定的质量标准是要在单位时间里连续达到 8 000 次，多次自测证明，龙腾生产的弹簧扁钢达到了 1 万次以上。

自测合格，申请接受国家级质量检测，毫无悬念地一次性顺利通过，取得了汽车弹簧扁钢产品质量合格证和市场准入文件。

熟悉龙腾的人都知道季丙元有个重要的经营理念，就是“把产品质量做到最好、把市场份额做到最大、把成本控制做到最优、把营销服务做到最佳、把合作关系理到最顺”，工人们把这简称为“五大之最”。在“五大之最”里，“把产品质量做到最好”被季丙元列在首位，可见产品质量在他心中的分量。

季丙元厂长对产品质量的要求可以用“严苛”来形容，这与他强烈的质量意识和他成事的方式有关。对任何一个产品的质量，他都会定一个“求其上”高出国家标准的内部质量标准。他认为，只有设置更高的目标、追求更高的标准，才能确保产品质量符合国家的规定。

“不合格的产品，白送也不会有人要。”对厂长的这句话无论生产一线的工人还是跑市场的营销人员都耳熟能详。

提到这一点，当年分管销售的副总经理黄耀良印象深刻，他自豪地说：“我们拿出去的东西一直是很过硬的。市场上同类产品多得很，我们的产品能挤进市场，能让客户从充满疑虑到欣然接受，继而结为长期合作伙伴，靠的就是高质量加周全的服务。”

龙腾是一家新建的小钢厂，弹簧扁钢也才生产不久，尽管产品质量超过国标，但由于企业还名不见经传，产品的知名度也不高，起先的营销范围仅局限在汽车零配件市场上的一些店家，销量微乎其微。

大家不免着急。季丙元厂长在销售人员会议上说：“一、不怠慢，要主动出击，先弄清周边有哪些汽车制造厂和弹簧扁钢总成厂，要上门推销，不能守株待兔，也不能光打电话；二、不着急，家有梧桐树，自有凤凰来。人家说树大招风，我们是要做到的是‘树大招风’。”

不久果然有凤来仪，一个 80 万元的大单真的很提神，命运还是真眷顾那些有准备的人。这让龙腾人喜出望外，接到一个“大单”。

1994 年 12 月初的一天，厂里来了一位客户，跟门卫说要直接找厂长，门卫徐师傅见来人像个采购员，赶忙到车间里喊厂长。

来到办公楼二楼厂长室，季厂长为来客泡了茶，双方交换了名片，得知他叫李文生，来自河南郑州。

他对季厂长说，他到苏南来是想要采购一批弹簧钢板，找了几家企业，经过多方打听，得知龙腾生产的产品质量好，就一路摸过来了。

“我随身带了张 80 万元的汇票，就尽这些钱用吧，能买多少买多少回去。”他对季厂长说。

80 万元，这是龙腾投入弹簧扁钢生产之后最大的一笔交易，当然也是龙腾 30 年里的第一笔大交易。季丙元厂长自然有点激动，但他并未喜形于色，平静而热情地接待了李文生，并陪同他参观了生产现场，介绍了本厂汽车弹簧扁钢的生产、质量、经营、售后服务等方面的情况，这些都很合李文生心意。

而巧得很的是，李文生所需要的那种 Φ13×75 的弹簧扁钢，正是龙腾正在生产的产品，这是一拍即合了——这才叫“命运只眷顾有准备的人”呢！

只是当时厂里还没有总价值 80 万元的现货，为了拿下这笔业务，季厂长指示加班加点为客户赶制，这需要一周左右时间才能完成。为此，季厂长派司机把李文生安置到镇上的梅隆宾馆居住，并派人陪李文生到常熟各景区兜了一圈，热情的龙腾人和美丽的江南风光让李文生非常流连，也非常难忘。

10 天后龙腾交了货，第一笔大单也带来了第一个大客户。临走前，李文生向季丙元厂长表示：今后采购弹簧扁钢，就认准龙腾了。

首次做成的一笔“大生意”让大家看到了龙腾的市场前景“很光明”，增强了大家伙儿的信心。自然，也使大家理解了“把产品质量做到最好”的好处，质量上的好名声就是市场啊！

这笔交易的溢出效应是：提高了龙腾特钢的知名度，弹簧扁钢从此开始批量走向广阔市场，销售形势日渐看好，后来带着汇票前来进货的客户络绎不绝。

销售部的电话一天天忙了起来，除了驻守在梅隆宾馆“等米下锅”的客人不时催问之外，来自全国各地的订购电话也是接二连三。全厂上下忙得不亦乐乎。分管销售的黄耀良充满怀念地说：“那时的生意真是没说的。”

由于产品供不应求，对上门等货的远方来客，龙腾特钢都把他们安顿在梅隆宾馆好吃好喝地招待。宾馆老板也乐开了花，说龙腾让他跟着发了笔小财。

转眼到了1994年年底，根据销售形势越来越好的趋势，季丙元厂长因势利导，开会提出了1995年的工作目标："提高弹簧钢板的产量和质量，深度加工制作汽车弹簧组件，研制开发特种钢产品，年产量达5万吨。力争加入有关汽车行业集团，以'借梯登楼'，壮大发展自己。"

1995年6月，常熟市梅李镇资产经营投资公司发布《梅李镇工业企业"九·五"技术改造规划》，龙腾特钢的汽车弹簧扁钢被列入1995年梅李镇"九·五"技改规划重点项目。

季丙元提出的"借梯登楼"计划得到了镇委、镇政府的支持，他顺势而为，决定扩大生产规模。

为破难题　黑灯瞎火"摸"门道

然而，事有不测。

进入1995年，原本适合龙腾轧制小型车所用的弹簧钢板坯料即Φ60和Φ80方坯货源越来越稀少了，钢坯原料市场上只有Φ100或Φ120的连铸方坯，这是一种适合生产双槽弹簧钢板的钢坯。

为适应市场，季丙元厂长"看菜吃饭"，为生产双槽弹簧钢板，组织开展了龙腾特钢的第二轮设备升级改造。由于有了第一次设备改造积累的经验，第二次改造进展顺利，把原来的Φ300轧机改造成两组Φ450轧机，通过Φ450轧机过渡到5组Φ300轧机。其间为适应不断扩大的市场需求，新建了一座标准厂房，还从河南省引进两条弹簧扁钢生产线等机械设备。

1995年年初双槽弹簧扁钢正式投产。

双槽弹簧钢板是平板弹簧的升级版，与平板弹簧扁钢相比，其弹性和柔韧度更好，使用寿命更长，质量要求也更高。

可在试生产过程中，双槽弹簧钢板出现侧面裂纹、表面结疤、凹槽时有皱褶等质量问题，通过学习取经、技术改造和优化工艺，前两个问题得到了解决，但折腾了好一阵也没能消除双槽弹簧扁钢凹槽内的皱褶。

在质量攻关会上，从来就不信过不了难关、解决不了问题的季丙元厂长说："既然其他工厂能生产出合格产品，就说明这不是问题。'他山之石，可以攻玉'，我们必须出去走一遭，到其他不存在这个问题的工厂去取经。"

无锡市特种型钢厂是一家专门生产汽车弹簧扁钢的企业。

1995 年 3 月下旬的一天下午，季厂长带着几位工程技术人员前往无锡市特种型钢厂所在地无锡港下镇，拜访该厂生产厂长虞益兵。

那天港下镇正在召开 1994 年度工业企业先进个人、先进集体表彰大会，虞厂长开会去了。门卫师傅得知来人是常熟一家企业的厂长一行，没有怠慢，就请厂店的一位营业员蹬了辆自行车赶到镇政府会场，向虞厂长汇报了有人找他的事。

这家厂是 1994 年度港下镇先进工业企业，虞益兵厂长被评为“镇优秀厂长”，他不但要参加会议，接受表彰，还要作为先进厂长的代表发言，无法离场。他让店员转告门卫，打开他的宿舍，让季厂长等人去他宿舍边休息边等会儿。

哪知那天的会开得特别长，开了 4 小时，当虞益兵散会后赶到到厂里时，季厂长等几位龙腾客人依然在等，为了解决一个技术上的难题，一位厂长竟在宿舍里等了他整整 4 小时，这样的敬业精神，这样真诚态度，让虞益兵很感动。

见面后，季厂长与他就双槽弹簧扁钢的生产、质量问题做了交流，并约好择日到现场参观。

两天后，根据季丙元厂长的安排，总工程师陈国平、技术员唐寅芳、总调度张丽明等几位技术人员专程到无锡市特种型钢厂取经。

为不影响企业生产，陈国平利用晚上去无锡市特种型钢厂，不巧的是，那天车间里没电。可谁也不想白跑，在虞厂长的带领下，他们摸黑去了车间，借助微弱的手电光上上下下地察看设备，可是没比较出问题。接着，陈国平工程师一段一段地用手仔细探测轧辊，发现那轧辊下方压制孔形的凸起部分与龙腾的不同。

“是这个问题了。”他心里一喜，忙招呼其他人也用手摸着感受了一下，大家认同。

“问题找到了，”陈工肯定地说，“我们的轧辊有问题，不符合生产双槽弹簧扁钢的要求。”车间里很暗，但几个人心里都亮堂堂的。

回到龙腾之后，几位技术人员一起对轧辊进行修整，可结果凹槽里依然有纹路。

季丙元厂长出马了，他亲自开车去无锡接虞益兵上门指导。

接受我采访的虞益兵回忆说：“季厂长给我的感觉是一位非常实在的实干家，他真诚、坦诚，很拼，有一股不达目标誓不罢休的进取精神。我知道当时龙腾困难重重，但他从不言弃，从不退缩，面对这样一位厂长，你不出力帮他一把都过意不去。

“我到龙腾之后，发现问题出在加热炉上，因为恒温时间太短，致使弹簧扁钢内外受热不均，这不但会出现裂纹，产品还容易脆断。我建议季厂长找专业工程队改造加热炉。”

解决了双槽弹簧扁钢的两侧裂纹和轧辊凹槽纹路的问题之后，生产进入正常轨道，经检测，双槽弹簧扁钢的产品质量超过国标。

高质量的汽车弹簧扁钢及其升级版双槽弹簧扁钢的问世，使原本岌岌可危的龙腾柳暗花明，不但转危为安，还出现了供不应求的景象，着急的客户争着先交钱后提货。为满足市场需求，班产量从生产螺纹钢时的 8 吨到 10 吨，增加到 100 吨左右。

之后，季丙元统筹协调产销研资源，指挥销售人员瞄准全国打市场、拓疆域，产品一举打进上海汽车锻造总厂，从此一发不可收，弹簧钢板在全国东西南北中遍地开花，红了大半个国家。

吉人天相　“断粮”之际来了 60 车皮坯料

生产热火朝天，产品畅销不衰，可季丙元心里却有个挥之不去的隐忧，弹簧钢板坯料供应不由自主，时多时少、时有时无，无法掌控在自己手里。

一个晨雾迷蒙的大清早，还不到 6 点，季丙元就来到轧钢车间。

厂里一切正常呀！上夜班的张丽明困惑厂长不知一早就来车间干吗，忙迎上去问：“季厂你怎么这么早就来了，不多睡会儿？”

“哪能睡得着呀？”季厂长用手指了指堆放在车间外的一小堆坯料说，“你看，就这点‘粮’，哪能弄？我是实在没有办法了。”

设备改造之后，龙腾特钢的班产量从原来的 8 吨到 10 吨（螺纹钢）增加到 100 吨左右。可厂里所剩的弹簧扁钢坯料至多也就只剩三四百吨了，不出一周就会“断粮”，不得不停工待料了。

张丽明问：“不是都出去采购了吗？差不多时原料也肯定到了。”

“哪来这么好的事啊！几个采购员都来信息了，原料非常紧张，不好弄。我就怕一时接不上啊！”厂长忧虑地说。

“唉，直要命！”张丽明轻轻嘟囔了一声。

厂长对他说:“下班了,你吃过了没有? 没有? 走,跟你街上吃碗羊肉面去。先把肚子填饱了再说。”

忙了一夜的张丽明也确实饿了,他换了套衣服,擦了把脸,跟着厂长上街去了。

就在厂里青黄不接眼瞅着就要“断粮”的节骨眼儿上,奇迹似的,第二天竟有家湖南长沙钢厂的推销经理到龙腾推销钢坯来了。

见到季厂长之后,那位推销经理说:“我们厂有一批钢坯,不知龙腾要不要?”

“多少货?”季厂长平静地问。

“3 600 吨。”

这才叫心想事成呢!

商定价格后,季丙元厂长当即决定把这些钢坯全部拿下,并要求对方即刻发货,最迟也必须在三四天后到位。来人也没想到业务这么顺利,很是开心。

3 天后,总共装了 60 个车皮的钢坯,从长沙“咣当咣当”地拉到无锡火车站,季厂长又安排物流部门一车车拉到了厂里。快空空如也的龙腾库场一下子“堆足堆满”了,够用个把月都不止了,再加上其他来路,可以说燃眉之急一举解决。

全厂工人也都挺高兴,一位师傅点点头说:“我们厂长是吉人天相啊!”

但这样的好事毕竟偶然,命运可不惠顾依赖它的人。有了这次为原料忧心忡忡的经历,季丙元从此多了个心思,有了一个越来越强烈的想法:如何把原料供应的主动权握在自己手里?

我之所以不惜笔墨再现龙腾特钢的首次设备技改工程及在弹簧扁钢生产过程中的坎坷经历,因为开发这个产品是龙腾发展长途上至关重要的一招,是龙腾摆脱困境走向未来的起点,直接影响到龙腾的前程。

当时的情况,用工人的话来说就是:“不改造,龙腾要‘榻浪(榻浪即死亡,意思是龙腾会倒闭)’,改造不好也要‘榻浪’”,这句话对龙腾来说绝非危言耸听。若无这一招,龙腾还要多走多少弯路,多受多少磨难就不得而知了。

在克服了一连串的困难之后,弹簧扁钢进入正常生产阶段。

入冬后不时来袭的寒潮搅得周天寒彻,与天寒地冻形成鲜明对照的是轧钢车间里热气腾腾的景象。“哐当哐当”的轧机声中,火红的弹簧扁钢沿着轨道一根接一根地输送到冷床上。

车间一边的库房堆着码放得整整齐齐的成品,这些都将按先来后到的顺序为上门等货的客户装上大货车。

车间里，工人忙得正欢；车间外，排着队的空车、满载的大货车来来往往。

弹簧扁钢已在全国市场打响，企业有了明显起色。

看着一派产销两旺的景象，季丙元的心境被冬日暖阳照耀得热乎乎的。只是太忙，极快的工作节奏让时间就像脱了缰的野马，跑得飞快。

红红火火两年之后，周边钢厂采用连铸连轧新工艺使成本大幅下降，龙腾失去竞争优势，又由于常用实物抵货款，供货方不再提供坯料，龙腾处于停顿状态。季丙元不得已打算卖了工厂，没人接手后决定白送，只要求安排好龙腾的200名员工，还是不成。

龙腾落到这种境地，让他明白了一个道理：求人不如求己。在艰难的抗争中，他学会了默默面对，不言沧桑。想到几百名员工，强烈的责任感让他打起精神再出发。

烈火可以炼钢铁，逆境可以磨炼人。“除了自己谁也不能把我打倒”，他要当发动机不当电池，永远发出动力。

新年新喜　龙腾人首上光荣榜

之前入不敷出的龙腾在弹簧扁钢等新产品投入生产后的1995年，工业产值突破4 000万元，是1994年399万元的10倍多；实现销售收入3 600多万元，是1994年325万元的11倍；综合经济效益绝对值进入全镇前八强，列第七位，产品结构调整取得了显著成效。

1996年2月，梅李镇委做出《关于表彰一九九五年度工业、农业先进集体、先进个人的决定》，龙腾特钢首次登堂入室，在年度表彰名录上金榜题名。

季丙元厂长获得了镇“优秀厂长”称号；

陈国平总工程师获得了镇“科技先进工作者”称号；

金建康、余丙达、季建刚三位师傅获得了镇“工业先进生产（工作）者”称号；

龙腾机修车间获得了镇“先进集体”称号。

如果说，创造企业绩效的是劳动者，那么，决定企业成功的就是决策者。

面对攸关企业存亡的严峻考验，季丙元展现了他的科学决策指挥能力、深邃的市场洞察能力、丰富的企业管理能力、调动内外两个积极因素助力龙腾发展的能力，以及他解难题、补短板、促发展的能力，等等。他在实践中形成的龙腾主心骨地位让全体员工心悦诚服，也赢得了龙腾上下由衷的敬意。

季丙元实施的第一次技改及成功产出优质弹簧扁钢的意义在于：一是一群昔日的泥腿子在自学、互学，官教兵、兵教兵过程中，渐渐入门，成长为具有一定专业技能的钢铁产业工人，并在其中涌现一批技术骨干；二是彰显了厂长的情怀、品格和人格魅力，从而增强了企业的凝聚力、向心力，吸引了一批专业技术人士的加盟，为企业发展奠定了人才基础；三是培养了一支擅长在广阔市场上打江山的销售人才；四是随着弹簧扁钢在全国各地的畅销，使崭露头角的龙腾在梅李和全市工业领域赢得了自己的地位，在国内同行也有了一定的知名度；五是靠深耕市场掘到第一桶金，摆脱了经济上入不敷出的窘境，为企业的新品开发、后续发展打下了经济基础；六是提振了全体员工的精气神，在艰苦岁月里铸就了龙腾人破釜沉舟、志在必得的奋斗精神，同甘共苦、患难与共的团队精神和坚忍不拔、勇往直前的进取精神；七是形成龙腾独特的企业文化，在创业和发展过程中，季丙元培育了带有龙腾特色的价值观、基本信念、最高目标及行为规范的企业文化，并为全体员工所认同、遵守；八是提出和实践了“差异化发展”理念，并最终成为壮大龙腾的战略思想，为指导龙腾不断迈向成功奠定了基本经营思路。

如今，龙腾已成为常熟工业企业中的排头兵，正昂首阔步地驰骋在新时代的康庄大道上。曾有人向季丙元董事长询问龙腾成功的奥秘，他抚今追昔，沉思了会儿说：“龙腾的出路在于没有退路，我们不想成为历史，而要创造历史。”

有问有答　龙腾好在哪里

外人只知道龙腾厂子很小，还不如拆船厂轧钢分厂的一个车间。规模只是村企级别，远不能与“国营大厂”相提并论。但是龙腾有一种外人看不出的力量，这就是蕴藏在龙腾人内心深处的那么一股披荆斩棘、不畏艰险的拼搏精神和坚忍不拔、勇往直前的进取精神。

但张丽明懂“有志者事竟成”这意思，他也相信季丙元的人格魅力，他的魅力能在工人队伍里形成强大的凝聚力，这强大的凝聚力又能转化成龙腾人的战斗力。就他爱人那句话：龙腾人要吃饭。

龙腾翻身是迟早的事，这是他的信念。

“齐心协力，合弄饭吃”，那时，这是龙腾人互相勉励的口头禅。

早年的龙腾员工，都是穿上工装的本地和外地农民，他们质朴的追求无非是渴望一家人不愁吃，不愁穿，住得也更好些，最好还能有些余钱，过一种有尊严的生活。

但幸福不会从天降，季丙元厂长因势利导，通过发展企业，让员工有摸得着的利益、看得见的前途，鼓励大家乘这个好时机，齐心协力卖力干。用奔小康的目标激励他们在艰苦岁月里无怨无悔、任劳任怨地顽强拼搏。

“龙腾是每个龙腾人的”，龙腾的发展与工人的利益息息相关，而当个人的前程与工厂的前程完全契合时，就能迸发巨大的积极性和创造力。

龙腾好在哪里？

好在有一个统揽全局、具有战略眼光、对市场知己知彼的主帅，加一群忠诚敬业、能征善战的将才。年轻的厂长带头苦干，从不张扬，除了有必须处理的行政事务，他每天都和工人干在一起，从一早直到夜晚，甚至通宵达旦。有这样的顶梁柱、主心骨，工人们感到踏实有奔头。

在艰苦、忙碌的岁月里，季丙元厂长与共同创业的工友都结有兄弟般的情义，而他在员工中的权威也是在奋斗过程中自然形成的。

创业之初，企业经常挣不足工资钱，但无论有多难，季丙元厂长每月都会把工资一分不少地发给全体员工，按常熟人的说法是“只拖时辰，不拖日脚”。但没有几个人知道，为了给工人发工资他费了多少心思、花了多大的劲。

他弟弟季坤元告诉我：“有几回，二哥甚至把二嫂和我们弟兄挣的一点钱也哄出来凑一起给工人发工资去了。当时，谁知道厂能不能开下去呀！要不行了，这些钱也就没有了，可二哥他不管。”

30 年来，龙腾从来没拖过工人的工资，也许，只有穷过、经历过种种困苦的企业家才能如此体恤员工吧！

龙腾好在哪里？

好在有一支同甘共苦、患难与共的团队。

在龙腾急需还贷却一时凑不足钱的时候，丁君华副总经理竟把家里 3 台针织横机生产出来的产品货款悉数交给厂里去还贷，为了企业的稳步发展，丁君华可以毫不犹豫地翻出家底儿来为厂里救急。

员工都把龙腾的兴衰与本人的命运捆绑在一起，而作为厂长的季丙元，也竭力为员工解决一些实际困难。

张丽明在回忆起往事时说了件让他一直铭记在心的往事。

一天，厂长找到他，从怀里掏出一叠钱递到他的手上："小张，这里有 5 000 块钱，你拿去买辆摩托车吧！你住在浒浦，有了车，来去方便些。"

张丽明感到很意外，他看着厂长那身锈迹斑斑的工作服，感动之余，他不禁懊恼起来。他后悔一次跟厂长唠家常说到龙腾离家太远，一点顾不上家，里里外外都压在老婆一个人身上，等等。

说者无意，张丽明说过也就忘了，谁知听者有心。季丙元把这事一直挂在心上，在两三个月后，就给他送来了这笔钱，还建议他去买一辆重庆雅马哈 80 摩托车，说："这要比我的'小木兰'好不少。"

对厂里的困难，张丽明是清楚的，账上常常只有几块维持账号的钱垫底儿。有一次厂里有台电机的部件坏了，买新的只需要 400 元，但厂长不是去财务科，而是赶回家，结果又从家里拿来 400 元交给电工去买。不去财务科而往家跑，是因为他对厂里的实际经济情况，比谁都更知根知底。

在企业这么困难的情况下拿这笔钱，张丽明于心不忍，他都感动得快流泪了，可再三推辞也没拗过厂长。

我采访过龙腾当年的会计王瑞华，我提到厂长为张丽明买摩托车这事。王会计说："还有个外镇的技术员后来也用厂长的钱买了一辆。"

我说："你是财务最清楚。"

王会计听出我的意思，她说："老板从来没有在账上报过摩托车钱，老板还说我年纪大，给我买了辆自行车，也没用公款报销，这我最清楚了。"

再次采访张丽明时，他才知道，这笔钱是厂长一家人省吃俭用攒下的。当时厂长对他说："你就当这是厂里的一台设备，只是归你用吧！有什么客气的?"

这样的情怀、情义，这样的胸襟、胸怀，张丽明感佩不已。

在龙腾艰辛创业阶段，几乎每个老员工都有一段与厂长的温情故事。

已经告老还乡回到上海的陈国平工程师告诉我，1998—1999 年，江阴某厂的销售经理常来龙腾"办事"。其实，对方是带着"挖人"的任务而来的，他们以高薪、高位和送三居室公寓为条件，动员他去江阴那钢企工作，但每次都被陈工客客气气地打发了。

陈国平说："1994 年我到龙腾不久，季厂长在拆东补西的情况下还硬挤钱为我在梅李街上买了所公寓，虽然面积不大，但在我心里比别墅还珍贵。厂长对我这么好，还要走的话我就太没良心了。"

一次有位员工得了重病，厂长一下拿出 50 000 元，让他把病治好了。

“桃李不言，下自成蹊。”

龙腾约一半以上的员工来自远方，他们大多是若干年前从偏僻的乡村田野或崇山峻岭深处跋山涉水而来的农民工或农民子弟，为了心中的梦想，他们萍飘四海，最终辗转聚集到龙腾巍峨的高炉之下，成为钢铁工人队伍中的新鲜血液，其中很多人是奔着“厂长的良心”而来的。

行 销 天 下

别出新裁 正确的销售理念

正确的销售理念，是企业拓展市场、扩大市场的指导思想。

销售有多重要？客户有多重要？

季丙元一言以蔽之："没有销售就没有市场，没有市场就没有龙腾。"那时的他，白天忙销售，夜晚忙生产，丝毫不敢松懈。

如果说，生产刷的是企业的存在感，那么，销售守护的就是企业的生存空间。

企业的运营无非在"一进一出"之间。进，是引进原料组织生产；出，是销售产品收回本钱获得利润，这就是所谓"产出"。没有进就没有出，出不去就进不来。无论"产"生问题，还是"出"了问题，都是对企业的戕害。

没有销售就没有效益，没有效益就无法生存，成功的销售可以促进企业的成长。企业的消亡归根结底是毁在销售上，欣欣向荣的企业，一定是产销两旺的企业。

销售人员要有国际国内两个市场的大视野，目光短浅者的眼里市场很小。曾经有位销售人员抱怨汽车弹簧扁钢卖不掉。

针对这个畏难情绪，季丙元厂长说："卖不掉？难道这么大的中国，就多我们龙腾这点产品？再卖不掉，去送掉！"

"难道这么大的中国，就多我们龙腾这点产品？"这话具有难以抗拒的逻辑力量。

这就是格局。有这样的格局、这样的思维方式，还有什么会卖不掉呢？

总有一个客户需要我，就看你能不能找到自己的目标客户。

季丙元董事长说，生产与服务是一个互相依存、不能分割的整体，生产与服务"两业"要做到极致，制造业需要现代服务业的加持，服务业依靠制造业的发展。服务客户、服务市场的销售与企业生产一荣俱荣，一损俱损。

时至今日，龙腾特钢已拥有巨大的用户群体，但季丙元认为：巨大的用户群体绝不仅意味着金山银山，更意味着责任如山。为了客户的切身利益，他提出了“五大之最”经营理念，即产品质量做到最好、市场份额做到最大、成本控制做到最优、营销服务做到最佳、合作关系理到最顺。这“五大之最”每一个都与销售服务息息相关。

季丙元重视客户对产品质量的评价，他说：“（产品质量）客户说错的也是对的”，“客户说错了的回来也要汇报，也要开会讨论，当大事去抓”。这已成为龙腾的一个规矩。

对客户的意见，许多人常用“有则改之，无则加勉”来表明态度，而实际上往往是“无则不问”。与之不同的是，季丙元是“闻过则喜”，即使客户说错了，也要“开会解决”，以引起大家的警觉，杜绝类似问题。

“跑了千山万水，说了千言万语，想了千方百计，吃了千辛万苦”，龙腾销售人员践行“四千四万”精神的足迹遍布大江南北，长城内外，成就了龙腾的半边天。直至30年后的今天，他们所秉持的“四千四万”精神光芒依然闪耀在新时代的征程上。30年来，龙腾特钢的许多产品如汽车弹簧扁钢、针织面板、船用热轧球扁钢、耐磨钢球等，一开销就是全国第一。销售上的成就，无疑与季丙元董事长全方位开放的销售理念直接有关。

持有这样的观念，企业不断向前发展是必然的。

销售作为企业的半边天，季丙元董事长的理念和他对具体工作的指示，培育了一支在商场上能征善战的销售人员队伍，他的销售理念，也成为销售人员的遵循。

我不揣浅陋，试着归纳了以下几点：

第一，要坚持“四千四万”精神，千难万难，走出去就不难。“千里之行，始于足下。”打市场靠跑，人们常常把销售人员叫作“跑销售的”，这个“跑”字生动形象地概括了销售人员的工作特点。销售人员的“车间”“办公室”是一个大市场，要收获就得去厂外，守株待兔的“好事”只是童话。在市场竞争激烈的时代，企业不可能找棵大树靠着坐享其成。季丙元董事长曾对坐在办公室里的销售人员说：“我不想看到你们。”意思很明白，因为你的岗位是客户单位、是广阔市场。

第二，改变环境，不如改变自己。市场有起有伏就像大海有潮起潮落、海浪有波峰涛谷，不能把所谓“大形势不好”作为销售业绩上不去的借口。市场永远有需求，区别只在于需求量的大小，要问的是为什么客户买别人的货而不要你的？如果幻想只有等到大形势、大环境“好转”才出业绩，那么，“卖不掉”的理由永远都有。他认为，与其改变环境和形势，不如改变自己，生命只有走出来的精彩，没有等得来的辉煌，要用随机应变的营销策略和创新服务去做销售。

第三，借梯登楼，要扩大知名度把产品打进大厂。大型企业对产品质量要求很高，要敢于把产品打进大企业、搏击大市场。大企业选用的产品在业内有巨大的导向作用。一个销售人员与其踮着脚远望和呼喊，不如在大企业高大的平台上“登高而招”“顺风而呼”。这样，看到和听到的人会更多，使产品能在更广泛的领域里扩大知名度。产品打进一家知名大企业，可收获一批中小客户，具有事半功倍之效。

第四，你的人品，就是你的产品形象。言必行，行必果，讲诚信，三分生意，七分做人。只有讲诚信的人才可信，用诚信去换相信，诚实的人会让客户由于信任你而信任你的产品。与客户交往一定要诚信守约，诚信是无形的力量，也是无形的财富，用失去信用赚到的钱应结算在企业的损失里。他认为，签合同前可以讨价还价、斤斤计较，一旦签下来，哪怕吃亏也要坚决按合同规定办，有问题留给自己，为客户提供便利。

第五，宁可让利，不可让市场。宁可掉业绩，不可丢市场。市场是龙腾存在的价值，有市场在，就有龙腾在，没有市场就没有未来。因此，要加大营销力度、推广力度、服务力度。巩固老客户做到守土有责，开拓新市场要付诸行动，营销的宗旨就是发现并满足要求。压力越大越要稳住阵脚，要业绩，要利润，更要客户对企业的美好感受和良好印象，客户的微笑是最大的收获。

第六，肚量要大，受得进气才出得了货。买好的原料不容易，把产品卖出去更不容易。销售人员要克服羞涩、怯懦、忧虑、畏惧和缺乏自信等消极心理，被拒绝不气馁、不沮丧，受得了冷言、冷语、冷脸，还要善于“和陌生人说话”，以自己的“热”去融化他人的“冷”，相信“日久生情”“精诚所至，金石为开”。

第七，销售自信，龙腾能为客户创造更大效益。上门推销不是乞求施舍，而是要为人奉献更好的东西。别人有权对你的产品表示怀疑，你要坚信自己的产品能为客户创造价值，有双赢成效。为此，要熟悉自己的产品，说得清本产品与同类产品的比较优势和能为客户创造的效益。

第八，你的业绩，就是你的尊严。销售人员要自我施压，业绩是逼出来的。企业是最为务实的平台，所要的是成果，你的业绩就是你的尊严，提升销售业绩是销售人员的硬道理。

第九，市场竞争，客户是企业的选民。任何产品的生产厂家都不可能是“独此一家，别无分店”。同样，进入市场的同类产品也不可能出自同一个单位，即使是冠军产品，也只是因为卖得最好而已。在竞争激烈的市场上，客户就是销售人员的“选民”，每一次购买都是一次投票。销售人员要善于“拉票”“得票”。

第十，做有心人，销售与信息两手抓。实行这样的一体化机制，销售人员要利用在全国到处跑、见多识广、信息源较多的职业优势，眼观六路，耳听八方，在销售产品的同时，做收集市场信息、产品信息的有心人。

龙腾的销售人员队伍从起初的五六人增加到现在的 200 多人，并有了覆盖全国的销售网络和一套完善的销售服务管理体系。销售部门责任到人，各有明确的职能、明确的分工、明确的指标。30 年来，龙腾销售人员不断拓展市场，他们的足迹遍布中华大地、五洲四海，实现了产多少就能销多少的目标，销售产值从 1994 年的数百万元增加到 2023 年的近 500 亿元。

销售部门与生产部门紧密协调，确保产品供应不掉链。成功的销售，对企业高质量发展和企业规模的扩大形成强劲的推动力。

历经艰辛　千山万水跑码头

20 世纪 90 年代中期，龙腾开发的弹簧扁钢等产品走俏市场，可就是货款难收。一些客户用他们生产的产品或不知从何而来的物品来抵龙腾的货款。龙腾销出去的是弹簧扁钢、针织面板、汽车车轮挡圈钢，有时收回来的却是一堆杂七杂八的日用商品，有吊扇、鞋子、棉袄、床上用品、南极棉内衣裤等，弄得销售部门像个杂货铺。跑销售的冯仁元，推销了一批弹簧扁钢之后，客户用一辆汽车抵货款，可当时厂里并不需要车。

龙腾所有的原料都只能用真金白银去买，用客户抵货款的百杂物品是换不回原料的。

面对五花八门的“百货”，季丙元厂长很无奈。要现金，对方说没有，给实物，爱要不要。不要东西要钱也行，那你就等吧。可等着等着，对方会不会连厂都关了、人也跑了这很难说。两害相权取其轻，只得先把东西拿回来再说了。

“当时龙腾的前途也是问号，只能‘带泥萝卜——吃一段，揩一段’。”已退休的龙腾主办会计王瑞华说。

怎么办呢？季厂长把吊扇低价卖了换点钱，把衣裳、鞋子当福利分给员工。

有一次，季厂长打听到有位龙腾的供货商要给员工发鞋，连忙挑了一批鞋送到供货商门上，抵了部分坯料货款，可这只是偶尔的好事。还是要想方设法把客户送过来的抵债物品，包括汽车啥的“三钿不值两钿”转手卖出去，事情就是这么烦。

这就与大家分享龙腾销售人员的故事。

故事一

行程千里　厂长一天一夜开回抵债车

2022 年 5 月的一天，龙腾跑销售的老员工包中良来到我在龙腾的工作室，提到那段往事，他说了一个与抵债汽车有关的销售故事。这个故事让我看到了发生在 1995 年 5 月中旬那个夜晚的一幕：

夜幕笼罩在静谧辽阔的河南原野上，一辆轿车的前光灯在星光下向着南方不断前移。

“龙腾的销售工作一直是厂长直接领导的。”包中良打开了话匣子：

起初，季厂长在指挥生产的同时，有时也要跑销售，还常常要亲自出马，帮助销售人员处理一些难题。

我印象最深的一次就是到河南许昌去提一辆抵债的汽车，开车回常熟的就是我们厂长。我不会开车，就坐在副驾驶位置上，厂长给我的任务是“看好马路边的指示牌，别走岔了”。

我们销售人员如果遇到一些难以处理的事，不得已就去请季厂长出场。那次他是为了帮我才连夜开车的，连续开了 27 小时。

河南许昌有个弹簧钢板总成车间。1995 年年初，我向他们推销了一批货，总价五六十万元。但后来有 20 万元的尾款迟迟未付，我多次催讨，他们都说拿不出现金。后来他们说，用一辆蓝鸟牌轿车抵债。我向厂长汇报，厂长没有为难对方，同意了。

但提车也是个问题，我不会开车，对方不肯开过来，拖了不少时日。

许昌之行的 3 天前，我接到了厂长从北京打来的电话，厂长在电话里叫我乘长途车到许昌，跟对方先把汽车过户手续办好。

厂长对我说：“等我北京的事办完，立刻就去你那儿。”

为了提高外出办事效率和节省路费，厂长外出办事都会统筹安排，把沿途该办的事全办了。

我到许昌办妥过户手续之后的第二天，厂长乘飞机从北京来到郑州，赶到郑州机场接到厂长后我们一起乘公共汽车直奔许昌。不料在路上遇到塞车，被堵了整整一夜，趴路上的汽车长龙前不见头，后不见尾。我们没吃晚饭，到半夜饿得不行时，才听到远处传来了附近农民卖这卖那的吆喝声，等到一个提篮的小贩来到我们车这儿时，他只剩了4个皮蛋，早已饿得不行的我们别无选择，都买了下来，一人两个皮蛋在车上熬了一夜。

沉浸在回忆里的包中良若有所思地看着窗外正在施工的电炉分厂建设工地。接着，他的视线越过一片平地，停留在厂区中心高耸的高炉上，那儿流动着一团乳白色的蒸气——已达到超低排放标准的烟气。一柱蔚蓝底色的烟囱上有工人绘画的朵朵白云。已退休多年的包中良远远看着，那蔚蓝的烟囱上有永不飘逝的“白云”，“白云”里有他对龙腾的永恒记忆。此时，出现在他眼前的也许是那个星空下的中原大地，和大地上不断向前移动的两个小小的光标。

“到那家工厂后，谈得顺利不?”听到我的问题，包中良回过神来继续说他的故事：

到许昌已是中午时分，我们厂长与他们厂长见了面，他们厂长有点歉意地说：“用蓝鸟车抵欠款也是不得已，厂里实在拿不出现金了。”季厂长表示理解。

照理，把车提回来是我的事，可我不会开。托运或请人从许昌开个一两千里把车弄到家，那笔费用肯定不小。厂长从北京拐到许昌自己开车，能省不少钱。那时，我们厂已经有了一辆苏EC4565普桑，手动挡的，这车是谁有急事谁用。“蓝鸟”是自动挡车，虽说自动挡更好开，但开惯了手动挡要一下转过来开自动挡也并不那么容易，再说许昌与常熟毕竟相距八九百公里呢！好在厂长聪明，他在许昌汽车传动轴厂厂内空地上试着开了几个来回，就上手了。

下午4点，季厂长跟对方厂长等打招呼道别，然后对我说：“老包，我们走吧。”

那个年代没有导航、没有高速公路，沿途指示路牌也不多，我的任务是“看好沿途路标”，这并不轻松。

厂长胸有成竹地说：“我们顺着公路往南开，大方向就不会错。”

夜里10点，我们到了安徽亳州。出发时没吃什么，肚子饿得慌，厂长开着车在亳州城兜着找地方填肚子，好不容易找到一个卖煮鸡蛋的小摊子，我们为她扫尾，把仅剩的4个鸡蛋包了，然后出发。

那时厂长33岁，精力充沛，他一口气又连续开了七八小时。整整一夜过后，第二天清晨到了安徽蚌埠。我们下车在路边店吃了点早饭，我建议厂长在车上眯会儿接接气力。他不想休息，由于我坚持，他靠在座椅上躺了不到20分钟，就重新调整好座椅，说："回去吧，厂里一大堆事情。"

厂长精力真的好，厂里人都说他"弗晓得吃力格"。一次厂里设备大修，他在车间陪着工人忙了20多小时没合眼。

为了解乏，厂长在路上给我讲了个有趣的故事，直到现在我还记得，是说销售的，故事就叫"向光头和尚卖木梳"：说是有4个销售人员接受一个任务，去一座寺庙向和尚推销木梳。第一个来到庙里，见那里都是没头发的光头和尚，没人需要梳子，于是空手而回。第二个到庙里对老和尚说："梳子不光梳头发，头皮也要经常梳梳，除了止痒，还能活络血脉，念经念累了，梳梳头，头脑清醒。"和尚听了，觉得有理，他卖掉10多把。第三个到庙里跟老和尚说："这些香客多诚心呀！又烧香又磕头，头磕多了头发就乱了，有的还沾上香灰。您在每个庙堂里放一些梳子，让他们拜完了梳梳头。香客会感到这庙关心香客，下次还会再来。"他卖了100多把梳子。第四个厉害了，他不光卖掉几千把梳子，还拿到一些订单。他跟老和尚是这么说的："庙里经常接受人家的捐赠，最好有点来往。你们买些梳子当小礼物送给他们，又实用，又便宜。还可以在梳子上写上寺庙的名字，刻上'积善梳'一类的文字，说'积善梳'可以保佑积德行善之人。你们先送一批，再储备一批，谁来了就送谁。"老和尚接纳了他的建议，一笔大生意就这么谈成了。什么意思呢？这是说跑销售要多动脑子，"死笃死种（思路单一，不知变通）"无法做好销售工作，就算有点效益，也不会大。跑销售思路要广，多角度思维，要随机应变，善于创新，有针对性地把产品对客户带来的好处讲清，让客户看到产品的潜在作用。

我听了直叫绝。厂长又说道："刚才说的是头，还有个故事说的是脚。南太平洋上有个岛国的人从来不穿鞋子。鞋厂派两个人去推销鞋，一个人一看扭头就回去了，整个岛上无一人穿鞋。另一人却在岛上住了下来，他慢慢地动员，再比较穿不穿鞋的区别，最后让岛上人都喜欢上了穿鞋，而且每个人买了好几双。他成了卖鞋大户。跑销售，既要动脑筋，又要有耐心。"

厂长知道得真多，和他一起出差一点都不"厌气（乏味）"，还能长不少知识。

但是他一个人开这么远的路,也真是个苦头。

路上,我们还遇到一个小麻烦,车子陷进一个水坑里爬不上来了。厂长和我赤着脚到水坑摸索,找了些碎砖乱石垫在车轮前,然后他上车踩油门试,忙了好一会儿车子才喘着粗气爬了上来。

接着,从蚌埠往南京方向开。到南京后,我又建议厂长找个地方休息一下,他说“快了快了”,就是不想停。

晚上7点多钟我们终于到了常熟。我算了下,我们在路上耗了27小时。

听了包中良的故事,作为听众我感慨地说:“董事长真是特别能吃苦啊!”包中良说:“厂长什么苦脏累险的事都不怕。有一次,老厂厕所粪管堵塞,粪水都漫到了路面上,我们一时不知如何是好。厂长来了,他看到这个情况后,找了根长竹竿就去捅,直到把堵塞的粪管打通。”

回到销售上,包中良说:“我有个客户单位是昆明一家弹簧钢板厂,最多时一个月要向他们发三四个车皮的货。发了货,我就随后坐长途车或火车跟着去,当货物到那儿时,我也差不多到了。第二天他们就会把汇票给我,非常守信。对这样的黄金客户,厂长非常重视,去拜访过三次。

一次,厂长陪我去昆明那家工厂,对方开了一张70万元的汇票,路上,厂长发现,汇票上的收款单位是‘江西省常熟市梅李……’,而这时,我们已在回常熟的飞机上。见我犯愁,厂长说:‘我们俩48小时拿到70万元,等于平均1小时16 250块,多好!’

老板这一说,我高兴了。”

包中良说:“到常熟后,厂长自己去工商银行妥当处理了这事。”

故事二

听者有心　蹭会蹭来的项目

黄耀良当时是龙腾特钢分管销售的副厂长。他对季丙元董事长倡导的市场开拓与产品销售两手抓的一体化机制身体力行。在他的带领下,销售部门每年都能顺利完成所有产品的销售任务,到账率接近100%。

销售员到年底若遇到“坏账”,大多由他出面解决。有一年接近年底时,公司积累了 2 000 万元的货款没有到账，他陪着销售人员一家一家去处理，春节前全部到账。

黄耀良慈眉善目，性格沉稳，但他身上有一种销售人员的职业敏感，一听到与钢铁有关的信息就抓住不放，要追根究底弄个明白。

那些来自不同渠道的信息最终都会汇总到公司的最高决策者——季丙元董事长那儿，有无价值、开发还是放弃？由他定夺取舍。

黄耀良说："抓住蛛丝马迹，深入追踪，往往有意外收获。"

2010 年 10 月的一天，黄耀良在路上遇到常熟一家企业的老总，老朋友见面免不了寒暄几句。

"最近忙什么呀老赵?"黄耀良问。

赵总说："事情不少，过几天还要去一趟北京。"

"想把产品推到北京去?"

"不是，去参加中国电网的一个大角钢新闻发布会。"

"可能有商机。"黄耀良心中一喜。

"这几天我没啥事情，我跟季厂长打个招呼，跟你去旁听如何?"黄耀良想去"蹭会"。

出远门有个人陪伴，老赵连连说好。

于是那年的 10 月 30 日，黄耀良坐到了一场新闻发布会的会场里。

主持人通报说，来自全国 16 家著名钢铁产品生产企业参加了本次新闻发布会。当然，这不包括"不著名"的常熟市龙腾特种钢有限公司，而除了老乡赵总，也没人知道在济济一堂的与会人员里混了个不请自到的人。

在新闻发布会上，"蹭会"的黄耀良支着耳朵听得比谁都仔细，还不时在本子上"沙沙沙"地做记录。

这次会议传递了一个信息：为了配合我国迅猛发展的电网建设，国家需要大量 Φ250×250 规格的大角钢。

黄耀良知道，当时我国最大的角钢只有 Φ200×200 的，既然需要 Φ250×250 的大角钢，这就是一个值得争取的机会。中国电网领导在会上要求与会企业积极参与，这让黄耀良有点着急，怕人家捷足先登没龙腾的事。

会后，黄耀良坐不住了，散了会后只想赶快回常熟向厂长报告，这么多企业参加，他怕机会稍纵即逝。

回到常熟后，黄耀良立刻把得到的信息向厂长做了汇报。季丙元斟酌了一下说："可以啊！厂里有适合生产大角钢的设备，也有这个能力。"

说干就干的季厂长他立刻组织技术人员攻关试生产，很快，全国第一个Φ250×250大角钢在龙腾问世，质量自测完全合格。

只是，要让一个名不见经传的小厂赢得国家供电系统的信任也非易事。

这才叫"机会是留给有准备的人"呢！

就在龙腾成功生产出Φ250×250大角钢没几天的当年11月初，黄耀良又"摸到"有关部门正在无锡市开会的信息。厂长让黄耀良去无锡，想办法把供电系统的专家请到龙腾来。

带着这个任务，黄耀良当天就赶到无锡。一天后，会议结束，也不知他使了什么招，回来时果然带来了三位供电系统的工程技术人员。

三位专家来到龙腾后，参观了生产车间，又一丝不苟地按国家标准对龙腾制造的角钢做了严格查验。一番忙碌之后，笑容在带班的专家脸上绽开了，他握住季丙元的手说："季厂长，你们这产品质量非常好，规格也符合我们的要求，这正是我们急需的产品。"

另一位总工程师对季厂长说："龙腾虽然不大，但山不在高，有仙则灵。为找大角钢，我们又是开全国会议，又是到地方上座谈动员，谁知道'有心栽花花不发，无心插柳柳成荫'，这真是'踏破铁鞋无觅处，得来全不费工夫'啊！"

他的话把大家都说得笑了起来。

笑得最开心的是龙腾的季丙元厂长和黄耀良副厂长。

直到现在龙腾生产的大角钢依然源源不断地供应市场。

故事三

为了销售　从夏到秋的韧性坚守

季卫良，轧钢分公司销售人员，军人出身的他身姿挺拔，性格沉稳冷静，做事雷厉风行，退伍后依然保持着军人坚毅、坚韧的特性。1.8米以上的高个儿使他在人群中总是显得很亮眼。如今他虽然已年过花甲，但老当益壮，身体硬朗，在销售人员中的业绩依然名列前茅。他曾成功攻克多家大型企业客户，大会小会上，可没少受厂长表扬。

1994年，季卫良加盟龙腾，来到少年时代的好友季丙元的龙腾钢厂。当时，他所在的企业效益还不错,龙腾却举步维艰。但从小就与季丙元一起玩耍、一起斫羊草的季卫良毅然辞去原来的工作来到龙腾。有个战友对他说:“你干的这单位不错,干吗要走?龙腾脚跟还没有站稳,正难得要命,万一翻不过身来怎么办?”

听了朋友的话,他说:“我知道龙腾的情况,但龙腾有一般人看不出的优势,这个优势就是丙元本人。我与他从小一道,知道他的个性,有志气、有目标、有脑筋,我相信有志者事竟成。”

到底是从军校里出来的人,季卫良说到了点子上。战友听了对他说:“有道理!”

季卫良来到龙腾时,汽车弹簧扁钢刚刚问世,那年 7 月,季丙元交给他一个任务:一定要把弹簧扁钢打进安徽市场。

厂长对目标客户的基本情况了如指掌。

当兵时首长交代任务时只要说到“一定要”“无论如何”,就是必须完成的“死命令”,一厂之长这么下达任务,也是个硬任务。等厂长说完,他说:“好,我收拾一下明天就去。”

两天后,季卫良就来到安庆市月山镇,他在那家企业所在的月山大道东路找了家招待所,把自己安顿下来,然后点燃一支烟,躺在床上想办法。

第二天上午,这家生产弹簧扁钢企业的门卫,见一位穿戴整齐,提着公文包的人正和颜悦色地朝厂里走过来,这样的人不是采购员就是推销员。

这次来的是推销员季卫良。他包里放着一些文件和弹簧扁钢产品的资料,还有名片盒、笔记本、本人证件。此外,由于觉得可能要打持久战,他还带了两条烟。

门卫听说是来洽谈生意的,尽职尽责地指点了一番。顺着他的指引,季卫良向厂部供应科那儿走过去。

进门后,他先自我介绍,再向几位科员一一递上名片敬上烟,对方也都与他交换了名片,其中一张名片上有“唐礼虎 科长”字样。

和大家客套一番后,季卫良来到唐科长办公桌边,告诉他慕名而来是为了推销弹簧扁钢。

待他坐定,唐科长一位下属端给他一杯茶,唐科长说:“我们厂已经有六七家供货商了,暂时也没有扩大生产规模的意思,你是不是上别家再去问问?”

“好的,不为难唐科长,我就先来挂个号,有机会请为我提供信息。”季卫良说,“最近我在安庆还要办点其他事,有空我会过来坐坐,也向你们学习学习。”他为自己继续登门拜访找了个看上去很不错的借口,并约唐科长等第二天下班后再谈。

第二天晚上,季卫良在一家饭店迎来了4位客人。唐礼虎科长说:“你不知道我们爱吃什么,我让人去点,我们说话。”

酒过三巡,气氛变得热烈起来,当知道季卫良是位退伍军人之后,让同是退伍军人的唐科长感到格外亲切。然而,欢宴过后,对季卫良来说就是等待的寂寞。

季卫良住的招待所没有空调,那年夏天特别热,还没有着落的任务也让他烦躁,这让他感到包裹着他的气温要比别处高许多。为了解暑,晚上睡觉前,他就在室内的水泥地上泼盆凉水,然后把席子摊到地上睡。

日子一天天匆匆而过,终于有一天,唐科长主动打来了电话,说了句让他苦尽甘来的话:“你过来老季,我带你去见我们分管采购的汪厂长。”

季卫良有点激动,为这一刻,他一晃竟已等了快两个半月了。

三天后,汪厂长来电话,让他第二天上午去和一把手厂长黄乐鸣见面。

黄乐鸣厂长一样具有北方汉子的爽直,是位说话做事都干脆利落的人。他向季卫良询问了龙腾的一些情况,接着对他说:“汪厂长告诉我,你来安庆两三个月了。你说你有其他事,可我们心里清楚,你在安庆就一件事,为龙腾推销产品。你的敬业精神,让我们都很感动。明天,我就让汪厂安排一下,请你们厂运些产品过来,如果质量没问题,我们就用下去。”

季卫良激动地说:“谢谢黄厂长!”

“不客气,”黄乐鸣厂长接着说,“看你做事这么认真,这么有韧性,我就觉得你们这个厂行!科里的同志也为你想了不少办法,我们暂时并不需要增加坯料用量,但还是要用些你们的产品,办法是从其他几家企业抠点出来用你们的货。”

这一席话让季卫良很感动,他连声道谢。

“天也渐渐凉了。你放心回去吧!”黄厂长这句暖心的话,差点让他流出泪来。

季卫良起身道别时,侧头看了看黄厂长办公室窗外的田野,当初来时还是绿浪翻滚的秧田,现已呈现一片金黄,收获的季节快到了。

为便于营销,季丙元厂长申请注册了“常熟市龙腾汽车弹簧钢板厂”,于1995年10月9日正式成立。

当年年底起，那家企业开始使用龙腾特钢生产的汽车弹簧扁钢，后来龙腾特钢成为他们的主要原料供应商。

1998 年 11 月，那家企业的两位厂长率队专程到龙腾特钢来参观，受到季丙元厂长的热情款待。“亲戚是走出来的”，这进一步巩固了双方的友谊。

1999 年年初，季丙元厂长为激励全体销售人员的积极性，制定了一项激励策略：任何一个销售人员当年只要能一笔取回 100 万元货款，就奖一台价值 1 万元的西门子手机，3 500 元的上网费也由厂里承担。季卫良是第一个获得这台手机的销售人员。

2002 年，季丙元董事长对销售系统做了调整，以分公司为单位组建销售队伍，季卫良被分配到轧钢分公司销售科。

轧钢分公司主要生产船用型钢，季丙元董事长要求把船用热轧球扁钢打进大型造船厂，为实现这个目标，分公司先后派出三批销售人员外出攻关洽谈，结果都无功而返。

季丙元董事长专门找季卫良，把这个艰巨的任务交给了他。“召之即来，来之能战，战之能胜”，是季卫良留给季丙元的印象。

季卫良没有辜负领导的信任，他先后 28 次前往，最终成功了。

有人向季卫良讨教，做一个销售人员要具备哪些条件？

他说：“我认为事业常成于坚韧，毁于急躁。做销售首先要有耐心、韧性。我连续在外面的时间最长达一个季度。有时为了要回二三十万元货款就要在外等七八天，如果怕吃苦、怕受累，就一事无成。其次要善于与人交往，广结善缘，上下左右都要加强联系，做一笔生意交一个朋友。最后要了解客户的诉求，说得清我的服务能为他带来哪些改善。”

近 30 年来，季卫良是龙腾不断开发新品和事业越做越大的见证人。他先后成功推销过的产品有弹簧扁钢、汽车车轮挡圈钢、横机面板、钢球、钢棒、钢锭、船用钢、法兰盘、焊件，等等。

故事四

被人追打　慌不择路皮鞋陷在水田里

那年 5 月底 6 月初，莳秧的季节快到了，浙江嘉善郊外的一块稻田已经被水泡透，远处有农民正在耘地。

忽然，一阵杂沓的脚步声响起，先是有两个人在飞奔，紧接着从附近厂区跑出来七八个人，距前面两个人四五十米的样子。人多势众的那一方正在飞快地追赶那两个人，把他们追到一块水田边，只见他们犹豫了一下，就慌不择路地跑下水田。哪知水田里淤泥较深，他们艰难地高一脚低一脚地使劲拔脚奔跑，其中一人的鞋子陷在烂泥里，可他顾不上把鞋挖出来，就这么光着一只脚没命地向水田对面逃跑——哦，不，用他们自己的话说的是“撤退”。

被一群人追赶的这二位就是龙腾的供销人员肖建国和陈建明。为把产品打进江浙最大的嘉兴水泥制品市场，他们到嘉兴后一路挨家挨户推销法兰盘，结果误入专门生产法兰盘的同行企业，那厂的几个员工觉得这做法对他们的侮辱性很强，“把霉头触到门上”来了，于是七八个人骂着赶着要把“两个不知好歹的家伙打回常熟老家”。肖、陈二位一见不对，拔腿就跑，而对方就这么不依不饶地一路追了过来。

事后，龙腾的同事们提到他俩这狼狈事都笑得不行，陈建明倒没什么，只是肖建国为一只皮鞋被黏在稻田的烂泥里而导致一双鞋作废沮丧不已，挺好看的一双皮鞋，都没好好穿过。

但这并没有让锐意开拓市场的龙腾销售人员退却，为找客户，他们或乘坐大巴，或骑着摩托车带着样品、资料频频出入嘉善，年过花甲的肖根发最多时甚至每周去四五次。有时，销售人员索性就在嘉善找个廉价旅店，在店里一住就是七八天，继续每天挨家挨户上门推销。

当时，龙腾销售人员有句话说“成也嘉善败也嘉善”，极言嘉善市场之重要，拿下就是胜利，反之就意味着市场开拓受挫。

终于，有几家管桩生产企业同意试试龙腾的PC钢棒了。这一试，就没停下来，质优价廉性价比高呀！发展到现在，龙腾生产的管桩附件——法兰盘和PC钢棒销量不断上升，其中PC钢棒早已成为全国行业销售冠军，在市场上的销量遥遥领先于其他同行，并成为龙腾的主要出口创汇产品之一。2020年，龙腾PC钢棒分公司建立了法兰分厂，年生产能力达到20万吨。

故事五

徐总拉扯我成长　客户也是我老师

郑泽丰，广东人，他1.8米的高个儿和眉清目秀的形象与江南帅小伙儿无异。他毕业于广东科学技术学院，曾在苏州一家公司担任了几年的采购部主任，2016年10月入职龙腾特钢，被分配到炼铁分公司。

报到的那天，公司副总经理徐利提供了采购部、总工办和销售科三个部门供他选择。他对徐总说："让我去跑销售吧！"

就这样，炼铁分公司销售科来了位负责圆钢销售的年轻人。

圆钢是炼铁分公司于2015年开发的新产品，第二年全面推向市场。在分公司正大力拓展圆钢市场之际，郑泽丰的到来，受到了大家的欢迎。

炼铁分公司销售部门是一支年轻的队伍，6名销售人员，平均年龄31.5岁，都是大学生。

提到刚干销售那阵遇到的一件往事，郑泽丰连自己都觉得好笑。

郑泽丰跑销售后争取到的第一个客户是本地的一家公司。第一次来到这家公司，他便直接去找老板。交谈中，李老板见他谈吐得体，思路清晰，又带着青年学生入世不深的几分羞涩，还有他实打实的圆钢质量情况、价格行情介绍，都让李老板感到很满意。这生意一下就谈成了，李老板要向龙腾特钢购买300吨圆钢。

郑泽丰对李老板说："龙腾先垫资，到月底付款。"

首战告捷，李老板那么好说话，他非常高兴。

转眼到了约定付款的日子，郑泽丰想到自己为企业挣到的第一笔资金就要到账，喜滋滋的一大早就给李老板打了个电话，提醒他不要忘了向龙腾打货款。不料，印象中和蔼可亲的李老板接到电话竟变得凶巴巴的，不但没有提货款的事，还没声好气地责问他"一大早来烦什么"。

怕不能按时回收货款，郑泽丰很焦虑，就把这事向徐副总经理和分公司销售的副总凌国威做了汇报。

徐总不解地瞅了他一眼，说："这是你的问题呀！一早向人讨货款是做销售的忌讳，人家钱还没挣到，讨钱的倒先上了门，是老板都认为这不吉利。所以，一早不讨债是工商界的潜规则。"

“销售是门学问，”徐利对他循循善诱，“销售人员既要知道本厂诉求，也要多研究客户的心理和个性，了解客户需求。许多时候，不仅是要站在本厂角度思考，也要站在客户位置上为客户考虑。把下游客户当成龙腾经营产业链的组成部分。”

“这样吧，你去跟李老板打个招呼。”最后徐总为他出了个点子。

第二天上午，郑泽丰来到那家公司面红耳赤地向李老板道了歉，说自己经验不足惹他生气，觉得非常抱歉。

李冬青厂长人情练达，直率爽快，也是常熟的一位成功人士。他说：“没事，我后来想想这是你不懂一些商场规矩的原因，不知者不罪。再说，我态度也不好。”

那天，郑泽丰只字没跟李老板提钱的事，但当天下午郑泽丰接到了账务上货款都已到账的通知。

现在，郑泽丰与李老板成了忘年交，那家公司也成为龙腾特钢的忠实客户。李老板还把他曾经做销售的一些经验传授给郑泽丰，关于如何向客户要货款的时机问题，李老板对他面授机宜：“上午 10 点前老板都很忙，要安排工作和处理一些事情，10 点后事情基本处理完毕。因此，要货款最合适的时间是上午 10 点到 11 点。中午，老板往往要应酬，有时喝了酒，还要睡会儿，如果正好碰到这种情况，下午 3 点之前打电话向他要货款也会让他不爽，弄不好也会挨骂。”

他还对郑泽丰说：“至于我们，已经是朋友，就可以随意了。”

格局多大市场就有多大。“一个老板格局有多大，市场的空间就有多大”，这是从事圆钢销售的郑泽丰常常想到的一句话。

龙腾特钢轧钢分公司于 2015 年试生产圆钢，第二年起批量进入市场，起初仅有 3 家客户，每月的销量只有 12 000 多吨。短短几年时间，龙腾特钢的圆钢用户就从 2016 年的 3 家发展到 2022 年的 30 多家，其中长期合作的客户有 18 家，月销量从 15 万吨左右上升到 50 多万吨，增加 3 倍多。

季丙元董事长说过：“没有客户就没有龙腾的发展壮大，要坚持客户至上基本理念，增强客户意识、市场意识。”公司副总经理徐利也说过：“企业取得效益的关键是能够不断为客户创造价值。”

郑泽丰对公司领导的教导记忆深刻。“客户至上”，在龙腾不是一句口号，更不是为招徕客户的宣传，而是实实在在的落地措施。

郑泽丰在他的销售工作实践中感到，圆钢市场的扩展、销量的提升、客户群的形成，就是践行董事长“客户至上”理念的成果，也是徐利副总在指挥一线实战过程中坚持把为客户创造价值取得的成就。

一事当前，先替客户着想，有时不划算的业务也一样要做，这一切构成了龙腾做人做事的大格局。

炼铁分公司生产的第一批圆钢出炉后，根据徐利副总经理关于“先开发本地用户”的指示，郑泽丰在冶塘和董浜联系到两家钢管厂，徐总在郑泽丰的陪同下先后拜访了两家企业的老总。

徐利实事求是地告诉他们：“圆钢是龙腾新开发的产品，经质检部门检验，产品质量符合国标。但毕竟是新产品，实际使用情况如何还不知道。但你们放心用，如果出了问题全部由我们龙腾来买单。”徐利的真诚一下消除了对方的疑虑，两家工厂都用上了龙腾生产的圆钢。试用了一个阶段后，他们都认为龙腾圆钢的质量优于市场上的同类产品。从此这两家企业就成了龙腾的长期客户。

圆钢销售一次成功，大家都非常高兴。不料 2016 年年底，公司却接二连三收到几家客户的投诉，反映圆钢表面有翘皮、细裂纹等质量问题。出现这些问题会降低部件的可靠性，产生安全隐患。

徐利副总经理得知后，立刻召集公司总工办、质检科、转炉分厂、耐磨球分厂和中棒生产车间等部门负责人、技术人员会诊。经分析，是连铸坯过热或加热不匀、应力过大造成的，经过调节整改，问题随之被解决。

在这之后，炼铁分公司专门召开会议，会上，说话一向干脆的徐利说：“质量问题就是思想意识问题，这次质量事故就是圆钢生产部门质量意识淡薄造成的。圆钢在市场上打响之后，得到客户好评，但别人几句好话一说，我们的人就翘尾巴了。现在质量问题已得到解决，但我看更要认真解决的是全体员工的质量意识问题，要用高度负责的责任感，用一丝不苟的工匠精神对待生产。”

他在会上非常严肃地说：“同样的问题绝不允许出现第二次。”他要求负责质量检验的员工必须对圆钢质量做到根根过关，加强对圆钢内在质量和表面质量的检验，不能让有一点瑕疵的圆钢出厂。

让客户感动的是，龙腾副总徐利还一一上门向客户道歉并感谢他们的提醒。

他对客户说：“请你们把因为圆钢质量造成的损失统计出来，是多少我们龙腾赔多少。”

其中有用户在发现问题后，利用本厂技术力量对圆钢做了修整，并已使用。

徐总就让他们把修磨圆钢的人工及耽误的时间损失统计出来，也由龙腾全额补偿，这让对方非常感动。

那次补偿客户的资金总数接近60万元。

由于领导处理问题及时、得当，坏事变成了好事，从那时到现在，再也没有出现过圆钢质量事故。真诚的服务和客户至上的实在措施让龙腾美名四处传扬，并进一步巩固了龙腾与老客户的合作关系，新客户也不断增加。

一次，有位老板就圆钢价格与他讨价还价。郑泽丰对他说："龙腾开的都是实价，从不在合理的产品价格之上再加点价，为保底留余地。现在市场透明度很高，价格行情清清楚楚，我为图个长久，也不敢蒙客户。我们为一二十元拉锯，没什么意思。龙腾对产品质量充满自信，如果因我们的坯料质量问题给客户造成损失的，只要查实，我们赔，从不推诿。而由于我们的产品质量可靠，你们生产的钢管质量成材率极高，这些都是实在的效益。"

那位厂长觉得他说得有道理，从此再没还过价。有时，有的产品价格会略比同行高一点，他会主动拜访客户，如实向客户说明情况，供他们选择，但他的客户没有一家换用其他钢铁厂生产的同类产品。

郑泽丰说，销售人员的成就，归根结底来自龙腾产品的高质量。一次，有位钢管厂的厂长对郑泽丰说："在圆钢行业，龙腾起步很晚，但是产品质量和售后服务，就算一些开了十多年的企业也比不上你们，所以我们只要龙腾的产品。"

另一位厂长曾对郑泽丰说："小郑啊，你知道我们为什么选择龙腾吗？因为我们能从龙腾买到称心、放心、安心、舒心。噢，还要加上你的服务。"

高大的平台，岁月的教诲，让郑泽丰这样的年轻销售人员茁壮成长，他们在销售实践中增长才干，长了见识，懂得了许多做人做事的道理，他说："徐总拉扯我成长，客户也是我老师，我要忠诚企业，服务客户，像老一辈龙腾创业者那样，用青春和热血去为龙腾更美好的未来奋斗，以诚挚之心回馈岁月的教诲。"

从这些故事让我深刻地领会到一点，那就是龙腾的销售人员之所以能够在市场中纵横驰骋、屡战屡胜，这得益于他们所秉持的"四千四万"精神。为了企业的发展，龙腾销售人员走南闯北，东奔西走，足迹遍及大江南北。每到一地，他们既要找负责人又要找经办人，一次不成就两次、三次地连续找，不在单位就到家里找，不在家就守在家门口等。推销一种产品不知要找多少人、要磨多少嘴皮子；乘火车时常无座位，吃饭饱一顿饿一顿，睡在地下室、浴室甚至是车站码头长条椅。正是由于大家以“四千四万”为精神支撑，竭尽全力、攻坚克难才有了后来的供不应求的局面。

“善歌者使人续其声，善作者使人绍其功”，善于创业的人能使后人继承他的功业。事业需要一代代人接棒前行，企业要长盛不衰，就必须薪火相传。可喜的是，如今的龙腾一批年轻销售人员正在茁壮成长。

坚持产品销售与市场信息两手抓也是龙腾一大特色，季丙元董事长鼓励满世界跑的销售人员做收集市场信息的有心人，他们眼观六路，耳听八方成为企业的顺风耳、千里眼，为企业获得了诸多有价值的市场信息。

规 模 扩 张

龙腾还在吗?

跑销售的人朋友多,聚一起时,不免打听打听彼此厂里的情况。1998 年,龙腾销售科的张卫明一次路遇外地同行,说到龙腾时对方问:“龙腾阿来嗨哉(龙腾还在吗)?”

张卫明:“来嗨哇(在呀)!”

“啊! 来嗨,结棍格(还在,厉害的)! 不少厂已经完结哉。那还是那个季厂长吗?”

“正是格。”

被人问到“龙腾还在不在”这个问题的,也不止张卫明一个人。没钱、没技术、没市场、没顺手设备,挣扎在困境里的龙腾,竟然一天天地撑了下来。九死一生的龙腾,也是“打不死的龙腾”,这不得不令人惊叹。

在采访了数十位龙腾人、知情人和当年梅李镇的领导之后,我知道了这个弱小的企业之所以不败,之所以没有被摧毁,是因为龙腾有一个具有坚忍不拔和钢铁般意志的顶梁柱。

季丙元领导的龙腾,其发展是渐变式、渐进式的,他从不期待命运会在某个瞬间发生突变,那些改变龙腾的能量,就在他日复一日的辛劳里。他坚信“行者常至,为者常成”,坚信那些眼前看起来还很遥远的目标,只要坚持不懈,终有一天能到达。

“天有不测风云,人有旦夕祸福。”因无钱进行连铸连轧工艺改造,弹簧扁钢黯然退场。但钢球等几个新产品的开发,又一次彰显了龙腾惊人的反弹力和顽强的生命力。

成效出自季丙元洞察市场的远见,和他应对不测的智慧。

为谋求企业生存,他走一步看三步,接着干什么,明年干什么,他在不断地思考并努力寻求最佳答案。

而挫折也让他强化了“备胎”意识，往往还不止一个。

他说：“车要有备胎，事要有备案，才不至在遭遇不测时被动无助、猝不及防。”

办企业，就得“一吃、二看、三盯”。

吃，是吃着“碗里”的——那是正生产做的产品；

看，是看着“锅里”的——那是周边的区域市场；

盯，是盯着“地里”的——那是国内外的大市场。

一个企业要想成长，要想“吃得饱、不断有吃的”，就要端着碗、看着锅、惦记着那块“大地”，依“缺什么补什么，多什么减什么”的原则调整产品结构，服务于市场。

无情的市场不相信眼泪，也不同情弱者。能者上，庸才下；强者上，弱者下，优胜劣汰。道是无情却有情，规则是公平和一视同仁的。搏击市场，必须比别人跑得快。

季丙元举例说：“当初，螺纹钢、针织面板、弹簧扁钢等一个个都被别人打死了，现在，我们的 PC 钢棒、船用热轧球扁钢哪个能打得死呢？就是因为我们开发得早，动作快，抢了市场的先机。”

先生存，后发展。30 年来，季丙元竭尽全力地为企业生存发展而奋斗。

市场经济时代，机遇与危机并存。既有无数机会在向经营者频频招手，也有重重危机在经营者四周徘徊，茫茫商海每天都在上演起落沉浮的悲喜剧。

企业没有意外的失败，也没有偶尔的成功。“危机感”才是企业家最强烈的“安全意识”。

深知市场变幻莫测的季丙元在生产横机针织面板时，就“吃着碗里的看着锅里的”，发动营销人员边跑市场边搞调研，要求班子人员眼观六路、耳听八方，做为开发新品搜集信息、琢磨市场的有心人。

在市场调研过程中，季丙元善于见人之所未见，想人之所未想，更善于对纷繁的市场信息做“去粗取精、去伪存真、由表及里、由此及彼”的分析，从中筛选出适合本厂生产，又有市场前景的产品来。

1995 年，季丙元决定开发新的产品——轴承钢球。

大年三十　风雪夜归人

1996年2月17日，小年夜，大雪纷飞，寒凝大地，车间里却热气腾腾。

经过全体员工和协作单位共同努力，在完成设备安装任务之后，轴承钢球如期在小年夜投入试运转。

那天，季丙元厂长和钢球车间员工都在生产现场，可事与愿违，轧出来的钢球有的球体中空，成为“灯笼球”；有的钢球与钢球牵丝攀藤相互粘连，像串“糖葫芦”。当班工人面面相觑没了主张，直折腾到半夜也没轧出合格的钢球来。

眼下的情况是，设备运转正常，但是产品不合格，钢球中空且不能单独成型。季丙元厂长判断问题可能出在温度和轧辊上，但如何解决还需要行家指导。试生产的收获是发现了问题，这为节后攻关提供了方向。

季丙元看了下手表，已进入大年三十的凌晨。他吩咐关机，收拾一下回家过年。

看着正在收拾车间的员工，他心里涌起一股暖流，这些与他一起从田间走来的庄稼汉，在艰苦岁月里与他一起承受压力、一起担忧受怕、一起奋力搏弈，这让他感到温暖，而这也是他不辜负员工，立志做好企业，带领大伙儿共同致富的动力。

收拾完毕，他抱拳向大家表示感谢、祝贺新春！

常熟人从农历二十四夜就进入过年模式。来到车间外，或远或近传来的响鞭和爆竹在天际轰鸣，雪花飞舞的夜空绽放着一朵朵缤纷璀璨的烟花，为白雪皑皑的冬夜抹上了童话般的色彩。

从车间到工厂大门——那扇竹木捆扎的柴门之间，留下了员工深深的脚印。

临走前，季丙元厂长又在车间各处检查了一下，然后关灯回家。

雪花在昏黄的路灯光晕里飘舞，厚厚的积雪覆盖了厂区泥泞的土路，由于没钱，修路的计划往后一推再推，直到1998年。

夜已经很深了，仍不时有爆竹、焰火拖拽着一段光带从村落或集镇上扶摇直上蹿向夜空，茫茫夜色里火树银花此起彼伏。

岁月匆匆，一年转瞬就过去了，在那过去的一年里有太多的未竟事宜、未酬壮志让这位年轻厂长对已经过去的日子意犹未尽。

除了烟花爆竹声，雪夜的梅李万籁俱寂，不一会儿，季丙元透过车窗，看到了坐落在梅塘岸畔那个灯火阑珊的小村落——聚沙西村，其中一所灯光透亮的农舍就是家了。

飞舞的雪花，满地的积雪，透着灯光的农舍，让他触景生情。回忆起少年时代一个同样是漫天飞雪的大年三十。

风卷雪花裹着他们家那三间茅屋，他想到了爸爸年前张贴在大门上的大红对联，想到了家里广播喇叭播放的动人乐曲。

“雪花儿那个飘飘，年儿来到”，电影《北风吹》那首旋律优美感人的歌儿让人百听不厌。

入夜时分，屋子里暖融融的，爸爸从杭州回来好多天了，带回了许多糖果和其他年货。前头(中堂)烛光摇曳，灶膛里哔哔剥剥，铁锅里肉香四溢。一种缱绻缠绵的柔情在积雪茫茫的夜色里浮动，那场景、那氛围让少年季丙元的情感飘逸在冬日雨雪霏霏的院落里。窗外空气清冷，亮着白雪的荧光，一家人都充满了遐想与期待。

年夜饭是一年中最丰盛的“大席”。4 个大孩子尽情地大块吃肉。妈妈怀里搂着小坤元，还不时夹一筷菜往爷爷奶奶的碗里送，往这个、那个孩子的碗里送，爸爸和爷爷则心满意足地呷着那瓶杭州带回来的绍兴黄酒……

兴奋的兄弟姐妹们闹到深夜才被父母一一安顿到床上。之后，爸爸妈妈便静静地在屋里“守岁”，等候“财神爷”的光临……

接近家了，此刻，徐彩云——他的妻子，像平常日子里的许多夜晚那样，在 1996 年的小年夜，不，1996 年的大年三十凌晨，仍为丈夫亮着灯盏留着门儿，等候着她的风雪夜归人。

季丙元一进屋，家里扑面而来的热气就让他感到暖洋洋的。

彩云迎上去为他拍去肩头的雪花，半是嗔怪，半是怜爱地说：“哎呀！怎么又半夜才回来，冷煞哉恁要(把你冻死了吧)！”

“弄尴尬哉(遇到点麻烦)，拖到现在。”季丙元歉意地说。

“饭菜还蒸在那，我这就去拿，你趁热吃，快点暖暖身子。”

说着她走进厨房端出了几碗热腾腾的蒸菜，并倒了一杯热水。

都说“每个成功的男人背后都站立着一个伟大的女性”，站立在季丙元身后默默支持、支撑着他的就是妻子徐彩云。

自从离开电动平车厂，他这个当厂长的，这两年别说没有钱往家拿，还动不动几百元、几百元，甚至上千元地向她“腾钱”，连厂里招待客人的茶杯都要让她掏钱去买。去哪拜访客人、托人办事，要有点人情往来，得带点新米、鸭血糯、常熟土特产啥的去人门上，这也要向彩云“借”。甚至好几回因为发工资的钱不够，也是找妻子去“腾”的，把她摇横机挣的一点辛苦钱都“哄出来接凑”。

想到这些，季丙元感到有点愧疚，但一分钱难死英雄汉，怎么办呢？唯有指望着龙腾，把厂做大做强才是出路。

1996 年的春节姗姗来迟，节后转瞬就进入 3 月。

3 月中旬，针对轴承钢球生产出现的问题，季丙元厂长邀请当时钢球生产技术权威人士况作田厂长来龙腾现场指导。不久，况厂长带着一位刚退休的钢球生产技师杨师傅，一起从遥远的哈尔滨辗转来到常熟梅李镇上的龙腾特钢。

况厂长、杨师傅听了季丙元厂长的情况介绍，他们了解了整个生产过程后，判断造成球体呈中空“灯笼状”和“冰糖葫芦状”的根源出在加热炉上，认为弹簧扁钢加热炉不能用于加热钢球坯料，否则不能稳定钢球生产所需的 950—1 000 摄氏度的热温需求。唯一的解决办法是添置一台中频炉，还要调整钢球轧辊。

真是钱花到哪好到哪，添置了一台中频炉之后，问题迎刃而解。1996 年 7 月，龙腾的第一炉合格钢球被制造出来了。

在况作田厂长的支持下，季丙元厂长邀请杨师傅做龙腾钢球生产技术顾问，负责对龙腾员工的传帮带。

不久之后，龙腾生产的轴承钢球就获得了国家颁发的产品合格证和市场准入证，产品走向市场。

从 1996 年到 2023 年，27 个年头过去了，轴承钢球成为龙腾持续生产时间最长的老牌产品。当年那个蜷缩在轧钢车间一角，面积仅 80 平方米的钢球车间，已被一座宽敞、高大的现代化厂房取代，建筑面积达 14 112 平方米，是当初的 176.4 倍。而当年那台自制的轧机设备也早已成为历史，如今的钢球分厂使用的全是智能化钢球生产设备。

龙腾已成为国内最大的轴承用滚动体毛坯生产基地，年生产能力突破 50 万吨，在国内市场的占有率高达 85%，并拥有“江苏省名牌产品”“江苏省高新技术产品”称号。

提到这个产品，一位钢球分公司的老师傅骄傲地说：“轴承钢球是我们老板培育的‘第一颗明珠’，这颗明珠很亮！”

厚积薄发——竹子定律的启示

龙腾特钢的耐磨钢球项目是距龙腾开工4年后的1998年开发投产的，这让我想到一个也需要四五年才见分晓的定律——竹子定律。

竹子头4年里默默无闻地扎根地下埋头苦干，为有朝一日的崛起厚积薄发。4年里，地表上的竹子平均每年只能长高0.75厘米，到第4年才长到3厘米高，这就是竹笋。在不为人知的地底下，竹子其实一刻也没有停止它的努力。

从第5年开始，竹子以每天30厘米以上的速度疯狂生长，仅仅用了1个半月就长到15米高。

能一下长这么高，是因为前4年竹子虽然没有长高，但它的根茎却在土壤里扎得很深，它的根系在地下拓展延伸了几百平方米。而不管在哪里，山岩上、乱石旁，到处都有它的身影，即使在凛冽的寒冬，也一样生机勃勃，显示了它强大的生命力。

“咬定青山不放松，立根原在破岩中。千磨万击还坚劲，任尔东西南北风。”说的就是竹子，不论环境多么恶劣，它都能顽强地生存下来。

竹子定律告诉我们，大地上展现的所有自然美景全都是根的亮点和伟绩。当我们怀着敬畏的心情观赏参天大树时，不得不怀着同样敬畏的心情了解根、赞美根……沙漠中骆驼刺的根深30米，玉米则有8 000—10 000条根须，成年桦树有20万张叶子，夏天通过叶子释放水分3 000升，而水都是根从地下吸起来的。

竹子定律还告诉我们，成就一番事业，前面绝大部分时间都是蓄势待发，等力量储蓄到一定程度后，便大展身手，做人做事也是如此，有深厚的底蕴，就能厚积薄发；耐得住寂寞，就能造就成功。

为事业的发展打好坚实的基础，这就是竹子定律的启示，也是季丙元和他的龙腾特钢成功的启示。正是因为在季丙元的带领下有了龙腾第一阶段艰辛创业的经历，才有了龙腾特钢后期蓬勃向上一发不可收的生机与动能，也才有了两颗闪闪的“龙腾明珠”等诸多钢铁产品。

耐磨钢球　一颗闪亮的明珠

龙腾制造的“热轧热锻耐磨钢球”(耐磨钢球),是继轴承钢球之后开发的又一个核心项目。

如果说,季丙元培育的第一颗“明珠”——轴承钢球很亮的话,那么,这第二颗“明珠”耐磨钢球可以用“很大”来形容。说它大,固然因它的体积大于轴承钢球,更是因为它所占有的市场份额巨大。

龙腾的耐磨钢球连续 20 年在国内销售第一,连续 10 多年在全球销量第二,在国内拥有“行业冠军”殊荣,产品出口东南亚、大洋洲、非洲、北美洲、中南美洲等 30 多个国家和地区。

耐磨钢球与轴承钢球都属于滚珠产品,龙腾生产的这两种钢球被誉为“龙腾双珠”。

世界上最遥远的距离是从“知道”到“做到”,从“目标”到“达标”。

让全世界需要耐磨钢球的地方都知道龙腾,让全世界有矿的地方都有龙特牌耐磨钢球。起初,这远大、宏伟的目标似乎遥不可及,毕竟,世上同行数不胜数,况且初出茅庐的龙腾进入这一领域并不久,能在国内市场上拥有一席之地已属不易,要把耐磨钢球的知名度和市场占有率提到那样的高度,这在白热化的国内外市场竞争中谈何容易。

但季丙元坚信“为者常成,行者常至”。他相信长途漫漫,事在人为,只要龙腾人永远向着既定目标奋进,就一定有心想事成的一天。

粗活细做　把耐磨钢球当鸡蛋保护

隔行不隔理,龙腾特钢董事长季丙元所要做的就是那种有无限市场需求的产品,矿山用耐磨钢球是这样的产品之一。

它与 1997 年 8 月的一天有关。

那天,季丙元从本地浒浦镇的一位人士口中得到这样一个信息:上海有一家在建的发电厂需要一批耐磨钢球。

耐磨钢球的作用是粉碎矿石,使之成为矿砂,产品在矿山、电厂、水泥厂、硅砂厂等多种行业企业被广泛使用。

我国是世界重要的矿产资源大国和矿业大国，矿产资源丰富，种类齐全，年产矿石量大，所有的矿石都必须经过耐磨钢球粉碎成矿砂之后才能冶炼。对遍布国内外的矿业企业来说，耐磨钢球是非用不可的产品，由于耐磨钢球属于消耗品，就有了源源不断的市场需求。

季丙元厂长在得到上海有企业需要耐磨钢球的信息后，派人去上海了解具体情况。得知那是一家正在建设的火力发电厂，电厂建成后得用耐磨钢球粉碎煤块。

经过洽谈，龙腾拿下了这个项目，季丙元厂长与对方签订了 800 吨耐磨钢球的协议。

这是龙腾的第一笔耐磨钢球订单。不可思议的是，当时龙腾并没有专门生产耐磨钢球的设备，好在时间余地充分，耐磨钢球与轴承钢球的生产工艺又大同小异。季丙元就带领朱先才等技术人员在生产轴承钢球的 40 轧机基础上，仅用了一个多月就自己动手设计制造了一台 750 轧机，并随即投入生产。

当然，深谋远虑的季丙元厂长所考虑的不仅仅是手头这 800 吨耐磨钢球业务，他要通过为这家企业生产耐磨钢球的实践，摸索一整套耐磨钢球的生产门道，为日后的规模生产、批量生产打下基础。

第一批耐磨钢球出产了，产品被封进柴油桶内，只等运往上海。可当天上夜班的几个工人经过装有耐磨钢球的柴油桶附近时，听到从 1 个柴油桶里传出“叭嗒、叭嗒”的爆裂声，再注意其他柴油桶，其中一些竟也发出类似响声。

事情立刻被汇报到季丙元厂长那儿，厂长赶到现场，让工人打开已焊封的柴油桶，近前一看，只见桶内有不少耐磨钢球生生裂成了两半。厂长立刻召集潘瑞忠、王信明和朱先才等技术人员碰头探究。

厂长说：“幸亏早发现，发出去就麻烦了。不过，新产品一次成功的好事本就不多，出现问题不奇怪，也不怕。但是一定要找出原因，解决问题。今天的质量明天的市场啊！”

经过分析研究，致使耐磨钢球开裂的原因是球体内应力差，其原因是耐磨钢球在淬火过程中里外受热不均。

季厂长还要求在破裂钢球的剖面，从外围到圆心部位检测钢球硬度，结果发现硬度从外围到里圈渐次降低，越接近球体核心部位硬度越低。

为杜绝开裂、增强硬度和延长使用寿命，必须使耐磨钢球里外受热一致以消除应力差。为了达到这个目标，季丙元与技术人员一起查找原因，发现导致耐磨钢球内外应力不等的原因有两个：一是水温问题。受先期淬火的耐磨钢球的高温影响，冷却水温度逐步上升，并越来越高，从而影响了后续淬火效果。二是，淬火时间较短，球体内部没有充分冷却。经过整改，采用“低温回火”法消除了球体因受热不均导致的应力差，一举根除了球体开裂问题。

2022 年 4 月，我在耐磨钢球分公司先后采访了耐磨球分公司总经理陆二平和耐磨钢球分厂厂长程启亮，都对我说过这样一句话：“董事长要求我们像保护鸡蛋那样保护好耐磨钢球。”

“像保护鸡蛋那样保护好耐磨钢球”，鸡蛋碰石头——不堪一击，耐磨钢球可是一块块坚硬得能把石头打成砂粒的铁蛋蛋呀！用小心翼翼保护鸡蛋的功夫去保护一个铁疙瘩，不是在小题大做吗？耐磨钢球可不是什么精密仪器。

我有点不解。

陆二平总经理一番话让我服了季丙元，陆总说：“这是为了提高大家的质量意识。一个钢厂如果能做到精心维护一个耐磨钢球的质量，那么，对其他产品就更不用说了。我们老板的质量意识极强，这也影响了全体员工，龙腾人毫不含糊地重视所有的产品质量。20 多年来，我们与客户从未发生质量纠纷，这与牢记董事长‘像保护鸡蛋那样保护好耐磨钢球’的教导是分不开的。”

在耐磨钢球分厂，为了让我明白季丙元董事长之所以要求像保护鸡蛋那样保护耐磨钢球那个铁蛋蛋，热情的程启亮厂长带着我到车间里看了一下。

原来，当耐磨钢球经过淬火从水池里出来后，要落到下面一个距出口约 40 厘米的铁板上。程厂长说：“铁碰铁，这是硬着落，火红的耐磨钢球撞到下面钢板上形状多少会有点影响。后来，我们就在钢板之上铺了一层很厚的耐高温橡皮垫，使钢球从硬着落变成了软着落。”

为了解决钢球硬度问题，季丙元厂长带领王信明等技术人员设计制造了一个内部螺旋滚筒，把普通电动机改为调速电动机，延长了沉浸在水里的耐磨钢球淬火时间。为使淬火池的水温保持在规定的温度范围之内，他们把淬火池设计成倾斜状，淬火用水高进低出，使淬火用水成为能保持淬火所需温度的活水。后来，工人们又小改小革，在淬火池安装了一冷一热两个供水管，可自动调节水温，并安装了池水搅拌机使整个水池的水温一致，为了便于掌握水温实情，还在淬火池里安装了温度器。

这些小改小革有效地消除了先前出现的应力差等问题，强化了耐磨钢球的硬度，产品质量有了可靠的保证。

1997 年 12 月底，龙腾特钢生产的 800 吨耐磨钢球全部运抵那家发电厂。电厂后来的反馈说：这批产品特别耐用，不光电厂满意，上级公司也都非常满意。

外向拓展

产品外销　从厂长背着钢球上北京起步

1998年8月，一个赤日炎炎的中午，路面上到处闪着耀眼的白光，人行道的树叶儿都被晒蔫了似的耷拉着。

人群里，那个背着鼓鼓囊囊的帆布袋行色匆匆的年轻人就是季丙元。帆布袋从里往外撑起一些弧形凸起，那袋子体积并不大，却显得特别沉重，拎在手里为求平衡他不得不让身子侧向一边，而当他把袋子甩上肩后，身子又不得不微弯前倾。司机把厂长送到虹桥机场“送客止步”处就什么忙也帮不上了。从那儿到候机大厅，还有一段不下千米的长路要走，带着近百斤的钢球赶路，他累得大汗淋漓。

不错，帆布袋里装的就是耐磨钢球。

上海虹桥机场高大宽敞的候机大厅里十分凉爽，所有座椅座无虚席。大厅里，背着双肩包的、拉着行李箱的、搀着孩子或挽着伴侣的旅客来来往往，硕大的显示屏下一堆人仰望着循环滚动的飞机起降时刻表。大厅里回荡着与登机有关的提醒，安检门外长长的队伍移动得很慢，慢得像钟表上的时针那样让人看不出走动。

没处可坐的季丙元来到机票规定的登机口附近，坐在那袋耐磨钢球上守候。终于开始检票了，他把身份证、登机牌等交给安检柜台后的安检员，一切都很顺利。可是在过安检门时，帆布袋里的那些耐磨钢球致使警铃“嘀嘀嘀嘀”地响起来了，他被安检人员拦住了。

知道是因那些钢球的原因后，季丙元耐心地向安检员解释。这时，又来了几个身穿同样制服的人。

“同志，这是我们生产的矿用耐磨钢球，”他又面向刚到的那些人解释说，“要出口到国外，我们正在与北京相关部门联系，专家要看看实物，我就按不同规格各带了一些。”

“这可不行,你这些东西是不能带上机的。”

“那办托运可行?”

“也不行!”

“也许产品说明书可以打消安检人员的顾虑。”季丙元想。他从包里拿出两张耐磨钢球的产品说明书和他的常熟市特种钢有限公司厂长的工作证。

细致的安检员一会儿看看说明书,一会儿又弯腰看看已经被取出来的耐磨钢球,还回看了安检录像,之后几个人在一边商量了一下,然后过来对他说:“好吧,可以走,办个托运手续吧,超重的,过 40 公斤了。”

“好的好的,谢谢!”季丙元这才舒了口气。

下午 2 点 40 分左右,飞机到达北京机场。

季丙元又背起他那些宝贝疙瘩走过一段比上海机场更长的路,好在有一段电动人行道。

来到机场外,在约好的出口处,张卫明看到了厂长的身影,跑过去从厂长手里把那沉重的袋子接了过来。“哎哟,这么重。”他说。

“‘仙人、仙人’,你真是神机妙算的‘仙人’,没想到你把耐磨钢球带来了,他们就是想要看看呢! 怕你累,我才没向你汇报,百步无轻担啊!”张卫明既意外又感动地唠叨着。厂长做事想问题如此周全缜密,他打心底服。

“百闻不如一见嘛,带几个过来,让他们有个直观的感觉,不过,差点不成功,要不是有说明书,安检不肯放的。”

“他们怕什么呀?”张卫明问。

“人家有人家的道理,你看我们这圆圆的铁家伙像什么呀?”

两人相视哈哈一笑。

下午 4 点多钟,张卫明带着厂长来到五金矿产进出口单位。对方看到季丙元一路拎过来的那堆大大小小耐磨钢球,也上去拎了一把说:“嗬,挺沉! 拎过来挺不容易的,都怪我说要看看实物。”他又面向张卫明说,“可我的意思是我们到常熟看呀! 都是你嘴快,这一路厂长多遭罪呀!”

厂长笑着说:“他没说,我觉得既然要来,就最好让你们这些专家直接看看实物,这才带了些钢球过来。”

在交谈过程中,季丙元厂长向那位工作人员了解了产品出口手续程序等方面的一些问题,他热情地邀请他们一起到常熟考察一下。

陈小补爽快地一口答应了,他让把耐磨钢球就放办公室,说等他的同事回来后就到常熟去。

季丙元邀请他们共进晚餐。

陈小补说:“我们晚上都有事。这样,你不要请我们,我也不请你们。等把产品弄好了销出去,咱再庆祝,到那时我们绝不推辞。”

当天晚上,季厂长登上8点多钟从北京飞往上海的飞机,连夜赶回常熟。张卫明本想请厂长吃点什么再走,但他为防误机什么都没吃,只是在临走前特地到张卫明的住处看了下。

坐在宾馆房间舒适柔软的圈椅上,季厂长感慨地说:“小张,环境不错啊!以前在车间里累得腰酸背痛,我们也只能把背靠在墙角上蹭蹭,现在可以住三星、四星级宾馆了。你看好了小张,慢慢地我们还会更好的。”

多少年过去了,季厂长这句话一直让张卫明记忆犹新。

第二天,张卫明陪两位工作人员吃顿饭,让张卫明意外的是,他们无论如何也不允许超过50元一位的价。

吃饭时,其中一位的话也让张卫明难以忘怀:“张科长啊,就凭你们季厂长一个人把这么重的耐磨钢球从常熟拎到北京,我们就认他。龙腾日后定有非凡成就!等我们同事回来一定过去,请你们厂长放心!”

后来,他们的同事从澳大利亚回来后看到龙腾的耐磨钢球样品和说明书之后说:“这产品出口没问题。”而当他听说这一堆铁疙瘩的来历后,也为季丙元这样的敬业精神所感动。

他说:“大家看看,苏南发达地区的人是怎么干事业的。”

上级来人　助推耐磨球滚滚销五洲

在忐忑不安的等待中,一周后张卫明的手机骤然响起,屏幕上显示的来电城市是北京。

负责五金矿产进出口单位的两位工作人员从上海虹桥机场打车来到梅李塘北岸的龙腾特钢。

他们在生产现场仔细察看了耐磨钢球的生产情况,还翻看了质量检验报告及十多家使用单位的反馈意见。

参观完车间后,厂长和两位客人一起到二楼小会议室座谈。

提到产品质量,丁君华副厂长对两位工作人员说:“为了保证高质量,我们厂长要求工人像爱护鸡蛋那样爱护这些铁蛋呢!”他们听了哈哈大笑。

“有这么认真的态度干什么成什么。刚才我也看了一些用户的反映,都不错。我们都觉得你们的产品完全符合出口钢铁产品的质量要求。回北京后,我就先做这事儿。”从澳大利亚回来的工作人员说。

他还介绍了国家出口钢铁产品的一些政策,并向季厂长等厂领导通报了国际市场上的钢铁经营情况。

下午,他们乘当晚的飞机返回北京。

看着送两位上级工作人员的轿车驰向远方,季丙元厂长对张卫明说:“小张你看看上级单位的办事作风和效率,再看看人家真诚服务和说到做到的诚信,让人感到很暖心,这些都值得我们好好学习呀!中国钢铁行业有这样的好人,不愁不发展!”

仰望着蔚蓝的天空,季丙元像是对自己,也像是对身边的几个人说:“路子已铺好了,就看我们自己的了。”

当仁不让　国际市场应有龙腾一席之地

太阳悬在中天,灿烂、温暖,聚沙东路上人来人往,车水马龙,忙碌着的人们各有各的安排,看上去心情都不错。

由于得到了负责五金矿产进出口单位的工作人员的帮助和指导,这让带着耐磨钢球负重北上的季丙元如释重负,满载而归的感觉让他的整个回程轻松、愉悦。

季丙元厂长看到,但凡做大做强了的企业,在拥有国内市场的同时,都在国际市场上有一席之地。现在,国家倡导大力发展外向型经济,为企业拓宽了一条更宽广的发展之路。

“国际市场上必须有龙腾特钢的一席之地。”他想。

季丙元从北京回到常熟不久,五金矿产进出口单位的两位工作人员就专程来到龙腾。一回生,两回熟,双方再见都觉得格外亲切。

可熟归熟,他们做事可不马虎。欣慰的是,他们一致认可龙腾的耐磨钢球,到国际市场上比拼毫不逊色。

为扩大耐磨钢球的销量,在国内,经过季丙元董事长的部署,龙腾在周边城市及云南、陕西、山西、贵州、四川、辽宁等地发展了一批用户。虽然销量不大,利润微薄，但龙腾耐磨钢球在市场上的知名度和“出镜率”大大提高了。

由于龙腾没有直接出口资质，在耐磨钢球走向国际市场的初期，设在智利、澳大利亚等国家的分支机构，都为把龙腾的耐磨钢球导入国际市场铺路搭桥，就这样，在走向全球的那“路上”“桥上”，从此有了龙腾的铿锵步伐。

然而，道路是曲折的，初涉外贸领域的龙腾特钢也曾交过一笔“学费”。

一次，国外有家矿山需要300吨耐磨钢球，可是当对方收到货之后，却发来了要求退货还钱的函件。原来，对方测出龙腾存放耐磨钢球的铁皮桶含有化学物质。

看来，对方关心的不仅是产品质量，还涉及产品包装质量的环保问题。

怎么办？如果把这些货运回来，来去运费已高于耐磨钢球本身的价值，止损的代价高于货物，运回来就得不偿失了。斟酌之后，季丙元决定放弃那批钢球，并赔付对方的损失。

他为此在全厂开展了一次产品质量和环保质量的政策教育，这个教训提升了整个龙腾人的环境意识，“学费”没有白交。

在投资上，季丙元历来都很慎重、很理性，但却并不谨小慎微，做企业不能自缚手脚，有时需要有点冒险精神，只是这必须建立在对客户品行的准确判断之上。在业务交往中，季丙元相信那些在起步阶段热情帮助、支持过龙腾的人，更信任在龙腾无利可图的逆境中指导和施以援手的人。

这之后耐磨钢球的月产量一直徘徊在五六万吨之间，这似乎是龙腾销售上的瓶颈。

但机会来了。

2008年年初，一位国外客户的采购总监到龙腾来采购耐磨钢球，此后的采购量不大，何时要也没个准头。但龙腾无论他何时要，要多少，都能按照他的要求保质、保量地准时供货。在售后服务等方面也一直做到不厌其烦，想客户所想，帮客户所需，为他们提供最大的便利。

龙腾人对客户充分尊重、高度负责的做法和业务交往中守信真诚的契约精神等，都显示在付出与回报之间的能量转换里，即一个人在付出的同时，回报的能量会通过各种形式向他返还。正如常熟谚语所说的“行得春风，必有秋雨”，这样的服务让不求回报的龙腾收获了一个意外之喜。

话说那位国外客户在与多家耐磨钢球生产企业交往两年之后，看到了龙腾木秀于林、行高于人的地方，除了产品质量、服务质量堪称一流之外，更让他认可的是龙腾守信、诚信和言出必行、行出必果的契约精神，这让他和他的同事们对龙腾刮目相看。

2010 年，一位国外客户的高管来到龙腾，他与季丙元董事长洽谈合资建厂。

他说他们多年来一直在中国采购耐磨钢球，渐渐萌生选择一家中国钢铁企业合资共建耐磨钢球厂的想法，就通过在各地采购耐磨钢球观察比较了一二十家耐磨钢球生产企业产品质量和销售前后的服务质量，在做了一番比较之后，公司决策层认为龙腾特钢在各方面都更胜一筹，于是确定把龙腾特钢作为合资建厂的合作伙伴，共同开发国际市场。

见缝插针　抓大不放小的季丙元“小雨落得忙”

泰山不让寸土而成其大，江河不择细流而成其深。

“抓大放小”，曾被视为一种企业经营智慧因而风靡一时，但季丙元董事长的做法却是“抓大带小”“抓大不放小”。

他在短短四五年内，成功开发了汽车弹簧扁钢、轴承钢球、船用型钢、耐磨钢球等较大的项目。但经历过企业入不敷出的窘迫困境和风雨飘摇的倒闭风险后，在企业的原始积累阶段，季丙元不放过那种投资少、周期短、收效快的“短平快”产品。

作为龙腾当家人，季丙元眼观六路，耳听八方，到处“找米下锅”，无论与人交流、参观学习、日常生活都不会遗漏一个涉及钢铁行业的市场信息，从中捕捉有利于龙腾发展的资讯，对那种一有市场，二能盈利的小产品，他都会雷厉风行地组织生产。他曾做过一两年的针织横机面板和汽车车轮挡圈钢，这两个产品的上马，都获得了可观的经济效益。

如横机面板是这么做起来的：1998 年 9 月的一天，季丙元去一家企业办事，其间那位厂长接到一个电话，电话那一头说什么不清楚，但那位厂长说的一些话还是听得到的：

“横机面板？没听说”，“帮不上你了”，“不知苏州哪有”，“你到其他地方问问看。啊，也没有”……这些“碎片”被季丙元迅速整合成一条完整的信息：针织服装行业兴旺，在苏州和邻近城市针织横机供不应求。针织横机制造企业急需横机面板，却求而不得。

回到厂里，他找来负责生产的技术人员，对他说：“有个产品——横机针织面板，你去研究一下。现在摇横机的人家不少，横机畅销，但横机制造厂缺少针织面板，真这样我们要抓住机会尽快把这个产品弄出来。”

经过调研，果然如此。“机不可失，时不再来。”季丙元一不做，二不休，果断决策上这项目。

通过拆借，解决了部分资金的缺项，增加了针织面板生产设备，不到一个月，针织面板生产线启动，产品迅速走向苏、锡、常和浙江市场。仅仅七八个月之后，龙腾的针织面板销量就在全国同行中名列第一。

几年之后，老式横机饱和，新型电脑横机问世，因无钱开发电脑横机，即停止针织面板的生产再做其他打算。

以敏锐的市场洞察力精准地选择项目，以收放自如的灵活运营机制组织新品生产，这就是季丙元董事长在龙腾发展初期的经营之道。只要有可靠的市场前景与盈利空间，他抓大不放小，能赚多少是多少，这才积土成山，积流成渊，造就了如今强大的龙腾。而令人称奇的是，无论是弹簧扁钢，还是针织面板这些小产品，他不做则已，一旦做了，每每就是“全国销量第一”。

不断累积、叠加的成就垒成了龙腾高大的平台，他所开发的那些大大小小的产品犹如一个个闪光点，最终聚合成龙腾亮丽的品牌形象，并为龙腾积攒了财力。

如果说市场是战场，那么，势单力薄的龙腾既不是正规军，更不是主力军，而是一支“游击队”。所实施的是一种“弱者战略”，不与强势企业比实力拼消耗，瞅准机会能赚一笔是一笔，而“一个不对，马上撤退”，不求一口吃个胖子、一锹掘口深井，只要“小雨落得忙”，就可集小胜为大胜。

对于那些在市场上拾遗补阙的“短平快”项目，季丙元收放自如，有市场前景的，创造条件及时上，一旦市场萎缩或大厂掺和，就收摊儿转产。

在生产经营针织面板期间，龙腾还生产过汽车车轮挡圈钢，后来因为有实力雄厚的大厂插足即主动退出，既然难以与大钢厂匹敌，那“打不过就走”。

但季丙元不会忘记他的初衷和夙愿，为酬壮志，他在发展中积累资本、积蓄实力，以求有朝一日重上当年那些被迫下马的产品。2020 年和 2021 年分别建立了焊材分公司和汽车锻件分公司，诸如法兰、焊材、汽车车轮挡圈钢等产品重回龙腾。与过去不能同日而语的是，如今无论是焊材分公司还是汽车锻件分公司，所使用的设备都是全球一流的，其中瑞士生产的锻件设备为世界顶尖产品，全球仅 9 台，我国唯龙腾有一台。

一个企业存在的价值何在？季丙元董事长说："市场的需要就是我们存在的价值。"市场是企业应运而生的接生婆，产品质量是企业健康发展、延年益寿的保障。企业的寿命长度在于市场对其产品、服务所需要的时日。为了让企业逐步壮大，立于不败之地，就必须跟着市场指引的方向相时而动、推陈出新。

季丙元所钟情和寻觅的是那种能被全国、全世界普遍需求、无法替代的产品，但这种产品的产值、利润也不能大到惊动大型钢厂的程度。对高精尖产品兴趣盎然的大厂一般不屑于生产利润微薄却费时、费力的产品，众多小于龙腾的小微钢企又没有开发这种产品的实力，这就是当初龙腾赖以生存的"夹缝"。

而这也似乎是社会平衡法则为新生的弱小企业预留的生存空间，在企业的幼儿时代只能用易于消化的"奶粉""米粉"把它喂大，大餐是成年后的享用，那种工艺不复杂、质量易把控的产品正是龙腾特钢初创时期的最佳选择。

娓娓陈词　徐胜力主出国办厂

1994 年 10 月的一天，一直在考虑外向发展的徐胜带着他在心里酝酿已久的方案，来到董事长办公室。

"董事长！"

听到儿子的声音，正在小方桌上审批文件的季丙元停下笔指着桌边的一张椅子对徐胜说："你来啦，坐吧！"

徐胜在小方桌边坐定后说："我有个想法，来向您汇报一下。"

"你又有什么好主意呀？"看着坐在一边的儿子，这位做父亲的心里和脸上都很舒展。

"是这样的董事长，最近我一直在想一件事，是不是趁这个大好时机到国外开家分厂……"

饶有兴趣的季丙元看了下徐胜问道："建什么厂？建哪里？"

"建耐磨钢球厂。建到非洲赞比亚。"

"理由？"

"赞比亚矿产资源丰富，金、银、铜、铁、锡齐全。赞比亚又是我们的老客户，四周的情况是，北靠刚果，东北是坦桑尼亚，东面和马拉维接壤，东南和莫桑比克相连，南面是津巴布韦、博茨瓦纳和纳米比亚，西面的邻国是安哥拉。赞比亚周边这些国家也都有丰富的矿产资源。"

他看了下父亲，他父亲只是平静地听着，没发表什么意见。

徐胜接着说："正如您知道的，加拿大在赞比亚建有'第一量子卡仑比拉矿山'，是我们耐磨钢球的老用户。我们建厂后生产的耐磨钢球可直供给他们，这是我们现成的客户。有了这个基点，今后可以在这基础上再拓展。"

显然，徐胜对此已经有了比较成熟的思路，这让季丙元为儿子的成长暗暗高兴，但他只是不动声色地听着。

"再说说建这个境外分厂的利弊吧。"董事长对他的儿子提了个问题。

徐胜从容答道："一是响应了国家号召，会得到政府支持，这符合您一向要'把企业发展融入国家战略'的要求。二是可以省下大量外汇。向赞比亚出口成品，关税高达25%，而出口原料去那加工能享受免关税优惠政策，这扩大了我们的利润空间。三是可以成为公司新的经济增长点。四是有了这个分厂，我们在世界上就有了进一步拓展的根基。五是对赞比亚有利，对中赞友谊有利，在那建厂可以为他们提供税收和一些就业岗位。"

董事长问："问题呢？做事要多想想可能遇到的各种问题。"

"问题一是赞比亚距我国遥远，有一万几千千米，往来多有不便；二是我们还缺少远距离管理境外企业的机制与经验；三是开工后我们必然要招一些赞比亚员工，员工的素质、技术培养是个不轻的任务。还有，我们的派出员工，可能不适应异国的水土和伙食等。但这些都不是不能克服的问题。"

季丙元点了点头说："要做就做第一，你说得好！"他对儿子的想法表示赞许。

其实季丙元早在2012年就有了去国外开厂的想法，没想到儿子能把他想要做的事提了出来，而且思考得还那么周全。儿子提出来的观点和方案，许多地方都与他不谋而合，这让他感到非常欣慰。

"孩子大了，也没白读书白留洋啊！思路清晰，对党和国家的政策和相关的国际市场情况也很了解。"季丙元心里想。

"好，你拟一个方案，提交可行性报告。"季丙元董事长掰着指头说："把境外企业的规模、产能、预算、实施方案等提交公司。你还要把一些具体做法细化一下，摸清境外办厂的审批程序和各种规矩。到时听听全体高管的意见和建议之后再来完善这个方案。还有，你要把赞比亚的风土人情和当地人的习俗习惯也了解清楚。"

2014年11月，龙腾特钢经过与艾梅伊讨论，通过了徐胜副总经理提出的

“赞比亚建厂方案”,项目由徐胜全权负责。

友邦惊诧　一个人的中国龙腾商务代表团

2014 年 11 月 30 日是个阴雨天,夜幕随着淅淅沥沥、不紧不慢的小雨提前降临,天有点冷。徐胜买的是第二天凌晨 0:05 的机票,这是个尴尬的时间,睡也不是,不睡也不是。晚饭后,他就在客厅的沙发上靠了会儿。

出国对分管国际贸易,要与四五十个国家打交道的徐胜来说,他出国可以说比以前梅李人去常熟市中心老县场还要频繁得多。但这是他的首次赞比亚之行,因为怕误机,当晚 9 点不到他就上了公司送他去上海浦东机场的轿车。

雨夜的高速路黑乎乎的,行驶在潮湿的地面上,车底不停地发出“唰唰唰唰”的声音。2 小时后他到达灯火通明的浦东机场,11 点 40 分登上了上海—迪拜的阿联酋航空 EK303 飞机,这是一架只到迪拜的国际航班,去赞比亚得从那儿中转。

登机不久,飞机就启动了,在缓缓拐了几个弯儿之后,待速停在跑道的起点待命。不大一会儿,随着舱内一声悦耳的铃声,飞机在轰鸣声中加速向前滑行,徐胜看了下表,时间正好是 12 月 1 日凌晨 0:05。

轰鸣声中,舷窗外的景物被拉成模糊的直线。接着,他不由自主地仰面倾向座椅靠背,前舱微微翘了起来,飞机昂起头,像离弦之箭冲向夜空。地面上的万家灯火灿若繁星,一幢幢摩天大楼越来越模糊了,并很快消失在夜空下。飞机已攀升到厚厚的雨云之上。舷窗外,满天星斗在洁净的夜空中闪闪烁烁。

飞机进入平流层即以巡航速度匀速飞行,平稳得让人觉得处在静止状态,但它的确满载着乘客一会儿越过高山,一会儿越过平原,一会儿跨过奔腾的大江大海。

到达迪拜时是北京时间 5:35,飞机开了 5 个半小时。

阿联酋的 11 月和以后的 5 个月气候宜人,美轮美奂的迪拜城市风光和波斯湾无与伦比的海景让无数人趋之若鹜,但重任在肩的徐胜无心观赏世上最高的哈利法塔,无心去欣赏阿拉丁宫殿似的帆船旅馆和世界最大的法拉利室内公园。他匆匆办理转机手续,登上了迪拜—卢萨卡阿联酋航空公司的 EK713 国际航班。

12 月 3 日下午,徐胜到达赞比亚首都卢萨卡。

赞比亚投资中心的领导当天就会见了徐胜。徐胜向对方提供了公司委派书、企业资信证明、龙腾特钢公司简介及在赞比亚建设一家中资独资企业的申请书等文件资料。

第二天上午，双方举行会谈，而令他们感到意外的是，“中国常熟市龙腾特种钢有限公司赴赞比亚商务代表团”仅仅只有一位叫徐胜的“团长”，这让参加洽谈的赞比亚官员甚为诧异。

通常，一个商务代表团起码需要由六七个人组成，其中包括技术人员、商务人员、法律人员、财务人员、翻译人员、主谈判人员和记录人员等。这些人必须熟悉本行、精通业务，对相关技术问题、公司财务、项目法务工作了然于心，翻译人员的外语口语和文字水平都能达到像使用母语那样的水平。

现在，当一个代表团只有一个人时，他就必须兼有一个代表团所拥有的综合能力，这很难，然而，徐胜扛得起。

接着，徐胜详尽地介绍了龙腾特钢的方案，通报了工厂规模、用地、产能、预算等规划。他说：“赞比亚分厂建成后可为当地提供 200 人左右的就业机会，正常运转后，每年能为赞比亚创造 800 万美元的税收。”

随着徐胜的介绍，一幕幕美好前景让赞方部门领导的兴奋溢于言表，也使他们深受鼓舞。会谈时徐胜所表现出来的专业素质、缜密思维、清晰的思路和广博的学识、前卫的市场理念及现场果敢决断的办事作风，都得到了赞比亚商务部等部门领导的高度评价，他们感到“中国人办事的能力和效率就是不一样”。

次日上午，赞比亚商务部一领导接见了徐胜。他代表赞比亚政府欢迎徐胜的到来，称赞龙腾特钢到赞比亚投资建厂是个好主意，并表示赞方将全力予以支持配合。

关于厂址，赞方提供了几个地方供徐胜选择，其中一个地方就在首都郊外，他们认为这样可以让来自遥远中国的工人能在比较繁华的地方工作生活。但徐胜毫不犹豫地提出他选择的一个地方——卡仑比拉。

他知道徐胜把厂址选在那里的原因，那儿有一家大铜矿，龙腾特钢在矿山附近建设一座生产耐磨钢球的工厂，缩短了产品到达用户的距离，这在今后漫长的岁月里可以省下巨额的物流费用，也可以减少客户的支出。

徐胜在与赞比亚官方达成了投资建厂的协议的一周后回国。回国的第二天，就向董事长汇报了赞比亚之行的情况。后说：“要做的事都做了，很顺利，赞比亚那些领导很热情，建厂的事双方一拍即合，他们也有需要，两相情愿。”

季丙元董事长高兴地说：“这是第一步，也是关键的一步，能顺利完成值得高兴。”

接着董事长他对下一步工作做了安排：一是要向上级有关部门汇报一下；二是要争取赞比亚西北省索卢韦齐卡仑比拉地方政府的支持协助；三是提前向龙腾的客户通报情况，巩固与老客户的关系；四是要再摸摸其他矿山和周边国家的情况，争取潜在客户。

对工厂基建方面的工作，董事长也做了安排。要求工厂的规模要和市场需求匹配，分两步走，一期工程以满足加拿大那个铜矿的需求为基准定产能，但要留有余地，把年产量定在 15 万吨，这需要先建一座 30 000 平方米的厂房。等增加了客户，销量扩大后，再考虑建设二期工程。

董事长对他说：“公司已有三四十个产品出口国，再加上分管的几个摊子，你其他事情也不少，刚才说的这些事情需要年把才能做好，这样的话，我们争取在 2016 年上半年进入基建施工阶段。”

调研确定项目，研究实施步骤，安排具体任务，规定完成时间，这是季丙元对任何项目的程序安排，环环相扣，跟踪推进，具有很强执行力。自然，对在赞比亚建厂这件事也不例外。

惊为天人　那年他在天上飞了 30 万千米

2016 年年初，出国办厂的所有程序都已走完，所有手续也都已办妥。在完成了董事长嘱咐的各项前期准备工作之后，当年 4 月初，徐胜副总经理带领第一批员工不远万里一起飞到赞比亚。

其时恰逢当地旱季。

旱季的非洲赤日炎炎，热浪滚滚，到处闪烁着耀眼的白光，赞比亚西北省索卢韦齐卡仑比拉那片森林边沿的树上，叶片儿由于阳光暴晒都蔫巴巴地耷拉着。

一群来自中国龙腾的员工正在工地上忙碌着，汗湿的工装紧黏着皮肤，脸上、臂膀上滚动着大颗大颗的汗珠。

夕阳西下，又一天过去了，斜阳依旧散发着炎热的余威，被烈日蒸烤了一天的大地，火一般发烫，那是一种让人不耐烦的灼热。炎热对常熟龙腾人来说，本不难对付，空调一开，暑气尽消，还能可心享用消暑的冰镇饮料。但在遥远的赞比亚卡仑比拉建设工地却没指望，那儿连电都还没通上呢！

下班了，20多个工人披着夕阳陆续回到了工人宿舍——那一排简易工棚。

此刻已经搁在地平线上的太阳快下山了，夕照余晖里，徐胜在工地各处看了下也回到他的宿舍。

张建军是这家海外分厂的第一任厂长，他向我介绍了当时的情况：刚到赞比亚时，工地上没电，没自来水，四周也没路，环境非常恶劣。在国内过惯了好日子，到那各方面都不习惯。伙食就“老四样”：洋葱、土豆、胡萝卜、西红柿，荤菜只有鸡蛋。简易棚里，几块木板搁起来就是床。徐总和工人同吃同住，一样披星戴月地干。领导以身作则干在前，员工也都很努力，毫无怨言。

话说在工地上忙了一天的徐总来到宿舍后抹掉了脸上遮挡视线的汗珠，看了看温度计，傍晚的气温依然高达41摄氏度，酷热的赞比亚之夜让人很绝望。

遥远的故国常熟家家都有空调、冰箱、清凉的饮料、甜蜜的瓜果，在祖国这一切唾手可得。而在空空如也的工棚里，就连一把扇子也没有。洗洗上床，可不久就会感觉到有汗水的细流在脸上、腹部、手臂上往下流淌，身下的板床很快就成为“水床”。

让大家不胜其烦的是在板床四周肆无忌惮地来回穿梭、吱吱直叫的老鼠，由于靠近森林，那儿蚊子又多又大，被叮上一口之后皮肤会迅速凸起一个小包，奇痒难熬。有两个同事还因为蚊虫叮咬得了疟疾，被折磨得不轻。工棚里甚至有蛇光顾，一次有个员工就在工棚里发现一条大蛇正竖起一截蛇身在屋子里朝他张望。

分管外贸，满世界跑的徐胜也是个见多识广的人了，但对于赞比亚旱季恶劣的环境还是始料未及。住，没有一所像样的屋子；吃，没有一种可口的食物；行，没有一条像样的道路，这都也罢了，只是那持续40摄氏度以上却无法驱除的高温，让人就像被关在烤箱里蒸烤一般。

徐胜有时热得无法入睡时，会走出工棚。夜，平和宁静，气温也凉爽了些。仰望着星罗棋布的天空，亮晶晶的星星在洁白的云朵间眨着眼睛，对尘世的操劳漠不关心。那天晚上月光很亮也很柔和，像常熟街头那一盏盏滚圆的乳白色灯罩。

融融月色勾起了他的思乡之情，无论到哪，他对父母、妻子和才几岁的孩子都有一种殷切的思念，“慊慊思归恋故乡，君何淹留寄他方”，这就是乡愁吧。

那闪闪烁烁的满天星斗，有时会让他沉思，一个人怎样才能不辜负自己的国与家。他想到一句名言：“青春是用来奋斗的！”他还记得另一句名言：“每一个不曾飞舞的日子，都是对生命的辜负。”为了事业，他要像父亲那样“趁年轻多做点事”。

为了企业，为了企业赢得更广阔的国际市场，他不远万里到非洲开疆辟土，无怨无悔地奉献自己青春的力量。

从我国上海到赞比亚相距 12 000 多千米，为了在赞比亚建厂，徐胜在天上飞得最多的是 2016 年，往返祖国和赞比亚 20 多次，再加上与其他几十个国家、地区的业务往来，那年他在天上飞了 30 万千米以上。

另有所图　工友觊觎的大拉箱

出国，对于分管龙腾外贸的徐胜早已习以为常。我知道，无论到哪个国家，他都是轻装上阵，他甚至连皮包或双肩包都不要，挟着公文包就出发。唯独每次去赞比亚他都要随身带着一只塞得鼓鼓囊囊的硕大拉箱。

一次我问他：“徐总，你出远门有时只挟个公文包，唯独到赞比亚你带那么多东西干吗，那么沉？”

“不是我的衣物用品，”徐总说，“是一堆吃的，有走油肉、咸肉、鱼干、虾仁等，工人不习惯那里的伙食，我要尽量多带些他们爱吃的食物过去，让大家改善伙食。还要再塞些饼头饼脑的干粮和一些常用药物。”

“这一拉箱有多重？”我问。

徐总说：“没称过，八十来斤吧？我用足政策，按国际航班规定的随身行李重量的上限往里塞吃的。”

这是一个总是让大伙儿充满期待的大拉箱。

“每当看到徐总拉着大箱子从祖国来到赞比亚工地，我就知道可以开开荤、享享口福了。徐总一到工地，就有人争着替他拉箱子，哈哈，其实都不怀好意呀，都有图谋！”一个员工笑着说。

徐总对替他拉拉箱的员工说：“拉过去分吧！有几样要送到食堂里去烧了才能吃的。”

于是，一群人拥着拉箱过去了。

徐总跟厂长看工地去了，兜了一圈回到宿舍的徐胜，只见桌上堆满了甜的咸的，满屋子的人都鼓着腮帮子在咬韧嚼脆，这让他忍俊不禁。他笑着说：“我说你们这些家伙，就不想给我留点儿了？”

“噢、噢，徐总来吃”，“徐总来吃”，几个员工招呼他。

看着大家开心的样子，徐胜很高兴，只觉得这一路负重累累的没白费力气。这情景也让他想到亟待解决的出国员工伙食问题。

“食堂的责任就是要保证让工人吃好、喝好，还要吃热的。”这是季丙元董事长多次在公司干部大会和后勤工作会议上对龙腾九大食堂的要求，这也让徐胜联想到 12 000 千米之外的公司第十个食堂，也要做得符合董事长的要求才是。

一天，他跟赞比亚工厂第二任厂长温晓诚说：“你一定要让工人吃好，多花点钱无所谓。”他还明确要求，“按每个工人每天 60 块钱的标准安排伙食，逢年过节加餐另外算。”

温晓诚厂长曾向我发来过他们吃饭时的那一桌菜肴，老实说标准绝对高于龙腾本部的伙食标准，我夸了他做的这些后勤工作。

“我现在是生产、生活两手抓。员工吃得好，是老板给的待遇好，我只是不折不扣执行。”温厂长说，“我们还常开车几百千米去赞比亚大城市买中国菜，厂里添置了一台大冰箱，每次采购回来都被塞得满满的。目前我们有 8 个工人，每顿 8 菜一汤，有时是 12 个菜，经常杀鸡宰羊，开小灶似的，日子确实过得蛮滋润。”

他还告诉我：“由于饮食习惯、风俗习惯不同，也为赞比亚当地的员工另设了小食堂，让他们单独吃，伙食标准也很高，工人们都很满意。”

“住的呢?”我问。

“原来的简易棚早换成一排砖混结构的平房了，内部家具齐全，床也非常舒适。由于那里昼夜温差大，每个宿舍都配了电风扇，但没安装空调。”

在季丙元董事长远程指挥和徐胜副总直接率领下，进驻赞比亚建厂的龙腾人夜以继日地大干苦干，到 2018 年 10 月初，就已完成设备安装任务，并成功试产。

季丙元通过微信指示徐胜：“举办一个开工庆典仪式。规模不要大，规格不能小。”他说，“今年是改革开放 40 年，又是公司第一家海外工厂开工的年份，从赞比亚方面看，我们厂是他们引进的第一家外资制造企业，庆祝一下很有必要。客人请谁你安排。”

徐胜邀请的贵宾得到董事长的认可。他们还商定于 10 月 31 日举办开工庆典活动。

晴空万里　云朵之上抚今思昔

2018 年 10 月 30 日下午 3 点，季丙元董事长一行到达赞比亚首都卢萨卡。

季丙元董事长此行是为参加艾梅伊龙腾耐磨材料(赞比亚)有限公司的开工仪式。陪同董事长前往的有副总经理丁君华、财务总监周晓峰、耐磨钢球分公司总经理陆二平及副总经理陈洁,同行的还有张坡、叶柳红、章春芳等分厂和管理部门负责人。

这是一个长达一二十小时的旅途。蓝天下,飞机像离弦之箭,看着舷窗外的天空,季丙元忽然感到,岁月就像那飞逝的云,人生一晃就是几十年,许多往事都会像舷窗外的烟云远逝而去。虽然,一个紧接着一个的目标任务,需要他马不停蹄地奔波,因而使他无暇思故怀旧,但总有一些往事任凭岁月风雨的剥蚀,都无法磨灭他的记忆,偶尔想起昨日的故事也不免思绪万千。

此刻,他想到20世纪家里的三间草房,想到前厅一角那个总是让他充满渴望的锅灶,想到含辛茹苦的母亲和扛着一家老小的生活重担,却总是那么豁达乐观的父亲,想到他们兄弟姐妹一起推车交公粮时的一路欢笑,想到和哥哥、弟弟一起斫羊草、切猪草、切南瓜喂猪的无数个傍晚……

记得有一次,他坐在田埂上双手撑在背后休息时,循着来自天空的轰鸣,看到蓝天之上、白云之间有一架银光闪闪的飞机正在向北飞翔,他的视线随着飞机移动,直到飞机成为一个小小的亮点……

没想到,有一天他能坐着国际航班到遥远的国度去为自己的海外企业开工剪彩。

他记得40年前的1978年,中华大地春潮涌动,以中共十一届三中全会为标志,中国开启了改革开放的历史征程。

那年8月,他拿到了人生的第一笔工资,内心感到前所未有的充实和富有。回家的路上只觉得看什么什么好看。一到家就拿出揣兜里的15元工资,递给妈妈:“妈妈,厂里发工资了,我15块一个月,给您!”

他记得妈妈有点惊喜的眼神,看着他激动地说:“哦哦!发工资了!伲小丙元也会赚铜钿哉!”

“妈妈,下趟(以后)我还要赚交关(很多)钞票把(给)妈妈,让妈妈省力点,也过过好日脚。”

“乖囡囡!”妈妈拿出5块钱给他零花。

他坚持不要:“谢谢妈妈!第一个月的钱一定要统统孝敬妈妈!”

那天妈妈高兴得像有喜从天降,爸爸也一直乐呵呵的。

直到现在,妈妈那激动的神情和挂在爸爸脸上的微笑还历历在目。多少年过去了，有时当他想到操劳一世的父母却没能赶上如今的好日子时，都会不禁流下热泪。

季丙元和无数时代的弄潮儿一样，在汹涌澎湃的市场经济大潮中顽强搏击，而伟大祖国的改革开放事业从农村到城市，从试点到推开，从经济体制改革到全面深化改革，40 年众志成城，40 年砥砺奋进，40 年春风化雨，在党的领导下，中国人民用双手书写了国家和民族发展的壮丽史篇。

这 40 年里，是党的培养，让他这个小学徒不断成长，从农具厂生产组长到平车厂车间主任、副厂长，再到龙腾钢厂厂长、龙腾特钢党委书记、董事长。这期间让他最难忘的一天是 1991 年 6 月 27 日，那天他光荣地加入了中国共产党。入党两年之后的 1993 年，镇党委便把一副重担压到了他的肩上，当时他还在平车厂副厂长任上，只是兼管着龙腾部分事务。

他记得镇党委书记徐永达与他推心置腹说的一番话："丙元啊，我们晓得把这担子交给你，会让你吃不少苦头，但是党委相信你，认为你才是能把这副担子挑起来的人。问题不少，但是'死店活人开'呀！现在国家大环境非常好，望你抓住机遇卖力干、大胆干，把企业搞好。"

"请党委放心，请徐书记放心！"季丙元语气坚定。

就这样，他踏上了一条曲曲弯弯、布满荆棘的创业路。

曾经，龙腾无资金他却求告无门，无人才却连初中生也招不到，跟着他的大多是识不了几个字的老农。在这样的困境里，为解决资金困难，他求爷爷、告奶奶，东借西凑筹措资金；没有人才，他求贤若渴千方百计请行家。其中甘苦、委屈，不堪回首，说起来都是泪。

然而，要强的他没有颓丧、没有气馁，而是在各种压力下越挫越坚，支撑着他的是党旗下的誓言，也是他的高尚品质。他平生不负人，更不负组织的信任和希望。他也牢记母亲的教导"将来有铜钿要帮帮人家"，他不忘自己要带领乡亲们共同致富的初心，每当企业处在生死关头，他首先想到的总是"我的那几百名工人""我的那几千名工人"怎么办？为此，多少年来，他一直合着时代的铿锵步伐，他怀着一颗赤子的钢铁报国之志艰苦创业、砥砺前行，用呕心沥血的奋斗岁月，演绎了一个小微企业从谷底到崛起，从平凡到非凡的传奇。

在改革开放政策指引下，他把龙腾一批穿工装的庄稼汉培养成懂技术、会管理的钢铁汉，专业素质不断增强，其中有的走上了龙腾主要领导岗位。这些年来，特别能战斗的龙腾人以"抓铁有痕、踏石留印"的力度创新发展，并跨出国境，建设了第一家海外分厂。

眼下，艾梅伊龙腾耐磨材料（赞比亚）有限公司就要举行开工典礼了，这是龙腾发展史上的又一个拐点。

卡仑比拉蓝色帷幕上的“ME Longteng”

2018年10月31日上午，艾梅伊龙腾耐磨材料（赞比亚）有限公司举办正式开工仪式。

提到当时的情景，丁君华副总经理通过微信发了一张庆典现场的照片给我。

照片上的季丙元董事长正在致辞，副总经理徐胜在一侧担任翻译。

他们身后的背景是一块硕大的蔚蓝色幕墙，幕墙上方，有分成三行、错位排列的30多个长方形方块，方块里有些字，但看不清，主会标在幕墙下方。

那天一大早，徐胜副总经理就开车来到卡仑比拉机场，迎接专程从祖国前来参加工厂开工庆典的董事长一行。

天公作美，赞比亚卡仑比拉天朗气清、风和日丽。矗立在非洲大地上的龙腾特钢厂房就坐落在无边无际的赞比亚大森林边。厂房绿色的墙体、橘红色的墙体分隔线和同是橘红色的屋面。这座建在12 000千米之外的厂房、与国内龙腾大本营数十幢厂房毫无二致，这让来自祖国的家人有种宾至如归的感觉。

快到新厂了，季丙元董事长等人已隐约听到一阵阵从前方传来的鼓乐声，随着厂区的接近，那激动人心的非洲鼓乐声越来越清晰响亮了。

生活在原始森林里的非洲人能歌善舞，他们踩着鼓点，用那种充满异域风情和带着几分神秘的歌舞迎宾。十多位艺人双腿夹着上粗下细、状如沙漏的非洲鼓，用他们灵巧的双手敲打出一串串高低错落、富有节奏感的鼓点。

相传非洲鼓起源于13世纪马利王朝，近千年来，那里的人民一直用鼓传递信息、用鼓抒发感情、用鼓迎接嘉宾。

当季丙元董事长一行来到厂区时，那鼓点更热烈欢快，那歌声也更高亢嘹亮了，卡仑比拉居民用最隆重的仪式来欢迎季丙元董事长一行，也用最隆重的仪式来庆贺赞比亚这块古老的非洲大地有了一家外资制造企业。

迎宾乐曲 *Yankadi* 和庆典乐曲 *Yagba Odienne* 夹杂在嘀嘀咚咚嘀嘀嗒嗒的鼓点里，狂野奔放，激荡心弦。

下车后，季丙元董事长和迎上前来的驻赞工友一一握手问好。接着，他转向那幢崭新的厂房。他感慨地想，起初的龙腾只有两跨小厂房，其中四分之一还没围墙。如今不光国内有了250万平方米的厂房，就连建在赞比亚的这座厂房也比当年聚沙东路上的老厂房大7倍多。

徐胜副总经理、张建军厂长等陪同董事长一行沿着厂区察看了一遍，董事长对厂房的建筑风格、建筑质量和周边环境都感到很满意。

“接下来要研究思考的是其他几家境外分厂的建设问题了。”他想。

作为主人的季丙元董事长，徐胜、丁君华副总经理，财务总监周晓峰，耐磨钢球分公司总经理陆二平等，一起在工厂大门口迎接莅临庆典活动的来宾。

我国驻赞比亚使馆有关领导专程赴会，在热烈的掌声中，公司副总经理丁君华代表季丙元董事长发表了热情洋溢的讲话。他代表季丙元董事长和全体龙腾员工向出席庆典活动的嘉宾表示热烈欢迎。

庆典仪式上，季丙元董事长向赞比亚政府赠送了一幅画作《雄风》，画面上有象征美好富贵的赞比亚国花三角梅，有寓意中赞合作，大展宏图的赞比亚国鸟雄鹰。

丁君华副总经理对开工盛况的介绍，让我感受到了当时的热烈的气氛，我再次端详他发我的微信图片，放大后才看清了图片上极小的文字。原来，蓝色讲台幕墙上所有白底方框里都写着同样一句话：“ME Longteng”。

“ME Longteng!”当一个龙腾人——无论中国籍的、赞比亚籍的，还是未来哪国籍的，在内心深处都能把龙腾看成“我的”，作为“我的”，都能像拓荒的老一辈龙腾人那样，把龙腾作为自己事业的平台为之奋斗、为之展现才华，“ME Longteng”就一定能飞得更远、更高。

曾有位年轻的女员工在接受我采访时提到她与龙腾的关系：如果我是一棵草，龙腾就是我的沃土；如果我是一只鸟，龙腾就是我的天空；如果我是一条鱼，龙腾就是我的大海。

这些，都是可以用“ME Longteng”来诠释的吧！

八年抗争　一场以龙腾完胜的国际官司

2023年4月20日，澳大利亚反倾销复议委员会（Anti-Dumping Review Panel，ADRP）发布公告，撤销对中国耐磨钢球反倾销继续征税的决定，宣布将不再对从龙腾特钢及其他中国企业进口的耐磨钢球产品征收反倾销税，还将退还自 2021 年 9 月 9 日后的已征税款。

这场中美两国企业的耐磨钢球反销倾博弈，在历经前后长达 8 年的较量后，最终以龙腾特钢的为代表的中国耐磨钢球行业完胜结案。

常熟市龙腾特种钢有限公司是中国第一、世界第二大耐磨介质生产商，是中国对澳大利亚最大的耐磨钢球出口商。集传统钢铁产业和金属深加工于一体的龙腾特钢拥有总资产 200 多亿元，集团年产各类特种钢 450 多万吨，产品销往世界 40 多个国家和地区。

在国际贸易活动中，龙腾特钢严格遵循相关法律法规，凭过硬的产品质量和周全的售前售后服务赢得众多国际客户。与同行的竞争也秉持公平公正的原则，从不碍谁、惹谁。

但是，树欲静而风不止，竞争激烈的海外钢铁市场云谲波诡。2015 年 11 月，全球第一大耐磨介质生产销售商 Molycop，以中国耐磨钢球企业"倾销"和得到政府"补贴"为由，起诉中国在国际上搞倾销。

然而，Molycop 起诉中国耐磨钢球行业在国际上低价倾销、享有政府补贴等并无事实依据。但龙腾特钢作为中国耐磨钢球行业销售冠军和世界耐磨钢球第二大销售商，最多时出口的耐磨钢球占到中国同类产品出口总量的 70%左右，这就不可避免地被推到了风口浪尖上。

诡异之处还在于，起诉中国企业的时间点，无论是 2015 年，还是 2019 年和 2021 年，对方的起诉时间点都与全球耐磨钢球产品招标的时间吻合，在这个节骨眼儿上被指控，尽管子虚乌有，但在真相悬而未决之际，就会让一些龙腾特钢的耐磨钢球老客户和潜在客户由于种种顾虑，不敢投龙腾的标，从而致使龙腾丢失一批国际大单。显然，指控中国同行"倾销"的时间，是 Molycop 刻意选择的。尽管指控内容都是老调重弹，但每次都对龙腾特钢造成不小的伤害。

作为中国最大的耐磨钢球经营企业，针对不实指控，龙腾特钢理所当然地要组织回击。龙腾特钢副总经理徐胜根据董事长的指示，委托国内大成国际贸易救济团队，该团队由高级合伙人胡富茂律师带领。同时委托澳大利亚顶级贸易法律师事务所 Moulis Legal 的合伙人展溢律师代理。两家律师团队多次代理龙腾特钢应诉澳大利亚对华耐磨钢球反倾销和反补贴调查，取得如下应诉结果：

原审调查（案号 316，2015）：反倾销 3%，反补贴 0%，全国最低税率，豁免反补贴复审调查;其间复审调查(案号520,2019):反倾销税率2.1%,全国最低税率;日落复审调查(案号569,2021):反倾销0%(倾销幅度-8.9%),部长决定继续征税;2023年4月20日,澳大利亚反倾销复议委员会ADRP复议:撤销部长决定,终止对华耐磨钢球征税并退税。

龙腾特钢副总经理徐胜在接受采访时说:"对方实际是想对龙腾筑一道贸易壁垒,但由于他们所谓的'倾销'并无事实依据,在经过四轮交锋后最终以我们的完胜结案。澳大利亚反倾销复议委员会的公告,宣布撤销对中国耐磨钢球反倾销继续征税的决定,这不仅是龙腾特钢的胜利,也是整个中国耐磨钢球行业的胜利。龙腾特钢在这场博弈中既维护了自身的合法权益,也维护了中国同行的利益。龙腾特钢的国际贸易还将进一步发展,不能保证今后就一帆风顺。但是只要我们严格遵循国际市场法规,就没什么可怕的。"

徐胜副总经理的话体现了一个大国企业家的从容、坦荡与胸怀。

两条腿走路　双循环制胜

2021年年底,季丙元结合当下国内外经济发展形势和龙腾的具体运营模式,审时度势,针对耐磨钢球的外循环特征,对标国家"双循环"战略要求,就如何构建国内、国际双循环发展新格局等进行了探讨,调整了经营发展思路。

2022年之前,龙腾特钢生产的耐磨钢球在生产营销上,用国外进口的矿砂,在国内生产后,再销往国际市场,具有明显的"外循环"特征,即资源在外,国内生产、市场在外。

耐磨钢球生产两头在外,大进大出。近几年在国际市场的销售额都在40亿元人民币以上。然而,由于国际风云变幻,不确定因素对世界经济的冲击,直接影响了耐磨钢球在国际市场上的正常销售,如2020年龙腾特钢的耐磨钢球在全球的销量减幅很大,仅实现销售额30多亿元。

季丙元董事长说,国际市场上出现的波动,向国内完全依赖出口的企业提了个醒,就是要加大内销比例,加大内循环的力度。他向耐磨钢球分公司提出了"国际贸易和国内贸易两条腿走路"的经营策略,努力维护拓展国际市场的同时,大力拓展国内市场,做到内销、外销均衡发展。

在人才济济的龙腾特钢,有擅长开拓国际市场的国际型人才,也有学有专长,来自名牌大学国际贸易专业的高才生。季丙元董事长充分发挥外向型人才的专业特长，给职给权，放手让他们去国际市场上搏击。在公司外贸工作领域，形成了以分管副总徐胜为责任人的外贸工作体系。30 年来，龙腾特钢外贸外销工作人员努力开拓国际市场，使公司外贸占比不断提升，近几年的外贸年收入都达到 40 亿元人民币，使龙腾成为常熟市名列前茅的出口大户。

在龙腾诸多出口钢铁产品中，耐磨钢球的销量在全国数第一，在这方面，龙腾特钢耐磨钢球分公司副总经理陈洁功不可没。2023 年年底我再次采访了她。

陈洁是南京财经大学国际贸易专业毕业的高才生，她高挑端庄，性格爽直。2005 年毕业后，即被引进龙腾特钢。18 年来，她在外销工作上与高速运作的龙腾保持同样的快节奏，形成了干练果断、从不拖泥带水的行事风格。采访时，她说话语速很快，这是一个长期忙于实事的管理人员大多具有的特征。

“我刚进单位时，耐磨钢球销量不大，一个月才出几十个柜子，也就几百吨的货。后来，慢慢地到一两千吨。”陈洁在接受我采访时直奔主题，她说，“那时我们连专门生产耐磨钢球的专业设备都没有，也没有长期的固定客户，生产任务断断续续的，接到订单，就利用老轧机生产耐磨钢球，没有，就恢复生产轴承钢球。”

提到如今的销售情况，她介绍说：“现在我们的设备都是国际最先进的专用设备。至于耐磨钢球出口国家和地区，我们从一两个增加到现在的 30 多个，其中包括美国、智利、澳大利亚、巴西、秘鲁等。销量从一个月三四百吨，增加到现在四五万吨，100 多倍了。使用我们耐磨钢球的国外企业有近百家。”

“赞比亚的销量有没有算里头？”我问。

“没有，那是当地艾梅伊在管理。在非洲方面的销量目前有 10 万吨。”

说话间，她快速处理了两个客户的来电。

“对不起！”她对我说。

我开玩笑地对她说：“很好的，要发财，忙起来！”

在她处理好电话业务之后，我又问：“这三年疫情期间的销售情况如何呀？”

陈洁说：“销量也就 2020 年掉了一点儿吧。2021 年我们的销量回升到疫情前的水平，达到正常年景 40 万吨的销量；2022 年全年销量达到 43.6 万吨，其中内销 9 万吨；2023 年总销量达到 48 万吨，其中内销量达到 12 万吨。这是我们董事长正确决策的结果。从 2021 年下半年，我们龙腾转变了原来的外循环，构建了双循环新格局。2023 年的耐磨钢球销量是建厂以来最多的一年。”

根据季丙元董事长定的这个目标，耐磨钢球分公司近年来加大了内销市场的攻关力度，耐磨钢球产品打进了洛阳、鞍山、云南等地的金矿、铜矿，内销客户从原来的20家，新增到30多家。

双循环卓有成效，“2020年前，耐磨钢球的出口量占总产的98%—99%，国内市场销售量仅占百分之一二。”陈洁说，“2022年，国内市场销量明显上升，占到销售总量的20%左右，2023年占销售总量的25%，达到历史新高。”

龙腾每个季度都要召开一次全厂中层以上干部参加的安环工作及季度工作总结大会。我注意到，季丙元的大会讲话与一般领导讲话有一个不同的地方，当他提到未来的“目标”时，一般都不用“争取”“力争”“努力”这类充满弹性的虚词，而是用“要达到”“必须达到”等，明确无误地传达新的硬指标。

实体企业说实话，办实事，对目标有清晰、明确的要求，不搞那模棱两可的模糊概念。季丙元董事长相时而动，对耐磨钢球在内、外销售经营策略的调整，不但避免了国际市场波动造成的负面影响，还创造了耐磨钢球营销总量的新高。

陈洁告诉我，未来龙腾在耐磨钢球的总销量要达到80万吨的目标。

据说耐磨钢球分公司自身还加了码，因为“求其上，得其中；求其中，得其下；求其下，必败也”。耐磨钢球分公司领导知道，所求高于期望值才可保底。他们的目标是基于精准决策、企业实力和对国内外两个市场科学评估基础之上确定的。

带着季丙元董事长的嘱托，耐磨钢球销售副总陈洁任重道远，但她信心百倍。她忙碌的销售工作，使我不得不结束了采访，我看着她匆匆离去的身影，也看到了5年后的希望。

全面提升

上海之巅　我国第一高楼里的钢筋铁骨

上海，高楼大厦林立的国际大都市，有一座上接云天、被誉为“上海之巅”的巨型摩天大楼，大楼直插湛蓝的天空，顶部时有洁白轻盈的云彩缭绕，这就是高度为中国第一、世界第二的上海中心大厦。

上海中心大厦状如“巨龙”，以顺时针方向盘旋向上一直延伸到顶端，这样的“龙形”设计使大厦似与“龙腾”“龙特”有某种机缘。

上海中心大厦高达 632 米，总建筑面积 57.8 万平方米，主体建筑共 132 层，总重量达到惊人的 80 万吨。

为支撑这座沉重的巨无霸，上海方面慎之又慎地在全球范围内寻觅，最后选中的是常熟市龙腾特种钢有限公司生产的“龙特牌 PC 钢棒”。

建设上海中心大厦共计打进 980 根深达 86 米的承重柱，浇铸的钢筋混凝底板面积达 11 424 平方米，这相当于 1.6 个足球场，厚度超过 6 米，相当于两层楼高。龙特牌 PC 钢棒就是穿插在上述基桩、底板、核心筒及所有钢筋混凝土构件中的钢筋铁骨。

提到 PC 钢棒，季丙元董事长自豪地说：“现在这产品别人打不掉了，因为同行的工艺和我们是一样的，而且我们是先生产，先入为主。产品质量的精准率在世界范围内都比别人高，销售半径比别人大，生产设备也更先进，怎么打得掉我们?”

龙腾不再是从前做针织横机面板、汽车弹簧扁钢时经不起冲击的弱势企业了。

我曾在采访时问一位 PC 钢棒分公司主要领导，在我国有哪些著名的、国家级的建筑工程用过龙腾的产品。他说：“太多了。”接着，一口气就报了 10 多个。

季丙元把包括 PC 钢棒在内的三大冠军产品称为“龙腾的三大制胜法宝”。在他的指挥下，龙腾奏响了铿锵激越、威武雄壮、以“三大制胜法宝”为主旋律的钢铁“协奏曲”。

2017 年，龙腾被中华人民共和国工业和信息化部及中国工业经济联合会评为“全国制造业单项冠军企业”，2021 年 12 月再次蝉联这一荣誉称号。

龙腾有这样的成就，我为此采访了龙腾锻件分公司总经理杨政，2003 年 10 月，龙腾建立 PC 钢棒分厂时，他是分厂的第一个员工。2022 年 6 月 15 日，我采访了 PC 钢棒分公司的这位“元老”。

杨政乐观开朗，快人快语，坐定之后，他见我自带水杯，却还是把办公桌上的一杯茶端到我面前：“你带茶来了？我也为你泡了，就两杯一起喝吧。”

“你知道当年 PC 钢棒这项目是怎么做起来的吗？”因为知道我的来意，杨政直奔主题，先反问了我一句。

“只知一鳞半爪，愿闻其详。”我说。

“这是我们老板创造的一个奇迹。”

杨政点燃一支烟，深深地吸了口后就跟我聊开了，使我了解了开发 PC 钢棒项目的过程。

经过“艰辛起步阶段”的历练，一批懂管理、懂技术的龙腾员工成长起来了，而让全体龙腾人欣慰的是，公司开发的所有新产品都能赚钱。公司在“艰辛起步阶段”为龙腾的第二阶段即“规模扩张”阶段培育了人才队伍，也积攒了一笔资金，置下了一份家业。

来到新世纪，龙腾进入“规模扩张阶段”后，完成了轧钢车间的二次改造，船用热轧球扁钢已名声大震，产销两旺；耐磨钢球漂洋过海滚滚输往国际市场，轴承钢球得到了市场广泛的认可，龙腾的社会知名度也扩大了，这一切使龙腾人的士气大振。

2001 年 5 月，季丙元董事长准备上管桩端板这个项目，给嘉兴一家工学院蒋校长打电话，向他打听在这个行业，有没有认识的专业技术人员。蒋校长对他说，只认识一个在日本公司做进口设备材料的华人，叫王健，端板方面他有 30 多年的工作经验。

董事长决定通过王健去学习自动化生产线技术，由杨政与他联系，想到日本买一条全自动端板生产线，可他们只有半自动的。

买下了半自动端板生产设备，龙腾便建立了管桩附件厂，主产管桩端板法兰。可劳动生产率太低，全厂生产法兰的员工多达二百来人，可月产只有 1 000 多吨，最高也就 2 000 吨，成本高利润薄，差点得不偿失。

这可不是个问题。

季丙元想："凡是需要法兰的企业，都需要 PC 钢棒，既然如此，何不建几条 PC 钢棒生产线，在向客户供应法兰的同时，配套供应 PC 钢棒呢？"

2003 年春节过后，季丙元由本厂法兰销售员工顾东平陪同，去南通一家 PC 钢棒生产厂考察。

到那之后，对方没有让看看车间的意思，季丙元也不勉强，他只是在路过 PC 钢棒生产车间时，透过窗户朝里张望了会儿。

"外行看热闹，内行看门道。"杨政说，"老板一看，清楚了。人家三四个人管一条生产线，每月的产量一两千吨。而龙腾用近半数员工生产法兰也就这产量，比较而言，我们的劳动生产率实在是太低了。这一看，让董事长下了开发 PC 钢棒的决心。"

杨政说，在接下来的半年里，老板抽空走南闯北，一家家拜访了分布在本省和浙江、天津一带的管桩附件生产企业。实地考察让他看到了我国基础工程建设蓬勃发展的大好形势，看到了管桩附件法兰和 PC 钢棒广阔的市场前景。

但是上这个项目龙腾却没懂行的人，全厂员工和技术人员都没有接触过钢棒生产。然而，让人称奇的是，就是在这种情况下，经过季丙元一番运作，龙腾化腐朽为神奇，不但生产出了 PC 钢棒，还一路狂奔，用让人目不暇接的速度超越国内所有同行，仅仅 3 年后就一跃而成为中国最大的 PC 钢棒生产基地。

为撰写龙腾党建馆文案，我与陈国平总工程师等共过事，党建馆开馆后不久，陈工因年事已高回到老家上海。

我用电话或微信语音采访他。

"PC 钢棒是龙腾没有条件，创造条件也要上的成功范例。"陈工在电话的那头对我说，"当时，确实有点尴尬。厂里包括我，没有人接触过这个产品，对生产工艺、操作技术都一无所知。"

"但厂长看好这个项目，在一次干部会议上，向我们介绍了他在各地获得的信息和看到的景象。"

厂长的介绍让大家看到的盛况是：改革开放的祖国大干快上，如火如荼，到处有穿梭奔忙的水泥搅拌车，到处有挥动长臂的大吊车，到处都有柴油锤打桩机或液压打桩机高高的桩架。

季丙元董事长的介绍，让陈国平总工等都兴奋得跃跃欲试，一致支持开发 PC 钢棒。

PC钢棒是一种预应力钢材，具有高强度韧性、低松弛性、与混凝土握裹力强及良好的可焊接性、镦锻性等特点。PC钢棒广泛用于混凝土离心管桩、电杆、高架桥墩、铁路轨枕、摩天大楼等预应力构件中，还能节省大量原材料，Φ10.7 PC钢棒可代替Φ20热轧钢筋。

但这个产品曾是我国的空白。1989年，浙江几家小微企业首先从日本引进两三条生产线生产PC钢棒，其后渐渐在全国兴起。当时两家规模最大的PC钢棒生产厂都在江苏，一家在南通市，一家在扬中市。两家企业各拥有10条PC钢棒生产线，市场占有率很高，南通与常熟一江之隔，上溯150千米就是扬中。这无疑是龙腾开发同类产品的压力。

但季丙元从来只问市场在哪里？市场要什么？他欣赏"铁人"王进喜那种"有条件要上，没有条件创造条件也要上"的奋斗精神。事实是，"有条件"对龙腾来说往往只是一种奢望，从逆境中一路拼斗过来的季丙元从无依赖思想，更无惧缺这缺那的困难。

对季丙元来说，龙腾的钢铁事业就是要通过奋斗"从无到有"，"从有到优"，"从优到强"。

陈工说，无中生有真本事，优中生强见功力。就是在没人懂行"八字缺一撇"的情况下，龙腾开始上马PC钢棒这个项目。

2003年8月12日，季丙元董事长和陈国平总工程师专程去天津一家制造PC钢棒生产设备的企业，季丙元董事长当年上半年曾考察过这家企业。经过洽谈，以276万元的价格，与该厂签订了购买两条PC钢棒生产线的协议，交付日期为2004年2月。

因为无人懂行，两条PC钢棒生产线协议的签订，对龙腾来说是一个不小的压力和考验。

在经济依然很困难的情况下，"季丙元不惜重金订购这两条生产线，体现了他过人的胆识与魄力"，这是一些人事后的评价，当时可愁了。

要吃果子先栽果树，要赏鲜花先栽花树。把设备先买回来，为的是用"木已成舟"的既成事实倒逼龙腾开始"新的航程"。

以后来人的视角看，对于当年上还是不上PC钢棒这个项目，答案是肯定的，但在历史的现场，答案却远非那么显而易见。

因为，龙腾经不起任何失误，在错综复杂的局面和有众多投资项目可供选择的情况下，季丙元如何能从扑朔迷离、险象环生的市场上找到一条正确的路径？要做出多少攸关成败的抉择呢？踩错一步的后果对龙腾来说，不是前功尽弃可以重来，而是万劫不复的灭顶之灾，这绝非危言耸听，一些中小企业夭折的原因就是在于决策不当。

在坎坷长途上，在波涛激流里，季丙元要承受多少岁月的风霜雨雪、经历多少险象环生的起降沉浮，才能穿越全球钢铁市场鏖战的滚滚风烟显现出来的呢？

龙腾开发 PC 钢棒，比先行企业晚了 5 年，而在江苏境内，两家 PC 钢棒大厂都已成了气候，羸弱而又不懂行的龙腾，想要分一杯羹谈何容易。

怎样才能把一群门外汉培养成行家里手？如何确保设备的正常运转和产品的高质量？在先入为主的市场上，又如何去争取龙腾产品的一席之地？

有一大堆“怎么办”涌在季丙元面前。

“行成于思”，龙腾一步一步走向成功，是季丙元殚精竭虑，审慎、精准、科学决策的成功。

打动人心　一句话留下业内高人

“假舆马者，非利足也，而致千里；假舟楫者，非能水也，而绝江河”，靠别人所能做到的托举自己所做不到的，就好比借助车马远行，借助船只渡河。若能集天下英才而用之，则业无不专、事无不成。这方面，季董事长堪称帅才。

他想到，天津那家 PC 钢棒设备制造企业总经理王树义，他身边肯定有这方面的人才，王树义也有义务为客户提供技术指导。一天，王树义应邀来到常熟龙腾。

季丙元请王树义为龙腾推荐一位专业人士，做 PC 钢棒的技术指导。

“这有哇！”王树义说，“他叫洪佩勤，是这方面的专业技术人才，理论、实践都行，什么设备安装、生产工艺、操作程序、维修保养、质量把控等全能。江浙一带的 PC 钢棒厂都是在他指导下开出来的。在全国各地他指导过的 PC 钢棒厂少说也有五六十家了。”

这正是龙腾迫切需要的人才。

季丙元问：“洪佩勤大概什么时候能来？我想先跟他谈谈。”

“回头我跟他联系一下。”王树义说。

“我有几百名员工，你要帮帮我。”

多少年过去了，洪佩勤一直记得老板当年对他说的这句话，正是这句打动他的话，让他留在了龙腾。

洪佩勤说："2003 年 10 月 11 日那天我来到龙腾，本打算只干 3 个月。在龙腾我与季老板做了一席交谈，老板对员工的仁义之心让我感动。他对我说'洪工啊，这个厂不是我一个人的，是几百名员工的，大家都指着这个厂过日子，我只有千方百计地把事情弄好，才对得起我的员工。你有这么好的技术，我有好几百名员工，你要帮帮我'。季老板的真诚和他对员工的这份情意，是我之前从来没有遇到过的。现在遇到这么好的人，我不能不帮。于是，我与龙腾签了 1 年的合同。工资待遇他也都说得明明白白。"

说实在的，我也被这句话感动，这就是赤子之心啊！

我问他后来干了多久，他说："可干了一年后，老板对我说'以后不用签合同了，你就在我这儿干，干到干不动为止吧'！那就干吧！2004 年 10 月，季老板把我纳入公司干部序列。"

沉思间，我递给他一支烟，他深深地吸了一口接着说："你刚才问，龙腾留给我最深的印象是什么？是季老板！除了才华出众，他为人真诚善良、谦逊低调，做事果断，办事能抓住关键，遇事能拿出好主意，最难得的是他对工人对工厂充满感情和责任感，我就觉得他一定会让企业走向成功。"

说到"成功"，我想，成功者与失败者的区别，就在于成功者的坚持，有的是坚持了一年数年，有的是坚持了数月数天，有的就仅仅坚持了最后的几分钟。但成功没有起点，成功的奖赏永远在终点，而人每天进步一点儿并不太难，"日新者日进也。不日新者必日退，未有不进而不退者"。

季丙元无疑是成功的，他成功的奥秘就是"分享"，与员工、与客户、与参与合作的专业技术人士共享"成功"的果实。这样，同样善良的人会想到，"龙腾成功就是我们的成功"。

洪佩勤还告诉我："老板大到企业的宏观决策，小到一个螺丝钉的选择，都很认真。他每天一早上班后就直接到各个车间看一看，每天必到，如果上午有事，下午肯定要来。厂长办公室他可以不去，车间是非去不可的。老板以身作则，如今这已经成为分公司、分厂主要领导都有的好习惯。"

洪佩勤提到一件让他"很难忘的事"："一次老板在全体员工大会上提到 PC 钢棒时说，'我选准了一个项目，选对了一家合作企业，特别是选对了洪工，他又懂技术，又会管理，生产销售直线上升'。老板对我这么信任，让我感到特别有面子。”

我是在锻件分公司总经理杨政的四楼办公室采访洪佩勤的。窗外，阳光灿烂，浓荫遮天蔽日，如诗如画的龙腾生态园林与办公大楼一路之隔，矗立在园林中心部位的党建馆、会议中心和体育中心清晰可见，园林深处的翔云阁从树丛中露出一个尖顶，围绕翔云阁四周的有高枝月季等花卉。在杨政办公室的左右和后方，是几座面积均在10万平方米以上的崭新厂房。它们属于新建的焊材分公司和汽车锻件分公司。

五年前来过龙腾的洪佩勤看着窗外说：“短短五年，又发生这么大的变化，老板真的了不起！”

2003年洪佩勤到龙腾的第二个月，就被提拔为PC钢棒分厂厂长。季丙元要求他从质量、产量上“赶超南通”。老板说：“做任何产品，都要力求做到最大最强，价格要力争做到最低。想方设法压降成本，减少消耗，省出来的钱让利客户，赢得市场。”

洪厂长告诉我：正因为这样，龙腾生产的PC钢棒在市场上十分畅销，2004年PC钢棒分厂才几十个人，但到年底，只用7个多月，就生产了2万多吨PC钢棒，实现了老板关于每月生产3 000吨的目标，完成销售额1 887万元。第二年，龙腾打响了“百日工程”会战，拥有16条生产线的龙腾实现销售额2.11亿元，同比增加10多倍。

2009年7月，洪佩勤因为家有要事不得已回到天津，但他与许多曾在龙腾工作过的工程技术人员一样，始终牵挂着龙腾。

天遂人愿　一举通过国家质检

洪佩勤厂长对他在龙腾的6年里发生的一些重要事件记忆犹新。

建分厂、造厂房、买设备、招员工和人事安排，开工前的各项准备工作进展非常顺利。2003年10月，PC钢棒分厂成立后，即动工建造PC钢棒厂车间厂房，厂房面积为1 200平方米，可安放两条生产线，一所不到10平方米的小会议室被改造成PC钢棒分厂厂长室。

PC钢棒分厂的建立，完善了滚动体分公司的产业链，优化了产业结构，使龙腾有了与法兰配套的产品。PC钢棒分厂第一任厂长是陈国平，一个月后，陈国平任龙腾总工办主任，洪佩勤接位担任厂长。

到2004年2月，龙腾就完成了厂房建设、设备安装、人员招聘、安全生产制度和工艺质量制度的制定。其间还完成了生产线的地基铺设准备和供电设备的安装。洪佩勤厂长到任后，对员工悉心传帮带，开展PC钢棒技术培训。

2003年12月2日，龙腾向天津方面订购的两条PC钢棒生产线设备提前运抵龙腾，12月4日，为两条生产线定制的电器设备也到位。

PC钢棒分厂员工都笑逐颜开，工人们围着设备，在洪佩勤厂长指挥下，拆包装的拆包装，编号的编号，很快就进入设备安装阶段。在设备安装的那些日子里，季丙元坐镇现场，既当指挥员又当指战员，常干到半夜，年过花甲的总工陈国平每天早出晚归。分厂厂长洪佩勤指挥若定，安装工作有条不紊，那些经他培训早已"满师"的员工个个都是他的好帮手。

2004年3月3日，是让人既激动又紧张的一天，季丙元决定就在那天进行设备试运转。

天遂人愿，一切正常。

2004年3月4日，龙腾生产的第一盘PC钢棒问世。自查质量，符合国家标准。

2004年3月4日，是一个值得龙腾人永远铭记的日子，龙特牌PC钢棒日后的辉煌与荣耀，诸如中国钢铁行业全国"单打冠军"，江苏省高新技术产品，全国最大的PC钢棒生产基地等，都源自那一天。

2004年4月下旬，两条生产线进入正常生产阶段，由于质量上乘，产品在市场上渐成气候。

季丙元董事长下达的指标是月产3 000吨。

PC钢棒的质量事关建筑安全，国家对这一类产品有极其严格的质量管控标准，龙腾生产的第一盘PC钢棒经过自检合格，这对忙碌了好一阵的龙腾人来说确实是个安慰，但一个产品要走向市场，质量合不合格生产方说了不算。为杜绝"问题钢棒"流入市场，我国实行预应力混凝土管桩用钢棒产品"许可证"制度，只有通过国家认证机构的质量检验，才能获得进入市场的许可。国家还规定，持有"许可证"的企业在销售产品时还必须向客户出具"产品质量保证书"和"产品许可证的复印件"。

"今天的质量，明天的市场。""不做则已，要做就要做到最好。"开发任何产品，都以"质量最好"作为龙腾的硬指标，这是季丙元厂长耳提面命经常强调的几句话。在PC钢棒开发之初，他就反复要求洪佩勤厂长用精益求精的工匠精神把好各道程序的质量关，用“无可挑剔”的高质量产品让“跑销售”的同事充满底气。他还要求PC钢棒分厂建立质量管理和质量检验制度，不断提高员工应知应会与实操技术水平，确保工厂自有的质量检测设备“微机控制拉伸应力松弛试验机SXW－300”保持最佳状态，从源头上为产品质量提供可靠保障。

洪佩勤分厂长还在生产现场张贴宣传质量和安全生产的标语、横幅，创造了良好的氛围。

自第一盘钢棒问世之后，产品质量一直非常稳定，季丙元认为本厂生产的PC钢棒接受国家级质量检验的条件已经成熟。

2004年6月15日，他在厂务会上说：“经过几个月的努力，钢棒生产质量稳定，产品在市场上也初步打开了局面。但对产品质量，光自己认可还不算，现在我们必须要硬碰硬地接受中国建筑材料研究院的质量检验，请陈工和洪厂长到北京跑一趟。”

不日，陈国平总工程师和洪佩勤厂长按检验规定带着30根三种规格的钢棒样品，驱车去北京中国建筑材料研究院送检。

7月底，季丙元董事长就得到了来自北京的消息：龙腾送检的三种不同规格的PC钢棒符合国家规定的产品质量标准，已全部通过中国建筑材料研究院的质量检验。

当年10月，龙腾获得了国家质检部门颁发的生产许可证。

但是在2017年下半年，PC钢棒在质量上出过一次意外，一批钢棒外形有细裂纹，出现脆断事故。季丙元立刻组织技术团队攻关，并两次带领杨政等分公司领导去国外学习考察，多次下车间对原材料、机械除锈、拉拔刻痕、淬火、冷却、回火、冷却等生产环节进行“全面体检”，夜以继日地查了两天，终于找出了导致钢棒脆断的原因：冷却水渠混浊，水温偏高。找到原因，靶向整改，问题迎刃而解，从此产品质量一直处在稳定的状态，直到如今。

就是凭这种对产品质量一丝不苟的高度负责精神，使龙腾这个过去从未接触过PC钢棒的企业，竟很快成为主导修订行业国标的企业。

好钻研的龙腾人坚持原创性科技创新，迄今已获得了30多项涉及PC钢棒的专利。其中，发明专利“一种预应力混凝土钢棒的热处理方法”，使产品质量的稳定性、一致性有了可靠保障。

发明专利“一种不易脆断的预应力混凝土钢棒用钢及其生产方法”的实施，填补了国内30MnSiL这个钢种的空白，基本解决了钢棒脆断这个“卡脖子”的关键技术难题。龙特 PC 钢棒迅速替代了日本产品在国内的市场份额，在获得到日本 JIS 的产品认证后，龙特 PC 钢棒大量出口日本。

豁出去了　五年五次疯狂的“百日工程”

杨政连续三四天没回家了，一天下午，他母亲带了些替换衣裳和食物来到龙腾，脸上身上油渍铁锈斑驳的杨政得到通知就从车间里出来了。做妈的没想到儿子身上的衣裳这么脏，怔怔地看了杨政一眼问道：“你怎么弄成这样？”

“都一样妈妈。”杨政说。

杨妈妈往车间里一看，发现在里面的工人个个都灰头土脸身上脏兮兮的，确实“都一样”。

妈妈递给他一些替换衣服和他爱吃的一饭盒荤菜。

杨政接过来对妈妈说：“谢谢妈妈，我进去了呀！”说完就要回车间。

妈妈说：“你忙也要当心身体啊！这个礼拜天阿有空回家呀？”

“我看情况吧，争取回家。”杨政对妈妈说。突然大概是觉得一扭头就走不对，他又回过去把妈妈送到厂门口。

妈妈走了，看着妈妈的背影，杨政突然觉得人到中年的妈妈过得很辛苦，他想：“为了妈妈，我要好好干，多挣点钱给妈妈。”

拼命三郎似的杨政凭他的勤奋和聪明伶俐，被提拔为 PC 钢棒分厂的办公室主任，只是他的“办公室”依然是车间。

朱建东是 PC 钢棒分厂的电工，得了急性胆囊炎，到市里医院开了刀。出院回家才第三天，刀疤还在隐隐作痛，一天下午他正躺床上哼哼唧唧，听到门外传来的汽车引擎声——杨政开着辆面包车来到他家，一进门就“老朱老朱”咋咋呼呼地喊人。

原来，厂里一条 PC 钢棒生产线电器出故障了。洪佩勤厂长不得已让杨政去接朱建东过来修，他是分厂的“活电路图”呀！

“那快走呀！”朱建东听说一条线停了下来，也急了。

杨政把他从床上扶起来，朱建东捂着肚子上了车，留下他正在做饭的老婆一个人嘀嘀咕咕不知说些什么。

这是龙腾 PC 钢棒分厂“百日工程”会战中的两个小故事。

2005 年，因排队等货的客户越来越多，季丙元在 PC 钢棒分厂发起了“百日工程”会战行动。集中力量，要在当年10月之后的百日之内增开一批PC钢棒生产线。之后从2005年到2010年，PC钢棒分厂共开展了6次“百日工程”会战行动，其中在2009年的百日会战行动中新增10条PC钢棒生产线，到2010年达到32条。

龙腾人干起活儿来的激情比炉火更旺，为了满足客户不断增长的需求，“快生产、快销售”就是他们的目标。

参加百日工程的员工大多是二三十岁的年轻工人，他们在洪厂长的带领下，每天一早上班，直要干到夜里十一二点，下了班擦把脸还要到食堂让师傅开个小灶喝一盅，吃饱喝足后洗澡，洗完澡也不回家，就在浴室里横七竖八睡一觉再干。

“百日工程会战”期间，洪佩勤还曾带领员工只用短短两个多月，就创造了从厂房建设到4条生产线成功运转的奇迹。

他还告诉我，2009年一下就新增十条PC钢棒生产线，速度快得让PC钢棒设备供货方跟不上龙腾的节奏。

PC钢棒分公司有几个值得记载的关键事件：2008年，PC钢棒的销量首次达到全国第一。2014年，龙腾实现了季丙元董事长建70条PC钢棒生产线的目标。从提出目标到达到目标的10年间，PC钢棒生产线增加了35倍，最大年产能力达到160万吨。

最多的一年，龙腾PC钢棒分公司实现了近40亿元的销售额。

曾经，人们印象中的钢厂，目之所视，到处锈迹斑斑；耳之所闻，都是震荡的噪声。最不堪的还有弥漫在车间里的油烟气，经过车间门口的人会感到从里面涌出来的热浪。在“百日工程”会战行动中，季丙元把治理车间烟尘列入工程项目之一，收到了显著效果。

后来PC钢棒分公司采取一系列防尘措施，大力推广6S管理法，情况有了好转。到2014年，季丙元下决心淘汰了所有老设备，全部用上了世界最先进的智能化钢棒生产线。此外，还有了国内第一条具有自动除尘功能的PC钢棒生产线，国内首条具有自动除烟气系统的PC钢棒生产线，国内第一个PC钢棒的智能发货系统。彻底改善PC钢棒生产车间的环境状况。

这一切，让我从中看到了季丙元决策的“准”字。

如今的龙腾是中国最大的PC钢棒生产基地，产品以遥遥领先的市场占有率，成为龙腾第一个拥有行业销售冠军称号的核心产品。仅用3年，产品就打进上海、北京等地国家工程，继而成为全国无数重大建筑工程的首选，并漂洋过海销往日韩及东南亚诸国，这不能不说是一个奇迹。

如果要用一个字来概括 PC 钢棒成功的要诀，这个字就是“准”。

季丙元董事长的“准”体现在这样几个方面：

一是看准了市场。这前景包括社会发展大势、市场需求大势。“多什么减什么，缺什么补什么”，这就是市场的自我调节功能。小企业在夹缝里生存，必须准确定位、定向，看准并组织生产那些用户最多，并有不断需求的产品。

二是抓准了时机。时机是具有时间性的客观条件，机遇是可遇不可求的“偶遇”，稍纵即逝的机遇会在你犹豫不决的瞬间消失，固有“机不可失，时不再来”的提醒，抓住它，命运往往就能随之改变。

三是选准了项目。“选择比努力更重要”，市场上可供选择的项目无数，选准了腾飞，选错了坠落。以市场的需求和龙腾的实力，季丙元对 PC 钢棒这个项目选得堪称精准。

四是用准了人才。人是生产力的第一要素，“治本在得人”，用准了人就能从根本上解决问题。“未有官得其人而国家不治者也”，同理，“未有事得其人而企业不治者也”，用准了人却做不好事的情况是不会有的，起码极其罕见。

总之，看得准，才做得对。

应对难题　从弹簧扁钢到船用钢的跨越

有人说，聪明与智慧的区别是聪明的人看得见别人能看见的，智慧的人看得见别人看不见的。

季丙元董事长的睿智之处在于他能见人之所未见。

1994 年下半年开始生产的汽车弹簧扁钢很快就为龙腾打开局面，产品一经走向市场即顾客盈门，供不应求。这样的销售形势令同行眼红，江阴、石家庄、青岛等地十多家钢铁企业陆续前往龙腾“取经学习”。

2000 年之后，一些钢铁同行相继开始生产弹簧扁钢，靠弹簧扁钢起色的龙腾特钢产品销量出现下滑的趋势，一些老客户也支支吾吾地削减了进货量。

一些同行热铸热轧工艺的问世，又把龙腾逼到了墙角，眼瞅着这个产品又要“死了”，员工不免沮丧。为之付出无数心血的季丙元也十分苦恼。

经历过太多的变故，在一个接一个“怎么办”的大问号里煎熬、挣扎、打拼和成长的季丙元，对“市场无常”有了十分清醒的认识。有鉴于此，即使在企业最兴旺的时候，他也不会忘乎所以，总是为预防不测做好了准备。他每逢大事有静气，在问题面前处变不惊，而忧患意识也让他具备了“丰年要备荒年粮”的远见。有备无患，他持有备案并为开发新品时刻准备着，这就是他成竹在胸的底气。

争夺弹簧扁钢市场的企业有的拥有高炉自产坯料，产品价位较低。有的技术工艺先进，热铸热轧，这两点都盖过了龙腾特钢。龙腾若维持原价，市场不接受，同价位销售则大亏。

两难之间，季丙元决定转产，受限于资金的束缚，他无法让自己的备选方案都付诸实施，他要从数个预案里选择成功概率最大的项目立项生产，当弹簧扁钢面临失去市场且反弹无望时，他果断转舵。于是，热轧船用型钢成为他的首选。

“做企业，绝不能吊死在一棵树上。”季丙元说，“市场很大，东方不亮西方亮，黑了南方有北方，但前提是你要有后续发展的备胎和能力。”

在创业的过程中，他经历了一次次重大的危机，做出过一个个生死攸关的抉择，他用他博大的视野瞭望、审视着整个市场。

弹簧扁钢面临的问题使他意识到，在强手林立的中国钢铁行业，龙腾的目标产品必须具有“市场所需，与众不同”的特征。

他开发了汽车挡圈钢、高速公路用橡胶接缝钢等产品，开发过铸造法兰，但是都失败了，这些项目也都耗费了他无数心血。夜阑人静之时，他默默地流过泪，苦思冥想之时也曾长吁短叹过，但他相信“失之东隅，收之桑榆”这个道理。在一处失败了，必有胜利在另一处等待你的到来，只要你不退缩、不放弃希望，勇于有梦，敢于逐梦，勤于圆梦，就一定能成功。

于是，每当第二天的太阳升起，他又斗志昂扬地去迎战新的一天。

2006年，季丙元决定开发热轧球扁钢。

没有技术人才怎么办？在全国范围内广揽人才；

没有市场怎么办？到处开发，找准市场定位；

没有钢坯怎么办？去河北唐山开发；

没有资金购买设备怎么办？用龙腾弹簧扁钢的应收款到郑州等几个公司换轧机；

电力不够怎么办？法兰和PC钢棒的投产，变电所已达最大容量，为开发热轧球扁钢，季丙元去供电局申请搭建第二座10千伏变电所，申请的1万伏专线供船用钢专用。

提到用电，季丙元说："2001年，我们开发铸造法兰，2002年又开发PC钢棒，有大量用电的需求，我们去供电局申请了3.5万千伏电，投资700万元。3.5万伏与1万伏的电价每度可省1.5分钱，用这省下来的钱正好付银行利息。银行出钱，国家出电，龙腾用电，这样处理，龙腾一度又红红火火了好几年。"

2007年8月，龙腾上马850轧钢生产线和电炉炼钢项目，第二年两个项目全部投产，热轧球扁钢和其他船用钢分别获得了江苏名牌产品称号。企业实现销售收入41亿元，为国家创利2.8亿元。船用热轧球扁钢尤其受到了市场的欢迎。

船用热轧球扁钢是热轧球扁钢系列之一，其状如放大了若干倍的汽车弹簧扁钢板，只是弧度很大。热轧球扁钢在造船行业又叫"龙骨钢"，在船上的结构就像鲸鱼肋骨，用以支撑船的壳板，用龙腾师傅的说法，就像是人的"肋膀骨"。造船行业、海洋工程装备行业都要用它做扶强、支撑、防挠材料，增强船体结构。随着国内外造船工业的繁荣，市场对船用热轧球扁钢的需求不断增加。

在水运依赖借船租船的时代，我国在年钢产总量达到亿吨级别时，热轧球扁钢也仅有区区120万吨，所占比例微乎其微。因此，这种产品不受绝大多数钢厂待见。"造船不如借船，借船不如租船"的做法滞后了我国造船工业的发展，但说到底，是由于钢产量太低，彼时这样做不无道理。

一切以时间、地点和条件为转移。

随着我国经济的迅猛发展和国力的增强，造船工业所依赖的钢铁生产蒸蒸日上，在长江沿线和沿海城市，造船行业发展迅速，市场对船用型钢的需求量将越来越大。但国内生产船用型钢的钢铁企业相当少，如苏南地区直到20世纪初，也仅无锡、常州有两三家小规模的船用钢生产厂，但生意却特别好，有家工厂每天只开一个白班，产品也仅有一些小规格的热轧球扁钢。即便如此，那家热轧球扁钢生产厂的日子却过得非常滋润，产品有多少卖多少。

季丙元董事长敏锐地预见到，国际海运和内河物流都将快速发展，水运的比重将会大规模增加，这必将推动造船工业的大发展，市场对船用钢的需求会随之激增。

难能可贵的是，搏击在时代的大市场上，季丙元拥有这样的战略预见性，他看到了一个时代赐予的绝佳机遇，他要抓住这个机遇，把企业推上一个新台阶。

独领风骚　实现船用型钢全覆盖

季丙元善于以独到的眼光见人之所未见。事实上，许多被忽视的、不为人注目的缺项，恰恰具有潜在的大市场，对一个企业来说，缺少的不是市场，而是发现。

龙腾总工程师陈国平说："季厂长的眼光比别人看得远、看得清，往往别人还没有想到，他就看准了某种产品并及时开发出来，等人家回过神来，龙腾已跑得很远，要追上就难了。"

这位年长季丙元20多岁的总工很敬佩他的年轻上司，季丙元厂长清晰的思路、说干就干的作风和他的远见卓识在陈国平看来就是龙腾的希望所在。他相信有这样的领导，即使道路是曲折的，然而成功是必然的。他说："我在龙腾，从季厂长身上看到了企业的前程，也感受到了他带领大家共同致富的强烈愿望。"

在采访过程中，我常常被季丙元与部下和员工间的温情小故事感动。他总是设身处地地为干部员工着想，为他们解决实际工作和生活上的困难，他说："龙腾的文化包含帮助所有需要帮助的员工。"

他的真情、他的豪爽形成了他独有的人格魅力和感召力，他的情怀和品格，成为龙腾的向心力，使龙腾即使在最为艰苦的岁月里也照样聚拢了一批同甘共苦、不离不弃、忠诚于企业的员工和工程技术人员。全厂上下都能以患难与共的情义和龙腾融为一体，工作中从不计较工作时间，也从不计较收入高低，只图把龙腾做大做强。

船用热轧球扁钢规格多、批量小、产量低，而为了达到规格齐全，轧机和轧辊的投入很大，操作中需要频繁更换轧辊。热轧球扁钢由球头和腹板两部分构成，由于有形状不规则、截面形状不对称的特点，生产过程中孔形容易变形，还存在轧件在冷却过程中侧弯扭曲等问题。这些都是让大钢厂不屑生产，让小厂望而生畏不去涉足的原因。

热轧球扁钢的材质是特种钢，主要产品包括船体用结构钢、船用低温韧性钢、海洋工程用钢、桥梁用结构钢等。这些钢种都是合金钢或低合金钢，绝大部分都是在低温的环境下工作的，龙腾生产的这些产品，目前最低工作温度为零下110摄氏度，明显低于北极的零下70摄氏度和南极零下89.2摄氏度的极端低温，适应性很强。

为保证船用钢的产品质量，季丙元说："哪怕只有绿豆大的问题，我们也要当天大的事情去抓。"在船用钢的生产过程中，他先后指挥攻克了几十种不同规格的热轧球扁钢质量难题，摸索出从钢坯—加热—对称轧制—矫直—剖分等一整套新工艺，为产品走向国内、国际两个市场，提供了可靠的质量保证。

不断提高的产品质量，使热轧球扁钢的成材率从最初的90%提高到后来的95%，这是目前国内热轧球扁钢生产所能达到的最佳成绩，在国际同行中也处于领先地位。

2005年，龙腾为轧中型规格的热轧球扁钢，新建的Φ580有4台设备轧钢车间，2008年，为轧制大型热轧球扁钢又建成的Φ850轧钢车间有3台设备。从此，能够顺利轧制小、中、大型号的各类热轧球扁钢和客户定制的其他热轧球扁钢产品。权威部门统计，目前我国年需热轧球扁钢总量为200万吨左右，龙腾的产销量达到120万吨，占全国总产量的60%，过硬的产品质量之外，就是龙腾特钢船用钢产品规格齐全，应有尽有，季丙元说："没有个300多种，就算不上热轧球扁钢生产厂。轧钢分公司一位领导告诉我，现在他们生产的热轧球扁钢规格多达上千种，能满足造船厂任何特殊规格的需求。是啊！没这个量怎么会有'中国船用钢超市'的美称呢？"

接受采访的轧钢分公司总经理周军介绍说，多年来，龙腾轧钢分公司实现了船用型钢规格全覆盖，产品可以满足海洋平台、散货船、半潜船、深潜船、化学品船、集装箱船和混装船等船只的需要，所生产的热轧球扁钢、L型钢及船用角钢规格齐全，材质等级都属最好的A级。

龙腾对船用型钢实行超市化经营，各类船用型钢的库存常年维持在6万吨以上，基本能做到用户随要随发。由于缩短了交货期，加快了造船厂的造船进度，龙腾的船用型钢也由此受到了广泛欢迎。到2023年，龙腾船用型钢的市场占有率已连续15年保持在60%以上。

如今，在船舶运输领域，航行在世界大洋上的许多超大型集装箱、矿砂运输船和邮轮上所用的热轧球扁钢都来自龙腾特钢。

一度各地船厂的订单纷飞，数量之多出人意外，龙腾为之应接不暇。

目睹船用钢的销售盛况，让当时在轧钢分厂借用车间的耐磨钢球分公司老总陆二平直呼"想不到"。

提到船用钢销售的盛况时他说："那时，我们耐磨钢球分厂厂房还在建设中，公司让轧钢车间挤块地方做耐磨钢球分厂生产车间。我们在那安装了两台耐磨钢球生产设备，以维持生产，撑住门面。哪知道轧钢分厂的业务一下就火了起来，求购船用热轧球扁钢的客户源源不断。他们带着钱，排着队，说厂里在‘等米下锅’，拿不到货就赖在龙腾不走。这状况，站在公司角度我开心，站在我们分厂的角度我羡慕妒忌恨加愁，我们的局面还没有打开，有点萧条。”

陆二平苦笑着说：“老板看到我就骂，说我‘像个铁拐李’，动作太慢。一个劲地催我‘快搬家’，把地方腾出来给轧钢分厂。把我急得团团转。当时我们耐磨钢球分厂厂房基建已经完成，正在浇水泥地安装设备，我组织员工日日夜夜地赶工，好不容易在 1997 年国庆之后搬到了现在的厂房里。”

说完，陆二平摇摇头笑了笑对我说：“真被老板骂得不轻。我们离开后没几天，急不可耐的轧钢方面就完成了两条新轧机生产线的安装，这么快的速度，肯定也是被老板逼出来的。这之后，船用钢的供需矛盾得到了缓解。”

龙腾生产的热轧球扁钢等船用钢以世界一流的产品质量和供货准时等优质服务受到国内外市场的欢迎。

如今，船用钢与耐磨钢球、PC 钢棒已成为龙腾的三大核心产品。3 个产品在全行业中的市场占有率、质量满意率、购买首选率、品牌综合竞争力等方面都是佼佼者。3 个全国行业冠军产品形成支撑龙腾的铁三角，为企业的稳固发展奠定了强有力的基础。龙腾特钢在为钢铁强国做出巨大贡献的同时，其自身也犹如一艘鼓足风帆的巨轮乘风破浪，不断驶向新的目标。

热轧球扁钢的问世，让我想到商界自古就有的名言，即“人弃我取，人取我予”。

季丙元董事长从“让出”螺纹钢，选择鲜有人问津的弹簧扁钢，又从“让出”汽车弹簧扁钢，选择被人忽视的船用钢等，这也是一个企业家对市场“缺什么补什么，多什么减什么”的经营智慧。

从船用钢的开发生产，不难看出季丙元的行事风格，那就是雷厉风行，用一个字来概括就是“快”。

所谓“快”，是说在精准决策基础上的果断行动，对看准了的事，季丙元不但从不优柔寡断，走一步，看三步。事实上，在汽车弹簧扁钢出现销售危机之前，他就已有了包括针织横机面板和船用钢板等在内的备案。正因为这样，当危机来临时，他没有措手不及，而是快速调整产品结构，把企业引向新的发展之路。

都说市场如战场，既如此，兵贵神速，雷厉风行，“快”和“果断”就是企业家应有的风格。

源远流长的中国冶金术

冶炼术在中华民族源远流长，陶瓷之外，早在世界混沌初开时的三四千年前，冶炼当数我国当时最早的制造业，当时就在世界上独领风骚。

考古界以“两把剑”和“一口锅”佐证了源远流长的中国冶炼史。

第一把剑，即越王勾践的剑。1965 年 12 月 27 日，时任湖北省博物馆馆长谭维四等考古学家在湖北江陵望山的一号楚国贵族墓里，发现了一柄保存良好的青铜剑。他小心翼翼地将剑带到工作站，拔出剑后，那耀眼的锋芒和逼人的寒气让所有人都发出了惊叹。谭维四还拿出一叠纸，用剑轻轻划过就划破了 26 张纸，对此，央视科教片《古剑》里有记录。

后证实，这就是越王勾践的剑。古人常用“削铁如泥”来形容兵器的锋利，谭维四认为越王勾践的剑就是这样一把神剑。

2 500 多年前工匠的制剑技术令人叹为观止，堪称鬼斧神工。

第二把剑，即兵马俑中的秦剑。1974 年，考古学家在秦始皇二号兵马俑中发现一批青铜剑，其中有一把剑被倾倒的陶俑压弯，可当工作人员搬开陶俑后，这把“具有记忆”、被压千年以上的秦剑，很快就挺得笔直，且依旧无比锋利，跟新剑没有区别。

复旦大学曾对这把秦剑进行金属成分检测，发现在这把剑上，有一种叫作“铬”的物质，是铬让剑保持了良好的韧性。可铬涂技术是 20 世纪 90 年代才出现的现代技术，竟然早在 2 000 多年前的中国就已被用在铸剑工艺之中，这让世界同行不可思议，甚至有了一种“外星人制造”说。

这是古代冶炼术在军事上的贡献。

“一口锅”即“苏州铁锅”。这口锅以它数千年漫长的铸造史诉说了古老中华精湛的冶炼术与民生的关联。

民以食为天，食以锅为器。人类自吃熟食以来，除了烧烤，一日三餐必用锅。

对于锅，苏州人最难忘的是“苏锅”。20 世纪六七十年代，苏州、常熟农村人家和一些城里人家都有土灶。灶上并排安放着两到三口带边铁锅和汤罐。

有时，主妇会用米、咸肉、青菜在苏锅里煮一锅咸肉菜饭，煮熟后一揭锅盖，满屋喷香。一家人围着桌子狼吞虎咽，眨眼之间就把一锅咸肉菜饭吃得精光。直到如今，苏州各地的人提到煮饭炒菜，常说的一句话就是“用铁锅烧特别香”。

“苏锅”铁质纯净，不裂不炸，光滑白亮，轻薄均匀，经久耐用，式样美观，既省柴草又环保，轻轻敲击还会发出清脆悦耳的响声，这些都归功于精湛的冶炼工艺。

资料显示，早在距今 3 000 多年前的殷商时代，苏州一带就有先人冶铁炼锅。北宋元祐七年(1092)浙江省温州雁荡山能仁寺内那口直径 2.4 米，高 1.55 米，重 13 500 公斤的大锅就是“苏州制造”。宋代，在苏州娄关冶铁作坊生产铁锅的一直是江氏人家。专家认为，以冶铸铁锅而名闻天下的苏州江氏冶坊，是我国冶铁历史最悠久的作坊。

当今的苏州冶炼，已远非铜剑、苏锅时代可同日而语，可谁能说其中没有“苏锅冶坊”、秦剑、勾践剑某种一脉相承的基因传承呢？

怀着“实业兴国、钢铁强国”的志向，季丙元为“不忘过去的苦难辉煌、无愧今天的使命担当、不负明天的伟大梦想”，带领全体龙腾人在铁流滚滚的中国钢铁行业不懈奋斗，异军突起。形成了以耐磨钢球、船用热轧球扁钢和 PC 钢棒三足鼎立、坚不可摧的“铁三角”，牢固地支撑着龙腾在钢铁市场上的地位。

以 2011 年炼铁分公司的诞生为标志，龙腾特钢从一个钢铁加工企业发展成为集钢铁生产与金属深加工全产业链于一体的钢铁联合企业。

龙腾的历程，是我国钢铁产业在党和政府的坚强领导下，创造了世界钢铁发展奇迹之一。

难忘一刻　乐见钢包第一吊

大项目支撑大产业，大产业带动大发展。一个钢铁公司不能没有炼铁厂，不能没有高炉。巍峨的高炉是龙腾屹立在世界钢铁企业之林的标志，滚滚铁流是龙腾人奔涌在新时代的澎湃激情。

2011 年 3 月 17 日，艳阳高照，暖洋洋的。巍峨的高炉下，吕纪永、徐利等龙腾高管和一群建设者都静静地守候在高炉外，激动地等待一个历史性的时刻到来——龙腾自己的第一炉钢。

这一天距举行龙腾厂房奠基仪式的那天，过去了 6 590 天。经历了漫长的岁月，龙腾来到发展史上的重要拐点，以耸立的高炉为标志，龙腾实现了一个钢铁企业质的变迁。炼铁分公司的上马，是前后龙腾的分水岭。

当第一个满装铁水的钢包倾向转炉，车间一角被映得红彤彤的时候，当龙腾的第一块钢锭问世的时候，现场是龙腾人的欢呼赞叹声，是龙腾高管如愿以偿的舒心微笑。

戴着红色头盔、全程参与炼铁分公司建设的徐利时年 26 岁，那天的他脸上一直漾着灿烂的笑容，在满载铁水缓缓移动的钢包和打开炉门的转炉前，面向众人跷起了大拇指。

“咔嚓咔嚓”，一个青春时代活力四射的容颜和就在他背后腾焰飞芒的钢包、开着炉门的转炉首次映红车间的那一瞬，被相机定格在百年龙腾的这个重大的历史转折点上。

另一边，公司副总经理、炼铁分公司总经理、高炉建设工程总指挥吕纪永目光炯炯，专注地盯着眼前正在运作的所有设备，神情肃穆、庄重又略显局促，那是重大工程接近成功时常有的紧张期待。

“舟大者任重，马骏者远驰。”为了龙腾，他背井离乡，带着季丙元董事长的重托，肩负着全体龙腾人的希望，在建设炼铁分公司的 700 多个日日夜夜里，他焚膏继晷地熬到开炉。此刻，他只为第一炉钢水的顺利出炉而祷祝。

那天，虽然季丙元董事长有要事在外，但最激动的就是他。

18 年来，季丙元历尽磨难带着龙腾人披荆斩棘开辟市场，做出了一个个生死攸关的抉择，经历了一次次重大的危机，带着龙腾在生死线上挣扎着前进，其中有 6 次重大危机，只要他思想上稍有松懈，就是龙腾的万劫不复。这让我常常想到梅李老镇长周浩忠说过的一句话：“龙腾是丙元硬拼出来的。”

愚者等待机会，智者抓住机会，成功的人则创造机会。

总是向前看的季丙元没空忧愁，也没空怀旧，但往事并不如烟，偶一回眸，他会深深地感到，这一路有太多的往事不堪回首，有太多的背影值得留恋，有太多的场景难以忘怀，也有太多的经历值得回味。当年的奠基仪式，还有那之后让他悲恸欣喜、心酸甜蜜、遗憾惊喜等种种场景和冷暖自知的心灵感受，都映着 2011 年 3 月 17 日熊熊的炉火、沸腾的铁水，在他的眼前闪回。

是啊！也只有在汗水和着泪水流淌的地方，才能不断催生繁荣的果实。

风云际会 酝酿龙腾的点睛之笔

从通港高架上往梅李经济开发区域眺望，最醒目的就是两座高炉烟囱，它们高高耸立在一片钢厂厂房之上，犹鹤立鸡群、木秀于林，这是钢铁联合公司的标志性建筑。龙腾特钢炼铁分公司及高炉项目的建设，要从 2008 年季丙元董事长的一次无锡之行说起。

船用钢投入生产后，龙腾面临的一个问题就是热轧球扁钢的规格品种繁多。季丙元说："一个船用钢厂，没有 300 种以上的规格都不行，原先的 580 生产线适应不了大规格船用钢的生产需要。"

2006 年下半年，龙腾在梅李经济开发区投入 850 生产线，并建成电炉分厂以生产钢坯。

到 2008 年，850 生产线正式上马，万事俱备，开工投产。没想到这一年美国爆发次贷危机，引发了自 20 世纪大萧条以来最严重的全球金融危机，并波及我国，致我国钢铁行业外贸进出口增幅回落，投资增长放慢，钢铁产品销量全面下降。

这期间，季丙元专门去了趟无锡，与无锡钢厂的王丙伦董事长围绕国际金融危机的负面影响，一起分析了中小钢铁企业在市场上的现状与问题、前景与出路。

在深层次的交流过程中，他们看到了中小钢铁企业面临的危机，他们达成的一个共识是：今后，凡是没有高炉，靠买坯轧材的钢厂将会消亡。

不过，与其说这是一个共识，还不如说是一个预见。日后，他们的这一论断最终得到印证。在去产能和优化产业结构的调整中，一批靠买坯轧材的中小型钢铁加工厂黯然出局。

早在因弹簧扁钢备受坯料供应问题困扰的建厂初期，季丙元就有了建高炉，"把饭碗捧在自己手里"的梦想。但由于没钱，当时这目标对他来说还遥不可及。

在回忆这段往事的时候，季丙元说："我们从 1993 年到 2008 年，在生死线上挣扎了 15 年，挺过来了。2008 年的金融危机是龙腾遭遇的第 5 轮生死大关。残酷的市场竞争，让我感到，如果我们再不整合完善产业链，就只有死路一条。"

无锡之行增强了季丙元建设炼铁分公司的危机感、紧迫感。

高炉是钢铁厂的根基，一个钢厂如果没有高炉，就改变不了依附上游原料基地的被动局面。以我肤浅的认识，一座高炉之于一家钢厂犹如一副锅灶之于一户人家。有了它，吃饭可以不再依赖外面的食堂或饭店，还能做到想吃什么就吃什么，想吃多少就吃多少，想何时吃就何时吃，而不必到点了才能打饭，更不致因为过了点，饭菜卖光了而悻悻然另外填肚子去。

无锡之行之后，促使季丙元立刻着手高炉建设项目的研究，他隐隐感觉到，自己所面临的是一个稍纵即逝、时不再来的最后机会，时不我待，再不动手就晚了。

环境问题　战略决策中的纠结

2008 年，是龙腾“规模扩张”阶段的收官之年，好在当世界金融危机殃及我国之时，已到了 2008 年的第四季度。由于前期的努力，这一年，龙腾全年销售各类钢铁产品 657 874 吨，实现销售额 48 亿元，为国家创税 1.0252 亿元，取得了建厂以来的最佳绩效。

实实在在的数字，稳步增长的效益，使龙腾在全市工业系统中崭露头角。季丙元董事长乘势而上，率领企业进入更高的发展阶段，他把这一阶段定为“全面提升阶段”，时长为 2009 年到 2016 年。

“全面提升阶段”的第一要务就是建高炉、办炼铁分厂。这是在水到渠成之际，季丙元因势利导为开启龙腾美好未来，做出的最为重大的战略决策。

龙腾特钢党委副书记、副总经理丁君华在接受我采访时回顾了当年的决策过程：2008 年年初，季丙元就酝酿“规模扩张阶段”之后的龙腾发展方向，开始高炉建设的谋划。当年 7 月，他在龙腾高管会议上首次做出建设炼铁分厂和两座高炉的决定。

季丙元说：“大项目支撑大产业，大产业带动大发展。建高炉，建炼铁分厂是龙腾完善产业链的终极技术改造项目，也是节能技改的大项目。要在不新增产能的前提下，淘汰落后工艺及设备，提升产品档次、添置船用型钢生产线。他还说，这是龙腾建厂以来最为重大的一个工程。”

他说，建两座高炉和连铸连轧生产线，需要新增 34 台设备。项目建成后，将采用先进的合金钢大方坯连铸技术，提升产品档次，形成年生产 200 万吨船用型钢等产品的能力，项目建成后每年还能节电 2.7 亿千瓦时。

会上，季丙元把设备投资、征地资金、厂房建设等方面的费用也跟大家核计了一下：项目总投资为 20 多亿元，其中设备投资 9.8 亿元。企业自有资金 13 亿元，缺项部分通过借贷解决。

季丙元强调，要根据国家关于《建设项目竣工环境保护验收管理办法》的要求，在高炉项目建设过程中严格执行“三同时”，即与环境保护设备“同时设计、同时建设、同时投入使用”，落实好需配套采取的环境保护措施，把防治污染和生态保护的所有事做在前头。

会后，根据季丙元董事长的意见，形成了“关于淘汰落后工艺及设备、提升产品档次、添置船用型钢生产线节能技术改造项目”的申请报告，报送常熟市经济贸易委员会审批。

季丙元关于建高炉这一具有里程碑意义的重大决策，得到了全厂干部员工的热烈支持，这是一件大喜事。

可提交项目申报后，事情并不顺利。在本地搁浅之后，季丙元并没有放弃。

后经人指点，季丙元专门去同样开在市区的上钢五厂取经，学习上钢五厂治理“三废”的宝贵经验。

从上海回到常熟之后，他立即组织开展重大项目上马前的“环评”“安评”准备工作，并提供了详细的“三废”治理方案，不久顺利通过主管部门的验收。龙腾十分到位的高炉污染防治和安全生产规划，得到了充分肯定。

2008 年 12 月 1 日，常熟市经济贸易委员会发文，批复龙腾“关于同意淘汰落后工艺及设备、提升产品档次、添置船用型钢生产线节能技术改造项目”的申请报告，要求龙腾严格按照“三同时”及有关法律法规组织项目的实施。

一场鏖战的大幕已经缓缓拉开，一路攻关夺隘打拼过来的季丙元将要面对的是建厂以来规模最大的项目，肩负新的史命，他又将如何迎接这一事关龙腾兴衰的挑战呢？

抓纲治厂　一口气再造两个龙腾

在水乡常熟，季丙元从小就常见有人在河湖大江上撒网打渔的情景：斜风细雨里，一叶扁舟上，头戴青箬笠、身着绿蓑衣的渔夫独立船头，提起渔网上的总绳，把整张网均匀地抛撒出去。霎时，网上的所有网眼全都张开罩住水面，待渔网缓缓沉到水底，再慢慢提起总绳，水下的网口随之渐渐收拢，拉到水面上的网兜里总是有些跳着蹦着的大鱼小虾。

网上的那根总绳就是“纲”，那一个个网眼就是“目”。这就叫“纲举目张”。

“纲举日张”语出战国时代吕不韦的“一引起纲，万目皆张”，汉代郑玄亦云“举一纲而万目张”。比喻做事要抓住重点、抓住根本。

季丙元闪烁着智慧的火花和远大的目光，在龙腾各个发展阶段，他善于抓住当时的主要矛盾和关键问题这个“纲”，以此带动所有其他环节的跟进。

2008年，季丙元酝酿多年的一个大项目——炼铁分厂呼之欲出了。

自项目申请报告获得常熟市经贸委“同意”的批复之后，各项前期准备工作随即在龙腾紧锣密鼓地全面铺开。

建设包括两座高炉在内的炼铁分公司是一个规模浩大、相关项目多、资金投入大、工作强度大、科技含量高的重大系统工程，其体量和规模在当时相当于一口气再造两个龙腾，远非往年上几个新产品、建一座新厂房那么简单，这是龙腾破茧成蝶的蜕变和从量变到质变的飞跃。

在解决了前期的论证、审批等问题，进入实施阶段之前，季丙元要抓的“纲”是人才。“企业发展，唯有得人”，“一流的人才成就一流的事业，没有一流人才做不成一流事业”，这是他一向的观念。

必须引进一位专业造诣高深的专家，这样的专家既要有丰富的冶金工作实战经验和深厚的理论基础，还须富有冶炼行业管理经验。

找正确的人，做正确的事。在龙腾30年发展的过程中，季丙元“以识才的慧眼、爱才的诚意、用才的胆识、容才的雅量、聚才的良方”，聚天下英才而用之，这是龙腾之所以能稳步发展的主要原因之一。

具体到炼铁分厂建设，季丙元说：“我要找最好的设计院、最专业的施工队伍、最成熟的施工材料装备、能力最强和技术水平最高的人才。”

自做出这个技术改造项目的决定之后，季丙元就一直在思考“怎么做”“从何着手”等问题。

在市委、市政府的支持、指导下，龙腾找到了减少炼铁厂污染，使之符合排放标准的法子。

在完成项目审批等工作之后，引进冶金专业技术人才成为龙腾特钢的当务之急。为建炼铁分厂引进的人才叫吕纪永，河南焦作人，如今他是龙腾特钢副总经理，兼任炼铁分公司总经理。

对龙腾来说，吕纪永正是一位不可多得的人才。

2009 年 7 月 18 日，一个天气晴朗的周六，吕纪永从焦作乘坐火车于清早 5 点到达苏州站，接他的龙腾司机直接把他送到季丙元董事长办公室。

黎明时分，曙光初露，梅李原野上的晨雾缥缈，如诗如画。因有贵客，那天季丙元一早就来到了厂里。

这是他们的首次见面。浓眉大眼、举止得体、思路清晰，显得十分干练的吕纪永给他未来的领导留下了良好的第一印象。

围绕炼铁行业这个话题，吕纪永从容不迫、娓娓而谈，把炼铁、炼钢厂的整个建设、操作流程及行业管理、质量把控、“三废”治理、安全管理及方方面面可能出现的问题等说得头头是道，理得一清二楚，对季丙元董事长的提问，他有问必答。

“能不能把高炉包起来?”

交谈时季丙元董事长突然向吕纪永提了这样一个从未有人提过的问题。也许是因为想到项目申请“卡顿”就是“高炉污染镇区”的原因，他一心想找个一劳永逸的方案把这个恼人的难题彻底解决掉。

就是这个也许没人想到过、提到过的问题让冶炼行业专家吕纪永对面前这位企业家刮目相看了。他意识到，这是一位具有超常思维和崭新理念的企业家，这样的企业家富有创新、创造潜力，敢于做前人没有做过甚至没有想过的事并常常出奇制胜。

吕纪永心想，应该说，“把高炉包起来”是个好主意。只是当下还有许多问题无法解决，比方如何散热，如何去包住通常高达百米左右的排气筒(烟囱)等。

吕纪永坦诚地对季丙元董事长说:“目前肯定不行，要想其他办法。”并做了一番解释。

高炉无法包裹，但也许就是在这样的思路指导下，季丙元日后才接二连三地使出了独树一帜的“三废”治理硬功。如他力排众议，否决了皮带输送矿砂的方案，架设了一条近 5 千米长的全封闭的长距离矿砂运输管道线，后又建成一座总共覆盖 380 亩水陆面积的封闭式大棚，把整个料场和码头一股脑儿包裹在其中。至于内部运输车辆和存在安全、污染隐患的传动设备，能封、能包的悉数裹了个严严实实，一劳永逸地解决了“三废”外溢污染问题，这也许就是由“包高炉”而生发开来的决策思路了。

惜别病中妻　欲罢不能忙到年三十

话说季丙元与吕纪永做了一番交流后，吕纪永答应了季丙元董事长要他到龙腾工作的要求，之后便回到老家焦作。一个月后，他接到了龙腾的正式邀请。

2009 年 8 月 19 日，他二下江南。晚上 8 点，他乘坐的火车缓缓开出焦作火车站，出站后便向着长三角方向风驰电掣。窗外，电杆、路灯和星空下影影绰绰的建筑一掠而过，似乎在昭示着吕纪永终将与往事告别。

2022 年 7 月，吕纪永在他炼铁分公司总经理办公室接受了我的采访。

他回忆说："我从小就知道'上有天堂，下有苏杭'，苏杭是一个让我向往、憧憬的地方。可当机遇来临时，我又有点犹豫了，中国人安土重迁，我也难以免俗，故土难离啊！"

再想到一个月前与季丙元董事长的交谈，让他感到龙腾董事长的确是一位具有开拓创新思维和前瞻眼光的智者。虽然龙腾厂子还很小，厂里最好的设备也就一台 850 轧机和一台电炉，但他相信这位企业领导的创造潜力和他驾驭市场的能力。

"去！闯一闯！"他下了决心。

于是，那天当他接到来自龙腾张卫明的电话时，爽快地说："好，我准备一下，过天把就到。"

可事有不巧，就在这节骨眼儿上，他夫人张丽君病了，病得还不轻。他得先陪夫人求医问药，还要包下侍候夫人茶饭和带俩孩子的家务。

走不了了。一晃几天过去了，夫人病情还未见好转。

一边是病中的妻子，一边是急着上工程催他到位的龙腾。已经答应了的事，却迟迟不见人影，未免有瓜田李下之嫌，他惴惴不安。

龙腾方面不知吕纪永迟迟不到的原因，只知他自己说好过天把就来的，有人据此估计他临时变卦了。

做事争分夺秒、干脆利落，也从不容拖沓的季丙元也在纳闷，一天他亲自给吕纪永打了个电话，他就问了吕纪永一句话："小吕吗？你来还是不来？"

吕纪永把妻子生病，自己忙得不可开交才拖延下来的难处说了下。

知道了缘由，季丙元安慰了他，让他先安心陪夫人，但给他安排了一个在焦作也能完成的任务：在安徽找一家工程设计院，为龙腾炼铁分厂设计全套建设方案。

2008 年 8 月 19 日，吕纪永妻姐到焦作的第二天下午，他就背着早已准备好的行囊，怀着对妻子的歉意依依不舍地登上了南下的火车。

8 月，正是焦作市花——国槐花盛开的季节，其时枝叶茂密的国槐树冠上缀满了淡黄色的槐花。坐在火车上的吕纪永想着焦作城一条条以国槐为行道树的街道，想着国槐花弥漫在空气里的芳香，想着中原大地上绿荫如盖的小村落……这一切的一切都让他突然间充满了眷恋。

天很快就暗了下来，中原大地已被夜幕笼罩，车窗外钩月西斜，原野上幽暗的农舍宛如剪影。想到正需要人照顾的妻子，他心头的离愁别绪斩不断、理还乱。

临别时他俯身与躺在病床上的夫人丽君轻轻道别："我至多 3 天就回来，就 3 天!"

丽君说："你去吧，耽误人家好几天了，怪难为情的。姐来了，你放心。噢，别忘了多带几件替换衣裳。"

看着妻子倦怠憔悴的面容，吕纪永在心里对自己说，无论如何 3 天后也要回家看看，在外也至多干一年，帮龙腾把基础工作做好就回老家。

此刻，丽君和孩子都该睡着了吧?

远远地，仿佛传来一首歌曲，若有若无：苍茫夜色，谁谱一曲忧伤，静静地伴着我独倚车窗。故乡的岁月是不变的守望，偷偷地亲吻匆匆的时光。曾醉于弥漫的国槐花香，悄悄地，我把我的心事对你去讲：我这就去一个遥远的地方，归来时捎给你梦里的希望!

早晨 5 点，火车到了苏州，站外听不懂的陌生语言告诉他，这儿离故乡已经十分遥远了。出站后，他叫了辆出租车从苏州直奔常熟。

东方欲晓，出租车奔驰在苏常高速公路上，两侧风景如画，晨雾缥缥缈缈，一路很绿、很美。

季丙元董事长等人已经在沙家浜高速公路路口等他了。

张卫明从车上见到正走过来的吕纪永，忙下车迎上去，他从吕纪永手里接过行李就往轿车后备箱里一扔，之后两人匆匆上了车。

上车后吕纪永与董事长、总工程师陈国平互道辛苦问了好。

季丙元对他说："我们这就去安徽。"

到了吕纪永所找的马鞍山一家设计院之后，双方直奔主题，张卫明展开龙腾建设工地平面图后，季丙元把他对整个炼铁分公司的布局、要求跟对方领导和工程技术人员详细说了一下，敲定了设计方案完成时间及设计费用，直接就把合同签了。合同一签完季丙元跟对方打个招呼就立马返程。

“这本是来来往往通常几个月才能完成的事，老板竟一天就办妥了，整个过程干脆利落，节奏之快让人目不暇接。”吕纪永暗暗敬佩，倒是陈国平、张卫明一副司空见惯、见多不怪似的模样。

他们从马鞍山回到常熟时已是晚上 8 点多了。

披星戴月的一整天过去了，吕纪永被带到龙腾老厂区的一间屋子里，这是公司临时为他安排的住处，收拾得十分整洁。他这新住处里的常用物品一应俱全。这又让他感到老板的“周全与细致”。

柔软的席梦思床，让疲惫的吕纪永感到舒适、温馨。他躺在床上，想了下这一整天的过程，有种一到龙腾就被卷进汹涌激流停不下来的感觉。也许，这就是龙腾人的节奏，就是苏州、江苏经济发达的原因所在吧？

第二天即开始研究工程上的事，他们为炼铁分厂建设做前期准备。3 天时间一晃就过去了，这是吕纪永答应回家的日子，可是他已经深深陷在事务堆里欲罢不能了。

无法脱身、有点为难的他给妻子打了个电话，说可能还要再推迟几天才能回去。妻子仿佛感到了他的为难之处，倒过来安慰他说：“我身体基本好了，姐姐还在，你就放心在那儿做吧！”虽是有了点安慰，但他内心还是充满了负疚感。

2009 年 10 月，吕纪永被龙腾任命为炼铁工程项目总指挥，季丙元董事长是个疑人不用，用人不疑的人，那天他对吕纪永说：“你就给我大胆放开干。”

涉及炼铁分厂建设的事务繁多、庞杂，为使这项庞大的工程建设能有条不紊地展开，吕纪永制订了具体建设方案，包括施工程序、工地“四通一平”基础建设、每一幢厂房的建设、施工安全管理、设备的购买安装、技术人员和普通员工的配备等。

2009 年 12 月 18 日，炼铁分公司打下第一根基桩。转眼到了 2010 年元旦，季丙元董事长安排给吕纪永的主要任务就是催设计图，指示他务必在春节前把全套图纸拿到手。

终于，2010 年 2 月 12 日上午吕纪永拿到了图纸，之后立刻返回常熟。

那天是小年夜，第二天就是大年三十了，梅李大街小巷热闹非凡，街头张灯结彩，蜂拥着喜气洋洋置办年货的人，家家户户都贴上了崭新的对联……

“每逢佳节倍思亲”，浓郁的年味勾起了他对亲人和故乡刻骨铭心的思念，家里怎么样了？

厂里静悄悄的，员工们都已回家过年去了，只有季丙元董事长还在厂里等他。

下午2点，吕纪永把一叠厚厚的图纸交给了董事长，并把发现哪些问题及纠正情况向董事长汇报了一下。

带着长者的慈爱，季丙元对风尘仆仆归来的吕纪永说：“你辛苦了！早点回家过年吧！向你爱人问个好。我已安排司机送你去苏州火车站，时间足够。”

临别时，季丙元又问道：“小吕啊，你年初四能不能过来？”

“能，哪有什么不能的！”吕纪永的回答很干脆。说完话，他突然一愣了似的感到了自己的变化，半年来的朝夕相处，半年来的操劳与付出、责任与担当已经让他在不知不觉之中深深爱上了这所工厂。他记起了一句哲言：真正强大的，不是目前看似强大却正在衰弱的企业，而是尽管目前还很弱，却正在崛起的企业。“这个厂将来一定会强大起来的。”他想。

季丙元握了握吕纪永的手说：“好，我等你！”

看着吕纪永提着包裹匆匆出门的背影，他不禁为自己找到这样一位得心应手的青年才俊而欣慰。

坐在火车上的吕纪永不再属于工作，涌上他心头的尽是离愁别绪，没有远行经历的人，体会不到什么叫归心似箭。

凌晨2点多钟，火车终于驶进了焦作站，站外熟悉的乡音让他感到格外亲切甚至有点激动。

或远或近，爆竹的轰鸣在夜空震荡；这儿，那儿，焰火的光芒在天幕四射。

凌晨3点，吕纪永回到魂牵梦萦的家，当他远远地看到家的时候竟不禁有点儿情怯心慌。屋子里透亮的灯光让他心头热乎乎的——“丽君在等我”。

过年期间，吕纪永用龙腾那样的快节奏，到父母岳父母那拜年，走亲访友，陪妻子、孩子逛街游园。

转眼就是年初四，他如约赶到常熟，本以为董事长有什么任务要交代的，但他向董事长报到后，才知道原来是要请他参加他们家的新春家宴。

那天晚上董事长家办了两桌酒席，他是唯一的宾客。

他知道，在梅李，过大年时受邀出席家宴的都是主人心目中最为尊贵的客人，这样的礼遇，让吕纪永非常感动。焦作之外，他第一次有了家的感觉。就是在那一刻，他决心跟着这位领导、这位兄长，为龙腾的发展去打出一片新天地来。

“这回来了就不走了，要在沙家浜扎下去了！”他想到京剧《沙家浜》里的一句台词。

为了解决与家人分居的诸多不便，2010 年，吕纪永在季丙元董事长的帮助下，从焦作把妻子孩子都接到了常熟。

“此心安处是吾乡。”

解除了后顾之忧的吕纪永在龙腾这个平台上充分展示了他的才华，为龙腾，也为常熟——他第二故乡的发展贡献了不一般的才干。

炼铁工地上的勃勃生机

秋高气爽，临近 10 月的梅塘两岸已染上丰收的色彩，湛蓝的天空下，大地上铺展着稻穗的金黄，而金色的谷穗下枝叶却依然青翠，它们仍在努力地为稻谷灌浆，微风起处，一望无际的稻田轻波微澜，此起彼伏。

晓雾迷蒙，惦记着工地的季丙元那天一大早就驱车从西村家里来到了公司。

坐落在华联路上的龙腾特钢总部——8 号门里的桂花已经开了，一树树金桂、银桂犹如碎金细银缠满桂枝，轻柔的晨风带着清甜的桂香溢满龙腾，让人神清气爽。

停好车之后，他即向炼铁分厂工地走过去，那儿在炼铁分公司建立之后被编为“龙腾 16 号门”。

东方云蒸霞蔚，一道道霞光照耀着工地，照耀着一座座已建成和建设中的厂房，那一根根直插云天的立柱，让整个工地充满无限生机。

占地四五百亩的炼铁分厂工地上，井然矗立着挖崛机、升降机和高大的吊车，工地通道边整齐停放着一溜工程车。

高炉、烟囱已经竖起来了，工地上有十多幢高大的厂房，有的已褪下了绿色的安全防护网，露出了崭新的墙壁和亮晶晶的窗户，有的仍然被安全网罩着，从外面看不出什么动静，但只要几天不见就会陡然发现里面的建筑又明显高了一截，还有几块工地上兀立着一根根钢铁或水泥支柱，就要进入车间墙体搭建阶段了……

再过个把小时，整个工地就将如火如荼地喧腾起来了，施工队通常6点半开工。

眼前的建设工地让季丙元想到现代管理学之父彼得·德鲁克说过的一句话："通往成功的道路上，人们往往在遇到失败的时候才会想到重新定位。但是我要说的是，你在成功的时候就应该重新定位，因为只有那时你才有这个资本。"

季丙元就是那种即使在成功的时候，也绝不会故步自封为事业发展画句号的企业家，有作为，有地位；善定位，攀高位。他善于因势利导，乘势而上，每一次新的决策，都把龙腾推上一个新的台阶。此刻，他的这个钢铁加工企业正处在向钢铁联合企业的过渡过程中。

看着生机勃勃的工地，徜徉在其中的季丙元心旷神怡。他正想着，从工地的另一端来了两个人，那形体步态，让他一看便知就是吕纪永和徐利。二位在看到董事长后快步迎上前去。

"董事长早！""董事长早！"

"进展顺利董事长，进度也正常，接下来速度会更快些了。"工程总指挥吕纪永向董事长报告。

"嗯，看得出，很好！总指挥指挥有方啊！"季丙元开心地夸了一句。

"还有徐利。"吕纪永说。

季丙元转头看了看儿子微笑着点了点头，表示认可。

管理这个工程的是公司在徐胜之外的两个学历最高、能力最强的部属，自入职以来，吕纪永的专业才能日益彰显，加上兢兢业业从小就聪明能干悟性极高的徐利帮衬，工程进展十分顺利，他俩被季丙元视为炼铁分厂建设强有力的左臂右膀。

两个小伙子让季丙元想到的是人才的力量。

"用百人之所能，则得百人之力；举千人之所爱，则得千人之心。"季丙元以国家视野、全球视野精准地选择这个项目，在用人方面，他一样站在战略高度在全国范围内选贤任能。阅人无数的他用人如器，干部、员工各得其所。他以他的魅力充分调动了"内部和外部两个积极性"。在内部，他调动所有干部、技术人员和全体职工的积极性，充分发挥他们的聪明才智和创造潜力；在外部，他善于调动社会各界方方面面的积极因素为企业发展助力，以内外结合形成的合力，推动事业不断发展。

2004年，张卫明参加工作1年后就被提拔为供应科长；来龙腾才1个月的洪佩勤被提拔为PC钢棒分厂厂长；2010年年初，入职2个月的吕纪永即被任命为炼铁工程建设总指挥。

这样的例子太多了。

吕纪永被董事长委以工程总指挥这样的重任，领导的信任让他感到高兴，但面对必须从零开始的一片白地，他也感到了沉重的责任。建炼铁分厂，是他自大学校园走上工作岗位之后第一次独立主持的大工程，这对他来说，是前所未有的挑战和考验，为了不负使命和领导信任，他要做的就是竭尽全力。

炼铁，是个浩繁的系统工程，有一二十个项目扎堆上马，其中包括高炉、烧结、炼铁、转炉、炼钢、石灰厂、原料码头、机械化贮运设施、热力设施、燃气设施、安环设施、供电设施和给排水设施，等等。但让他宽心的是有董事长把握大方向，还有博学的"海归"徐利为他分担，这让他信心倍增。

吃苦耐劳　热风炉的热战

一次采访时，我对吕纪永说："我想听听龙腾炼铁分公司建设中的故事。"

"故事热风炉那儿有啊！"吕总对我说，"你可以通过热风炉建设过程中的一些事来举一反三，了解整个炼铁分公司建设的工程质量管理情况。"

他还告诉我，龙腾三台热风炉始终处于高效运转状态，自开炉至今十多年了，一直平稳运行，连炉内耐火砖也没换过一块，在行业内，质量是一流的。他建议我去原料码头采访庞庆胜，建热风炉那阵他担任燃气车间主任，是热风炉质量监理。

在这世上，没有白费的努力，也没有碰巧的成功，热风炉质量这么过硬一定有故事。

我去原料码头的那天赤日炎炎，当我开车进入码头门卫往右一拐之后，便看到200米开外有位身着红色工作服，头戴亮闪闪的红色安全帽的人正在朝门卫这头张望，不用说，那就是庞庆胜了。

到那之后，他指挥我停妥车，一开车门便涌进一股滚烫的热浪，那天气温在41摄氏度以上。

"这么热，你还出来接我？"我以此表达谢意。

他笑了笑说："钢铁工人还怕什么热啊！"

庞庆胜中等身材，理着平头，模样憨厚，看上去就是个好处的人。之前我与他并不认识，但初次见面我却毫无陌生感，这是气场决定的。也许是第一次接受采访吧，他开始有点羞涩，好在认识我的码头财务徐宗焕递饮料过来时把我介绍了一下，他才不再拘谨。

庞庆胜师傅告诉我，热风炉的功能是为高炉提供热风，这是一种蓄热式热交换器，用于预热高炉，为高炉的高效操作提供稳定的高温度热风。热风炉的风量、风温必须满足高炉炼铁的需要。

风温是高炉炼铁的廉价能源，提高风温能显著增加高炉喷煤量、降低焦比、降低生铁生产成本；高风温是实现高炉炼铁高效比低能耗的重要手段。考虑到要在设备检修期间保证连续供热，龙腾建有 3 台热风炉，平时用两台，一台备用。

由于高效的隔音处理，热风炉车间正常工作的热风炉和所有管道都寂然无声，这有点像龙腾人的风格，只是苦干，从不咋呼。十多年过去了，当年建这三座热风炉时的鏖战也早已结束，但曾经点点滴滴的奋战故事都会被岁月的年轮记忆。这项工程的监理庞庆胜对十多年前的那段往事记忆犹新。

庞庆胜是 2010 年 6 月初从山东来龙腾的，原是老家一家钢铁厂的热风炉车间主任、助理技师。他的到来，使热风炉建设有了一位资深的质量把关人。

处在长江下游的常熟，每年春末夏初都有一段梅雨季节，当地人管这季节叫“黄梅天”。一般在 6 月中旬“入梅”，7 月上旬“出梅”，历时 20 多天。黄梅天闷湿炎热，人身上好像黏附着一层油腻的潮气，让人很烦很不爽。庞庆胜来到常熟后不久就撞上了“黄梅天”，而他一整个黄梅天和一整个盛夏都是在闷葫芦似的热风炉里“煎熬”过来的。

热风炉下方有个直径 70 厘米的门洞，那是工人和物资进出的唯一通道，为建三座热风炉，庞庆胜不知从那洞口爬进爬出了多少回。

“钻进热风炉里一定很热吧？”我想听听那年盛夏里的故事。

听到我的问题，庞庆胜立刻接茬儿道：“里头蒸笼似的，工人干活时，都穿条短裤光着上身。我也一样，像洗桑拿，浑身上下水淋淋的。大电扇直径八九十厘米，可吹的都是热风。一次吕总指挥身着一身工作服钻了进来，见我违章光着上身，惊讶地看了看我，还好没骂人，只是关照我注意安全，质量上看紧一点。吕总离开时，衣裳也像刚洗过没绞干就穿身上似的。”

建设热风炉必须在内壁四周砌三层耐火砖，他的职责是监理砌筑施工质量。

热风炉是高炉最重要的配套设备，徐利副总经理几次关照庞庆胜“千万要把好施工质量关”。吕总三天两头去现场，也没少叮咛，他说“这不是盖房砌墙，任何一块砖的质量都会影响整个热风炉的效能”，“这不是粗活，你要用绣花功夫把控质量”。

热风炉内所用的耐火砖和耐火灰浆也都是特殊材料，为把好质量关，庞庆胜从物料的进货关抓起。

3台热风炉共需要1万多吨的耐火砖，由于场地小，他让供货单位用一批送一批，每到一批他都仔细检查，不断提醒搬运工把这些砖头当豆腐轻搬轻放，有开裂和缺角的都不能用。

“而这砖不便宜，块块都是钱。”他说。

进入热风炉内壁砌筑施工阶段，他要求施工人员做到边缝横平竖直，砖与砖之间的密度不允许超过2毫米，墙体表面的平整度、弧度也都要符合规范。

“这还是‘表面文章’，”他说，“我还要查看砖的后面和上下左右四侧的质量问题。每环抽3个点，每个点挖出3块砖查看，砖面上哪怕只有几厘米长的缝隙或砖面上有一点破损都坚决剔除，重新再砌。对耐火灰浆的要求也极为严格，除了要求饱满之外，还必须细腻如糯，不含一颗沙砾。”

在质量问题上他丝毫不让步，为这没少跟施工人员拌嘴，甚至有一次还差点打起来。好在龙腾和施工单位双方领导都支持他。

施工人员都知道监理是个鸡蛋里也要挑骨头的家伙，但他们心里有恨，却也没办法，人在理上占上风。

不过，渐渐地，能查出的问题越来越少了，到后两台热风炉施工时，就查不出什么毛病来了。

“你每天都要忙到很晚才回家吧？”我问。

“回家？”他那语气和神情似乎觉得我这个问题很奇怪。

他说：“都打仗似的，还回家？再说我父母、老婆都在石横，我一个人就在工地上过呗！那阶段我们董事长忙到深更半夜也都是常事，我回什么家？我最长一个多月没离开过16号门（炼铁分公司）。”

“这么卖力，为什么呀？”我想套他一句豪言壮语。

他说的是：“我一来，小老板（徐利）就直接提我当燃气车间主任，我想我也要做点成绩出来让领导看看是不是呀！”

"是,是!"我说。实诚人不会高谈阔论,但他说的是既实在,也中肯。

2010 年 10 月,热风炉内壁耐火墙体的砌筑施工圆满结束,接着进行钢构、电器、设备的安装调试。当年 12 月底,热风炉开始烘炉,热风炉工程项目整体建设顺利完工。

提到热风炉的质量,庞庆胜说:"董事长说过,高质量发展就是,只要发现一丁点小事也要当天大的事去抓。我们对热风炉砌筑施工过程中发现的任何问题——哪怕耐火砖上仅仅二三厘米长的缝隙也绝不放过,不然哪有这么好的结果啊!"

登高望远　热风炉上看龙腾

知道了热风炉的一些感人故事,让我产生了要去看看的强烈愿望,我要看看热风炉长什么模样。

约好去看热风炉的那天是 2022 年入秋后一个细雨绵绵的日子,气候凉爽宜人。上午,我戴着安全帽来到高炉分厂,炼铁分公司安全科长何贵驰安排热风炉班长薛成功带我参观、为我解说。

薛班长带我来到敞开的热风炉区域,那儿的一切都是由钢铁构成的,无论管道、支架、楼梯、门墙、地板还是纵横交错的过道都是钢铁制品。

我仰望着足有十三四层楼高的热风炉,外径 10 米左右。在高大的热风炉及为其配套的设备之间,置身在钢铁世界里的我,感到了一种钢铁工人才有的伟岸与力量。

薛班长指着并排耸立的 3 台热风炉对我说:"都是最先进的顶燃式热风炉,高 42.2 米,内径 8 米。"

共有 5 层围着热风炉的平台,底层上沿横卧着一根约 1 米直径的管道,二层到四层的边沿竖着 6 根垂直管道。薛班长告诉我,那横着的是煤气管,通过它往热风炉内输送煤气,竖着的 6 根管道是煤气支管和空气支管,分属 3 座热风炉。这两种管道的功能是往热风炉内输送煤气和氧气,使两种气体在热风炉内充分混合燃烧。

"热风有多热?"我问。

薛班长告诉我:"2007 年,首钢通过技改首先使热风温度达到 1 200 摄氏度以上。现在国内热风炉的风温都已达到这个温度了。由于我们厂使用的是当今最先进的设备,因此我们三座热风炉里的风温能达到 1 300 摄氏度到 1 400 摄氏度,输送途中有点损耗,但送达高炉的风温也能达到 1 250 摄氏度。”

我想,最前沿的科技、最先进的设备、最可靠的质量就是龙腾最热切的追求。

“要不要上去看看?”薛成功征求我的意见。

我仰面朝上看了一眼,便对他说:“好,上去!”

跟着他,我攀着“之”字形铁梯拾级而上,来到第四层。

热风炉在南侧,距我们二三十米,我们所处的平台位置比热风炉圆锥形部位底边还要低一些。

由于下雨,铁板铺就的平台湿漉漉亮闪闪的,但那儿毫无杂物、干干净净,没有积尘和油污,一点儿不滑。

薛成功把冷风管道、送风管道、煤气管道、烟气管道等一一指给我看:“高炉生产出来的煤气通过除尘过滤发电,然后并入煤气总管道,我们利用煤气给高炉提供高温,把多余的煤气送到煤气柜,然后分到各厂使用。看!那根最粗的是烟气管道……”

四周都是正在高速运转的设备,但整个热风炉区域无声无息,只是偶有积多了的细雨聚成的大颗水滴自上而下掉在身旁的设备或钢板上发出的“滴答”声。而且,那儿也无味、无烟气,我想不通,这样的静音模式只能在停机时才会有呀!

“热风炉今天开没开呀?”我弱弱地问了一句,我没把握。

“哪能不开呢?一年 365 天,哪天都不停,也不能停。”薛班长说。

“那烟气管道里的烟去哪了呢?”我不解地问。

“这就跟家用的燃气一样,是看不到烟的。就是有一点儿烟气,我们也通过层层过滤作无害化处理掉了。”他用外行也懂的道理给我说明白了。

热风炉位居龙腾大本营的中心位置,从我们的位置往北看,是两座 85 米高的高炉,那是龙腾的“制高点”。北面,是被两座高炉遮挡其后的双高线分厂、中棒分厂、焊材分公司、汽车锻件分公司等,美不胜收的龙腾采摘园也在北片儿。东西两侧都是炼铁分公司所属区域。往南,一座座绿色墙体、橙色屋面的厂房直伸展到两千米外的通江高架桥下,厂房与厂房的间隙里,偶尔可见枝叶繁茂的树冠,那是从厂区大道上探出屋顶的香樟丽影。

“龙腾真大呀!”薛成功显得很兴奋。他还指着地平线上一块淡淡的黛色弧形建筑对我说:“你看那儿,是原料码头。”

霏霏细雨中,我极目远眺。迷蒙的烟雨让远处的原料码头有如云遮雾障,朦朦胧胧的,但我还是看到了5千米外拱形码头大棚的雄姿。

“嗯,那里有两个‘中国之最’,一个是壮观的料场码头封闭大棚,另一个是大棚顶上的单晶光伏板,有25个足球场那么大。”薛成功接着介绍道。

我不由得赞叹道:“哇! 太棒了!”

纤纤风里,细雨无声无息,经历了风雨洗礼的高炉、热风炉显得格外挺拔,是它们拔高了龙腾的天际线。

临走时,我再次仰望着热风炉和不远处的高炉,不禁顿生敬意。在那铁水翻腾的高炉和热浪滚滚的热风炉里,澎湃着多少龙腾人的激情,融入了多少龙腾人的梦想啊!

仅有番号　光杆儿司令高校招工拉队伍

炼铁分公司的建立,需要新增1 000号以上的员工,而当时的“指挥部”只是董事长给吕纪永的一个“番号”,员工队伍还得他这个“光杆儿司令”去拉、去组建。

提到这段往事,吕纪永说:“我正式入职之后不久,家属也都过来了,我不再分心,龙腾就是我的第二故乡,我明白自己属于哪里,我应该干什么。”

“面对这个大工程,我先把依次建设各分厂的头绪理了一下,把大框架拉了出来。”他说,“还有一个就是要招人,人是生产力的第一要素。在与工程建设方商讨、安排好各项工程建设任务之后,在招工方面我定了个三个‘三分之一’计划。”

“三个‘三分之一’?”我询问。

“对。”他说,“先确定用工总数,然后招三分之一有一定技能的人,这由各部门根据行业需要去招。我也可以利用自己在钢铁行业积攒的人脉,引进一些术业有专攻的工程技术人员;招三分之一社会劳力,这由人事部门去招;再招三分之一专业对口的大专院校毕业生,考虑到这个有点难度,我就自己带人去攻这个关了。”

季丙元董事长批准了他的“三分之一”招聘方案,之后3个小组各领任务分头行动去了。

看着炼铁分公司办公大楼外那片园林，吕纪永眼前仿佛浮现出当年炼铁分公司招工的情景：市区和梅李街头，摆摊设点招工的龙腾人，又发传单又吆喝……而他则带人车轮滚滚地奔波在江浙鲁豫皖等地钢铁和机械专业院校招聘应届毕业生。先后去过江苏科技大学、徐州工程学院、武汉钢铁学院、马鞍山钢铁学院（现为安徽工业大学）、山东钢铁产业学院、河南科技大学等十多所大专院校。

听说江苏一所钢铁学院每年在毕业季来临之前都会举办招工推介专场，这让吕纪永心头一亮，“倒是个事半功倍的好办法呀”。

他忙登门去与该校联系，要求为龙腾举办一场毕业生招工推介专场。

学院开始表示欢迎，可当几位老师听到要求举办这个活动的企业叫“龙腾特钢”后，一位女老师垂下眼帘摇了摇头，轻轻嘟囔了一句“没听说过，恐怕爱莫能助了”。

“实不相瞒，”又一位老师对吕纪永明说，“倒不是我们当老师的有什么偏见，来本校举办这种活动的都是些声名显赫的央企。截止到目前，我们还从没为小型民营钢厂举办过这样的活动，并无这方面的经验。”

一位戴眼镜的老师说：“吕老师的想法是好的，可就算我们把学生哄来了，弄不好，你那开场白没完，听众倒快走完了，多尴尬是不是？喏，实事求是地说，‘名不见经传’并非什么好事！”

看来，小厂干什么都要受些磨难，就没遇到过不坎不坷顺顺当当的好事？但不甘心的吕纪永对几位老师说：“各位老师说得都有道理，只是事情有了些变化，现在民营企业越来越多，发展也越来越快，往后肯定会成为就业的主要平台。民营企业缺人才缺技术，对大学生特别珍惜，同学们在民营企业大有用武之地。”

吕纪永说：“请求学校为民营企业开个先例，提供一个机会。到时就算我说着说着学生陆续退了场，也毫无怨言，不管怎么样，我都想尝试一下。”

吕纪永的真诚、执着打动了老师们，他们表示要为他向校领导争取。

“好事啊这是！”校领导听了汇报后说，“学校本来就在研究如何为毕业生拓宽就业渠道呢！现在，民营企业都找上门来了，这是社会在推动和启发我们了！我觉得民营企业将是大学生就业的新领域。大型钢企人才济济，民营企业人才匮乏，‘物以稀为贵，人以少为尊’，学生在民企会有作为、有地位的。再说了‘合抱之木，生于毫末；九层之台，起于累土’，怎知民企就不能做大呢？你们说，来做报告的同志是武汉钢铁学院的毕业生，他的切身感受对同专业的学生肯定有启发，这样的人我们要特地去找还难呢！现在他找来了，也是应了时代的召唤吧。我觉得这个专场将别具一格，别开生面。你们去安排一下。”

临了，那位校领导又补充了一句：“动员应届毕业生都去听听。”

第二天，该校可容纳一两千人的报告厅座无虚席，报告厅里回响着青年学生的交谈声。

扫视了一下报告厅之后，主持活动的学校分院院长低声对吕纪永说：“我看毕业班的学生差不多都来了，可以开始了吧？”

吕纪永向他表示感谢。

由于时间久远，又是即席讲话，吕纪永只记得一些概要：

一、毕业生心态。学生时代行将结束时的失落与留恋，踏上社会前的茫然与愿景，路子多的举棋不定，门路少的惴惴不安……投胎是不由自主，择业是自主投胎，选择比努力更重要，何去何从不免紧张。

二、择业如交友。当一个人穷的时候，你看不起他，等他有钱的时候你再求他已经没用了。会看人就是看他穷的时候，而不是看他富贵的时候，你要去巴结一个炙手可热、顾盼自雄的成功人士，他可能理都不理你，因此，他的微小才是你的机会。

三、双方的选择。企业和你，谁要谁？这在企业领导心目中的分量是不一样的。只有经过患难与共、风雨同舟的严峻考验才能与老板建立深厚的情谊与互信。在市场经济时代，关键看贡献。

四、民企出通才。企业的竞争是人才的竞争，领军人物是企业最重要的人才。择业时要善于发现那些将会成为凌云木的幼苗，将来才能得到庇荫。小企业是能者多劳，常出通才，大学生可以更多地发挥自己的作用。

吕纪永说，看一个企业有没有前程，要看掌门人。龙腾特钢的董事长就是一位智者，他能见人之所未见，也能做前人没有做过的事。他能看到四五年甚至更长一段时间之后的市场需求。建厂十六七年来，龙腾开发的所有钢铁产品都赢利，有几个产品在全国销量第一，比方弹簧扁钢、针织面板、船用热轧球扁钢，等等。

最后，吕纪永说：常熟是山明水秀的鱼米之乡，在苏州地区以美著称。常熟人杰地灵，是江南抗战圣地沙家浜所在地，也是近代著名企业家张謇的故乡。欢迎来常熟、来龙腾，与龙腾一起腾飞！

吕纪永的演讲多次博得了同学们热烈的掌声。演讲结束后当场有 60 多名应届学生签订了入职龙腾的意向书。

之后正式签约入职的应届大学毕业生有51人。

到2010年8月底，三个“三分之一”计划顺利完成，炼铁分公司一下就新招员工近1 500人。

2011年，炼铁分厂更名为龙腾特钢炼铁分公司，吕纪永被任命为炼铁分公司总经理。当年那些入职龙腾后不离不弃的大学生如今都成长为龙腾中层以上管理干部，成为推动龙腾发展的中坚力量。

铁了此心　打破常规封码头

2010年12月，宽阔清澈的梅塘南岸，龙腾特钢原料码头竣工投用。这是3 000年来梅塘上的第一座“大码头”，也是梅塘上最大的一个企业专用优质码头。码头的建立为古老梅塘注入了新的生机和活力。

这座码头建筑精美别致，它有着源远流长、通江达海的宽阔水面，其西端是坐落在国家森林公园虞山之下的千年古城常熟市区，东端是浩浩荡荡、奔流不息的万里长江。蓝天白云下，顶部晶亮的码头熠熠生辉，状如镶嵌在大地上的一枚珠圆玉润、光彩夺目的宝石。

码头，是炼铁分厂建设总体方案中主要的配套工程之一。建这座码头，不仅要满足当时的生产需要，还要着眼长远，避免日后码头跟不上企业发展的趟儿，以至不得不再次改、扩建。为此，季丙元董事长所考虑的是，即使在全年度满负荷正常生产状态下，码头的吞吐量也能满足龙腾500万吨以上乃至千万吨产能的需要，只有这样方可避免日后可能出现的被动局面。

码头建设首先是寻址。2008年年底，季丙元就在龙腾特钢周边多条通江河道岸线踏勘，先后选了3个地方，制订了3套方案。

方案一：建在赵市镇。坐落在长江岸畔的赵市镇师桥村有一条贯通长江和常熟城区的河道，在那儿选个河道建码头，从那到炼铁分厂也不远。离江岸不远处就是长江锚地，可供运砂巨轮抛锚，然后由千吨级货船将矿砂转载到料场码头卸货。但是经过进一步了解，原来这是一条清水河道，其功能只是从长江引水进入常熟城区，并非航道，不能占用，况且水也不深。于是，季丙元放弃了这个方案。

方案二：从穿越梅李镇的梅塘开凿一条“小运河”，供龙腾专用。从梅塘到炼铁分厂，直线距离 4.5 千米左右，以“小运河”河床加两岸道路合计为 80 米宽测算，需要征地五六百亩。由于“小运河”要流经集镇区，沿途须拆迁大量民居，甚至还要搬迁一些工商企业。而如果绕开集镇区，那么，开凿一条环镇的河道将会把从梅塘到炼铁分厂的距离拉长一二倍，这就要占用很多农田，别说政府不批，自己也于心不忍。于是，季丙元又否决了这第二个方案。

方案三：继续踏勘，季丙元看中了坐落在梅塘中部南岸的梅塘村那儿的一个简易码头。梅塘水面开阔，是常熟到长江的水运主航道。可以把那个简易码头的位置作为龙腾特钢原料码头的地址。为不占用梅塘主航道，可贴着梅塘河沿往南开挖一个港池，从那里到炼铁分厂的距离接近 5 千米，再通过输送带把矿砂输送到炼铁分公司。

这是季丙元确定的最终方案。这个方案顺利通过常熟发改委立项审批、规划审批、环评审批和港口码头的岸线选址批复。水域测量及拟建场地的地质勘察报告也都获得了水域环保、安全、消防等职能部门的批复。

码头建设从 2009 年年初动工，到 2010 年 12 月竣工交付使用，水陆总面积为 420 亩。新建的龙腾特钢原料码头年供卸能力为 1 800 万吨，最大靠泊能力 1 500 吨。

这是一座全天候码头，配套项目有港池、靠船平台、装卸平台、铁矿石和燃料堆场、办公楼和主控室等。为防止堆场扬尘，季丙元在堆料场外围安装了两道防尘网，在堆料场四周安装了抑尘喷淋等防飞尘设施。

原料场地的防尘是个普遍难题，为防扬尘污染周边环境，季丙元也想了不少“急办法”。效果不错的一个措施是，在原料堆场四周加装了两层抑尘网，这为减少扬尘发挥了不小的作用。但由于料场顶部无遮无盖全部裸露，若起狂风，扬尘如烟满天飞舞，遇有大暴雨的冲刷又会使原料堆底部矿砂、泥浆四溢，造成内外地面环境污染和资源的流失。

“办企业不依法，政策淘汰你；求发展不创新，市场淘汰你。”

2018 年的 6 月和 7 月，党中央、国务院吹响了打赢蓝天保卫战的号角，之后，季丙元做出了实施“原料码头钢结构封闭工程”的决定。他说：“全封闭的范围包括码头内河，能封都封，要么不做，要做就要做得最好、最彻底。”

他还提出：“要用好我们的房子(罩在码头之上的钢结构棚顶和厂房)，实现码头封闭工程与光伏发电一体化。并要求，在实施码头封闭工程施工期间不能妨碍码头的生产作业。”

项目由季丙元董事长挂帅，由龙腾副总经理、炼铁分公司总经理吕纪永任工程项目总指挥，负责实施原料码头升级改造工程。对外协调办主任袁燕牵头与上级单位和国家科技部门及各协作方联系。袁燕根据董事长的指示，赴北京中冶京诚规划设计院邀请专家到龙腾实地考察，在这基础上制订了原料码头钢结构封闭工程施工设计方案。

2019 年 7 月 19 日，“原料码头钢结构封闭工程”正式启动。根据季丙元董事长的要求，中冶京诚规划设计院设计的全覆盖、全封闭方案涉及水陆面积 328 亩，需要建设 3 座功能大棚，其中 1 号大棚为原料场地，堆放铁矿粉、铁矿石、混匀矿粉；2 号大棚为河道船坞，停靠船舶装卸货物；3 号大棚堆放煤和焦炭。

工程的第一步就是浇铸 269 根钢筋混凝土立柱和 15 座混凝土加钢结构组合式框架立柱，用以支撑 3 座钢结构大棚。

立柱完工之后所面临的最大挑战就是要在下方无支撑的情况下，从两边起步凌空搭建大棚钢结构，逐步相互依托着向中心延伸，直至两边合拢，最终把总量 16 000 吨，近百万根长短不一的钢管通过球形节点连接起来。

龙腾原料码头是一个全封闭改造及光伏建筑一体化（BIPV）工程，封闭的拱形顶棚总面积 21 万平方米，为三联跨式双层圆柱面网壳钢结构棚顶，最大跨度 223.7 米，最大垂直高度 58 米，长度 596 米，工程建设难度非常高。

那是一幕让人叹为观止甚至惊心动魄的立体大战：整个码头上方是一个个大棚建设者忙碌的身影，他们在把一根根钢管拧进不同角度的球形节点螺孔内，再予以加固。距他们 50 米左右的下方，分布在河港两边的 17 台吊车挥动吊臂如常作业，港区内河停泊着满载的货船，输送带不停地把矿砂输往料场，四五台堆取料机忙个不停，时有工程车在正在构建的大棚下穿过……整个码头的空中、地面和水上热火朝天。

由工人采用从两边悬空构建大跨度壳型钢结构棚架，操作难度极高，安全风险也很大。施工过程中，龙腾及各参建单位先后遭遇台风、暴雨的袭击和高温的滋扰。

为确保施工人员的安全，吕纪永副总经理及宋鹏、郭良科、苏文龙等码头管理人员和工程师每天工作在第一线。

“我们没有一天能在晚上 10 点前回家的。”郭良科说。

为确保施工人员的安全，所有进入现场的工人都必须登记，测量血压、体温和酒精浓度，进行“平衡木”行走测试，并佩戴全周式双大钩安全带。细心的吕纪永总指挥还安排在工人作业下方张挂了安全网。在整个 328 亩地上空的施工过程中,没有发生任何事故。

全体人员的忘我奋战,胜利捷报频传。

2020 年 1 月 6 日,二号棚(跨度 88.2 米,高度 36.5 米,长度 596 米)中跨(河道)合拢;2020 年 5 月 30 日,三号棚(最大跨度 139.1 米,最小跨度 107 米,高度 43.5 米,长度 464.1 米)的网架完成合拢;2020 年 10 月 28 日,一号棚(跨度 223.7 米,高度 58 米,长度 411.2 米)网架完成合拢。

经过 15 个月的奋斗,"原料码头钢结构封闭工程"于 2020 年 10 月底竣工,并顺利通过常熟质检站的质量验收。

风洞试验,大棚能抵御 12 级以上台风,抗震设防 7 级以上地震,载荷试验可承受 30 年一遇的大雪。

大棚建成后,在棚内多处安装了环境监测仪,还可及时把棚内环境质量数据传到龙腾环保管理中心。数据表明,大棚内的环境质量还高于国家规定的标准,真正成为一座绿色码头。

上门采购　扬州老总起早遇到隔夜人

为实现无公害输送矿砂的目标,季丙元决定采用"封闭式管状带式输送机"输送矿砂,这是龙腾原料码头上的一个令人瞩目的亮点。

架设一条全长 4.7 千米的封闭式管状带式输送机沿途要路过一个居民区,越过两条河,穿过一道高架,才能通过输送机源源不断地把矿砂输送到烧结分厂,矿砂的运量可根据需要在每小时 400 吨到 1 000 吨之间调节。

用全封闭管状带式输送机取代车辆输送矿砂管廊输送运输,实现了季丙元董事长无泄漏、无公害、用料不见料、沿途无扬尘的目标。

设计院提供的设计方案,是使用皮带输送机,但使用这种方式输送物料逢到拐弯处就必须建设一个"弯道转运站",从码头到烧结分厂这段路沿途要拐四五个弯,就必须建四五个转运站,而且封闭效果远不如全封闭输送设备,季丙元所要的是全封闭无公害矿砂输送设备。

扬州市一家专业生产输送机械设备的公司得到龙腾要建一条矿砂输送带的信息后,即派一位营销人员前往常熟龙腾,推荐他们生产的几种散状物料输送设备,其中一种输送设备叫"承载和回程分支的输送带卷曲成管形的带式输送机”。季丙元董事长着重向他了解了这种设备的工作状况，得知这是一种无噪声、全密封的新型输送设备。“无公害运输”是季丙元一向追求的目标，听说这款设备能在输送过程中做到“无噪声、无扬尘”，更坚定了他使用这种设备的决心。他要毕其功于一役，彻底解决长距离矿砂输送中途可能出现的环境污染和噪声扰民问题。

为郑重起见，季丙元决定带人去生产厂家考察一下。

那是2009年10月的一天，时间还不到凌晨4点，黎明前的黑暗中，一辆轿车打开雪亮的前灯，开出龙腾总部大院。车上坐着的是董事长季丙元、炼铁分厂建设工程总指挥吕纪永、总工程师陈国平、销售科长张卫明。

扬州是此行的目的地。

汽车疾驰在高速公路上，窗外夜色沉沉，车窗外景色依然模糊。凌晨3点就已起床的季丙元在车后座闭目养神，心里在揣摩想象中的那家企业的设备，百闻不如一见，购买重要的机械设备，他通常都会到厂家看看实物。

有经验的人对一个企业可以从它的产能看它的规模，从它的环境看它的管理，从它的设备看它的技术水平，从它的销量看它的市场竞争力，从它的用户看它的产品档次，从它的占地面积看它的地位，而这一切的端倪会从它的厂房和厂区环境中透露出来。

从江阴长江大桥上越过大江，来到靖江市之后，窗外的城市建筑和乡间农舍都逐渐清晰起来了，高速公路两侧的田野已呈现丰收的景象，奔驰的车也多了起来。6点多钟，他们进入了扬州城。

清晨的阳光洒在扬州鳞次栉比的高楼大厦间隙里，他们来到扬州经济开发区鸿扬路，需要拜访的单位就坐落在这条路上。

不一会儿，司机师傅提醒大家“到地方了”。

办公大楼很气派，主楼为三层楼，环境非常整洁。厂区静悄悄的，吕纪永看了下表，刚到6点20分。

“围着厂四周兜一圈看看。”董事长对司机说。

汽车缓缓地围着厂区转过之后，停到了工厂大门边。不久，一辆小车开到大门口，车里人似乎对一早大门边停了辆苏州牌照的轿车有点好奇。从车上下来后就向着这那辆车走过去。季丙元厂长等见有来人，也下了车。

“你们是……？”对方问。

“我们是常熟龙腾特钢的，想到您这儿拜访一下。”季丙元对来人说。

季丙元与对方交换了名片，原来，对方是那家企业的钟总经理。去龙腾推销产品的推销员曾向季丙元等提到过钟总，同样由于营销人员的介绍，钟总对龙腾也有了印象。

起早遇到隔夜人。钟总对龙腾季丙元董事长一行一大早就从常熟赶到200千米外的本厂很意外。能专程从外地赶到这里的客户，一般都有购买产品的诚意，这让他对季丙元一行格外热情。

这家公司是一家中外合资企业，拥有13万平方米的厂房，主要产品是与德国技术合作生产的管形的带式输送机，产品用户遍及国内外。

就是在这里，季丙元董事长做出一个日后被领导肯定、被同行羡慕的决定，购买一条“承载和回程分支的输送带卷曲成管形的带式输送机”。这是一条全程密封输送设备。

买到矿砂输送机之后，季丙元立刻安排勘察输送线路，确定了线路之后，即着手安排浇铸立柱。

勘测完全长近5千米的必经线路之后，首先要做的就是在沿途浇铸立柱，以支撑管状带式输送机。

架设近5千米长的管状带式输送机，要经过一个居民区。为了不扰民，龙腾在做好充分准备的基础上，一天集中人力、物力，出动二三十台铲车、吊车、挖掘机、水泥搅拌车、大卡车开始施工。

为确保过往市民的安全，公安部门还出动一批民警维持现场交通安全秩序。那天，整个施工线上热火朝天，场面蔚为壮观。他们只花了两天就完成了正常情况下20天才能完成的工作量，在全长1 000米的线路上浇铸了50根立柱。

突击完成了居民区域内的立柱浇铸任务后，又经过不到半年的时间，一条当下最先进的密封“承载和回程分支的输送带卷曲成管形的带式输送机”安装完毕，游龙一般架设在码头与炼铁分厂之间。

2019年4月30日，中国冶金工业规划研究院相关领导在解读《关于推进实施钢铁行业超低排放的意见》文件时，对龙腾全封闭管廊输送大宗物料的做法做了高度评价，并在业内建议“距离水运码头较远的企业，可以像龙腾那样，利用管状带式输送机转运大宗物料”。

码头棚顶　建成大跨度弧形光伏发电

根据季丙元“用好我们房顶”和码头大棚下面能抑尘，上面能发电的要求，在大棚建设竣工之后，进入棚顶光伏安装阶段。

码头棚顶是三连跨或双层圆柱网壳结构，在弧面镜一般的屋面施工，安全风险极大，富有高空安全作业经验的一家省级发电公司第一次承建光伏板覆盖面达 17.6 万平方米的大型工程，他们对这个光电项目的安全施工格外重视。为强化高空作业安全管理，那家省级发电公司及其所属的太仓电厂领导多次到现场指导和查看，详细了解施工安全防护措施的落实情况，对生活后勤保障和高温期间的防暑降温工作也做了周密安排。

为确保万无一失，每天开工前，所有高处作业人员都必须走一段“平衡木”，在持有高空作业证的前提下，安全管理人员不厌其烦地每天为进入大棚顶面的所有施工人员测量血压、体温和酒精浓度，并挨个检查规范佩戴全套安全防护装备的情况。

他们还在棚顶作业面铺设了 10 万平方米的水平安全网，在三个棚顶施工作业面四周设有安全护栏全包围，使用角钢和扁铁设置了高度 1.5 米的防护栏杆，护栏设四道横杆，有效地保证了施工作业人员的安全，为安全设施投入的费用达到 150 万元。

为方便施工，每个棚顶都设置了光伏组件吊装平台，并在棚顶铺设了一条宽度 2.5 米，长度与大棚相等的材料运输主通道，主通道临边搭设一道防护栏杆，为施工人员吊装、运送货物创造了“一马平川”。为方便不同作业区域的联系，他们还采取措施，实现了三个大棚的全面互通。

项目安全管控的科技含量也很高，现场利用“小眯眼”移动互联网智能远程监控摄像头软件，实现了管理人员对作业现场的远程手机监控，超清摄像头可以让安全监管人员通过操作云平台实现全方位无死角巡查。还在现场三个大棚的棚顶分别设置一个手持式测风仪，严格执行关于超过 5 级风即禁止室外露天作业的安全施工规定。

工程进入施工期时，正值“三伏”天气，龙腾董事长季丙元、副总经理吕纪永、对外协调办主任袁燕多次到现场慰问，太仓电厂领导采取措施，确保棚顶施工人员所需的清凉饮料供应。在做好施工现场的通风和茶水、防暑药品供应的同时,还组织开展了高温中暑应急演练。项目部和电厂安全监管人员持续开展基建项目现场检查,发现问题隐患及时整改,督促电厂各级人员严格履行安全职责。

2021 年 7 月,常熟遭遇飞扬跋扈的强台风“烟花”,为防止棚顶施工材料被台风吹落伤人,项目部组织监理、总包单位在强风袭来之前,对所有施工作业面进行全面检查,清除棚顶散落的材料和杂物,并加固了棚顶安全警示牌等,平安地经受住了台风的严峻考验。

严格、科学的安全防范措施,使这个全国最大的光伏建筑一体化(BIPV)工程自始至终没有发生一起事故。

工程项目部在严管安全和协调工程进度的同时,每天坚持到现场进行工程质量巡视检查,为工程的高标准质量把好了关。

2021 年 11 月 16 日,这座大型弧形光伏建筑一体化项目顺利并网。龙腾对外协调办主任袁燕在接受采访的时候说:龙腾特钢探索“光伏 + 钢铁”的碳中和路径,实施全厂区分布式光伏项目,实行“自发自用,余电上网”模式。前三期工程全部并网后,最大年发电量可达 5 000 万千瓦时。她说,这座大跨度弧形光伏建筑一体化项目,一共在棚顶铺设了 6.8 万块单晶光伏板,面积达 17.6 万平方米,相当于 25 个足球场,建设单位正在申报世界吉尼斯纪录。

2022 年 9 月,经权威部门测试,棚顶光伏发电项目每年可节约标准煤近万吨,减少二氧化硫排放量 77.4 吨、氮氧化物排放量 82.6 吨、三氧化碳排放量 2.5 万吨。同年 9 月 28 日,龙腾料场码头获得“四星级江苏省绿色码头”称号。

有环保专家指出,龙腾通过建设分布式光伏项目,成功探索了一条“光伏 + 钢铁”的碳中和路径,为全面推进企业低碳转型,为超低排放提供了一个值得学习和可资借鉴的经验。

2022 年 10 月 16 日,《中国冶金报》发表了题为《绿色特钢 生态龙腾的魅力》的专题文章,整版报道了龙腾的在绿色工厂建设中获得的成就。

为一句话　她枯坐古南都 6 小时

建设 220 千伏变电站是龙腾特钢解决用电问题的终极大战。

从 1993 年一台坏了曲轴的柴油机起步,到 2013 年建成 220 千伏变电所及其下的 6 个 110 千伏电站，季丙元董事长前后为解决龙腾特钢的用电问题奋斗了 20 年。

其间他充分发挥电力技术人员王信明、曾担任分厂厂长兼电工的唐寅芳、公司对外办主任袁燕、龙腾特钢能源动力厂厂长袁建平等专业人士、分管干部的智慧和工作积极性，为龙腾特钢的供电体系建设发挥了积极作用。

自 2012 年年初季丙元做出这项决定之后，对这项目的建设全程他都直接管、亲自抓。

国家电力部门对企业建设 220 千伏变电站有严格的限制。220 千伏变电站是龙腾的第一个省批项目，审批程序也十分烦琐。袁燕按照董事长的指示，先后跑了工信部门、发改委及环评、能评、安评、稳评等 19 个部门，终于拿下了建设 220 千伏变电站的批文。

然而，省里所批的 220 千伏变电所设计最大容量为 240 兆伏安，一旦将来企业规模进一步扩大，又将面临不能满足供电需要的这个矛盾，为了实现 220 千伏变电所的最大容量，季丙元要求达到 360 兆伏安。

为了解决这个问题，2013 年 4 月的一天，袁燕根据董事长的指示，去南京向省供电局请示。

在人生地不熟的南京，袁燕人托人地了解到一位省供电局销售部副主任是这方面的负责人，她就打电话给那位副主任，自报家门后，请求见面，当面向他汇报有关龙腾特钢申请建设 220 千伏变电站的具体问题。那位主任在电话里对袁燕说："好的，我在古南都饭店办事，可能有点晚，完了我们再联系。"

得到这样的承诺，袁燕放下了悬着的心。她决定去古南都饭店等候，以便那位主任办完事情后能及时与她见面。

经过打听，袁燕得知那家饭店在南京广州路上，她立即打车过去。下午 3 点多钟，赶到了古南都饭店，先给那位主任发了条微信，说就在宾馆大厅等他，对方没回。

"发微信或者手机信息给人家，如对方不回就当默认"，左右为难的袁燕想到董事长的这句话，便安下心来坐等主任。她见饭店门口有个茶室，便进去选了个对着古南都饭店电梯出口的位置，边等人边喝茶消磨时间。

5 点过了、6 点过了，对方依然没有任何反馈信息，寂寞难耐的等待把时间拉得很长。过了 6 点，袁燕又向那位主任发了条信息，由于是独自一人，她不敢离开那张对着饭店出口的茶桌，怕在自己离开的瞬间，主任也恰巧离开饭店，那整个计划就落空了。

怎么办呢？她向那位主任发了第二条微信。发完之后，她不时下意识地看一眼手机，仍无回复。

夜幕降临了，南京城万家灯火，街头到处都有霓虹灯在闪烁，艳丽而又不可捉摸。

她买了盒方便面解决了自己的晚饭。本来她是打算等那位主任出来后，请他一起吃顿饭，利用吃饭时间与主任聊几句的。

终于微信铃响了，她有点激动地打开手机，传来的却是她的宝贝女儿的童声。

“妈妈，妈妈，你什么时候回来呀？”孩子的呼唤，让袁燕心头热乎乎的，突然感到自己对孩子、对这个家亏欠太多了。

作为对外办主任，袁燕无法像大多数日出而作、日落而息的母亲那样尽一个人妻人母的责任，有时连节假日里也做不到，为了龙腾她无论天南地北总是说走就走，有时甚至个把星期也回不来。长期紧张繁忙的工作，让她说话的语速和行走的速度都比一般人快得多，干什么都非常干脆利索。

她对女儿说：“宝贝睡了一觉之后，妈妈就回来了。”

“好的，妈妈，那我睡觉。”

这“古南都饭店”不会另有出口吧？袁燕最愁的就是这个。

常熟人有句话叫作：“等人心慌。”她记得一次跟丁君华副总出差，也曾长时间地等待过一位老总，当时，丁总对她说：“价值越高的结果，越值得等待。”

这是经验之谈啊！想到这话，她继续打着精神、充满期待地等候主任的出现。

“晚上 9 点，我再次向那位主任发了个微信，我要告诉他，我还在‘古南都饭店’门口。”袁燕对采访她的我说。

直到夜里 10 点，袁燕才看到那位主任走了出来，她忙迎上去打招呼，那位主任有点意外地看着她，也许是因为感动，也许是因为歉疚，他主动跟袁燕约定 3 天后再见面聊，并说一定会接待她。

“好的，谢谢您！到时我们老板可能也要过来的！”

主任说：“那更好了。”

就为了见一个人，袁燕从下午 3 点多一直等到夜里 10 点。在这 6 个多小时里，她始终没离开那张茶桌，怕机会稍纵即逝。

回到常熟后，袁燕向季丙元董事长做了汇报，到了约定的日子，季丙元专门去南京，马到成功，省里批下了220千伏变电所设计最大容量为360 MVA的申请。

难能可贵的是，经政府电力管理部门同意，龙腾220千伏变电站的建设，在季丙元董事长指挥下，从设计到建设、安装、调试，都是靠本公司技术力量完成并一次性通过验收的。设备的引进和施工单位的确定都是通过招标确定的，为企业节省了大量资金。外办主任袁燕和负责项目技术的王信明、唐寅芳等自是功不可没，多次受到董事长的表扬。

经过一年的苦干，2014年1月13日，龙腾220千伏变电站正式送电，这个项目标志着龙腾在电力建设方面实现了质的提升。

从1994年年初借电，厂长和员工一起抬电杆架线缆，到2014年建成最大容量为360兆伏安的220千伏变电所。季丙元为解决龙腾特钢的用电问题前后奋斗了20个年头，这之后，龙腾不再为用电发愁了。

年自发绿电10亿度　减二氧化碳62万吨

2014年，季丙元董事长提出的“节能减排、绿色发展”目标，其中包括利用余热和光伏发电项目。

2015年1月，炼铁分公司建立能源动力分厂，公司副总经理徐利决定让袁建平从设备和能源管理部主任位上脱出来，担任能源动力分厂厂长。

袁建平，科班出身的高级电气工程师，2011年10月，他慕名入职龙腾，被公司安排担任设备和能源管理部主任。

初到龙腾时，龙腾仅有两座110千伏变电站和3台变压器。对高炉炼铁和转炉炼钢过程中产生的煤气也无法回收利用，只能通过“点天灯”直接燃烧排空，每年白白烧掉的煤气多达30亿立方米。

那天，徐利专门与袁建平围绕“节能减排、绿色发展”做了一番探讨。

徐利副总经理向他提出了“回收天灯煤气，利用余气余热发电和全力开展余气、余热和屋顶光伏发电攻关”的要求。

徐利对他说：“能源动力分厂要全面负责整个公司的用电事务和电力建设事业。这是经过董事长批准的，你担子不轻，但是你只管大胆开展工作，我会支持你的，我也相信你能胜任。”

“好的徐总，我全力以赴，绝不辜负领导信任。”

袁建平上任后，为了实现徐利关于“回收天灯煤气，利用余气余热发电和全力开展余气、余热和屋顶光伏发电攻关”的目标，带领一群人日夜奋斗，到当年年底就成功建成33兆瓦高温高压机组和50兆瓦高温超高压发电机组，实现了“扑灭天灯、余气发电”目标，获得巨大的环境和经济效益。

在这基础上，徐利又要求袁建平更充分地利用高炉和转炉煤气，以降低发电能耗。

为此，袁建平提出需要建设一座60兆瓦超高温亚临界发电机组的规划。这个计划得到了徐利的支持。他带着袁建平一起向季丙元董事长做了汇报。季丙元董事长听了徐利的汇报和袁建平具体项目实施方案介绍及工程预算之后，决定投资2亿元用于60兆瓦超高温亚临界发电机组的建设。

为确保项目成功，徐利向袁建平提了三个要求：“一是要充分考虑安全和效率；二是一定要达到预期目标；三是要确保项目长期平稳运行。”

袁建平所开展的是一项原始创新型项目。当时，60兆瓦超高温亚临界发电机组在我国还是一个有待填补的空白，无先例可供袁建平参考。其间他遇到的第一个问题是汽轮机震动幅度太大，超过了300微米，这是发电机组承受不了的震幅，必须控制在150微米以下才能正常运转。袁建平经过多次试验，最终采取调整汽封、控制气缸膨胀、转子膨胀等措施，解决了这个问题。

不料汽轮机因温差过大卡缸的问题接踵而来，先是震动，后是温度太高。国家规定的汽轮机的温度标准必须小于50摄氏度，而袁建平开发的亚临界发电机组的温度高达120摄氏度，造成卡缸无法转动。他花了两个多月最终发现卡缸的原因是散热太快。

根据温降曲线，他一次又一次地试验，根据散热速率计算，把每小时的热量散发控制在32千瓦热量之内，终于使温度控制在国家标准的50摄氏度内，为这他前后花了六七个月的时间。如今经过进一步改进，龙腾的60兆瓦超高温亚临界发电机组汽轮机的温度降到15摄氏度以下，呈现良性运转状态。

为开发亚临界小机组，袁建平先后解决了蒸汽密封、汽轮机震动、汽轮机温差大、涨差大等难题，于2021年7月，建成全国第一座60兆瓦超高温亚临界小型发电机组。这台设备的建成，使生产每度电所耗用煤气从原来的4立方米降到2.85立方米，仅此一项全年即可节约5.79万吨标煤。

他以突出的贡献于2016年3月入选省冶金协会专家库专家，2022年7月，获得中国冶金建设协会颁发的全国冶金行业工程设计优秀成果一等奖。龙腾自主研发的60兆瓦超高温亚临界小型发电机组也为许多同行企业提供了技术参照。

袁建平刚进厂时听说企业偶有跳闸事故，每跳一次电的损失达千万元以上。在他进厂不久后的一天晚上就突然跳闸停电了，致使转炉车间温度高达1 600摄氏度的钢水流了出来，流到哪烧到哪，车间里警铃声大作，情况非常危急，经过全力扑救总算没有酿成大事故。建平接手后还出现过一次避雷器被击坏的事故。

还有一天早上，袁建平上班后像往常那样在厂区配电站巡回观察，当他经过为高炉和转炉供电的高压柜附近时闻到一股糊焦味，就立刻去向徐利汇报说："炼铁2号高压柜内有糊焦味，出现这种情况必须立刻停下检查。不然高压柜会爆炸。"

徐利一听，立刻带着他去向董事长汇报，董事长为稳妥起见，立刻约请本市供电部门和安全管理部门派人士前来会商。

对龙腾来说，高压柜一停就是几千万元的损失，为此，请来的专家都犹豫不决，一直讨论到下午3点半。

但袁建平坚持要停机检查，季丙元董事长觉得他这样坚持肯定是事出有因，他非常郑重地问："小袁你换一套高压柜开关需要多长时间?"

"10分钟到15分钟。"袁建平非常有把握地汇报。

"那你立刻做好换开关的准备。"接着季丙元董事长下达了断电排除2号压力柜故障的命令。

接到命令，靠炼铁2号高压柜供电的高炉、转炉、中棒分厂等十多个单位迅速采取暂停措施，为保1号高炉铁水、转炉钢水的安全，季丙元指示利用2号高炉、转炉的热风为高炉和转炉内的铁水、钢水维持高温。

当各相关单位全部做好应急停电准备工作后，袁建平迅即打开高压柜，一边的所有人都惊讶地发现，高压柜里的总开关导电铜臂由于温度太高已经开始熔化了。

这让所有人都感到后怕，常熟市供电局一位专家说："遇到这种情况，不超过两小时就会爆炸。"

袁建平顾不了与人搭腔，他手脚麻利地把一台崭新的高压柜开关换了上去，接着，又仔细检查了一遍，然后向董事长报告："更换完毕，可以开闸供电。"说完他下意识地看了下表，用了12分钟。

董事长通电开机的命令又立刻传到各相关分厂。

袁建平闪电般更换开关的动作，没有造成任何损失。而如果爆炸之后，重新抢修高压柜，起码要花 72 小时，两炉铁水、钢水也难保。

根据董事长的要求，近几年，袁建平还主持高炉热风炉优化燃烧改造、钢包烘烤优化改造、发电机组提效改造等一系列节能改造，每年可节约 7.7 万吨标煤。2020 年及 2021 年袁建平先后两次获常熟市高端人才贡献奖。他坚持原则和他对工作认真负责的精神，多次得到董事长的表扬。

2020 年，季丙元董事长提出建设龙腾特钢库场码头封闭工程及棚顶光伏建筑一体化项目之后，袁建平以他高超的专业技术水平，为厂房和码头屋顶光伏发电项目提供了三联跨全覆盖拱形棚顶的全套方案。利用厂房屋顶，建成并投运光伏发电 48.89 兆瓦。

2023 年，龙腾全年用电总量 20.3 亿度，自发电总量达 10.9 亿度，自发电比例 53.7%，节省标煤 13.4 万吨，可减排二氧化碳 62 万吨。

和 谐 共 生

难忘那年新春晚会上的迎百亿誓言

“迎百亿，我们能！能！能！”

2011年1月26日，为迎接即将到来的新春佳节，龙腾特钢张灯结彩，披上了节日的盛装，总部四楼礼堂主席台上方张挂着一条夺目的横幅，上书“迎百亿 龙腾特钢新春联欢晚会”。

晚会的总策划、总编导吕纪永台上台下地忙碌着。6点整，他宣布迎新晚会正式开始，首先请董事长致辞。

在“锵锵”的鼓乐声、欢快的乐曲和热烈的掌声中季丙元董事长迈上主席台。聚光灯下，他意气风发地发表了充满激情的新春致辞，他向全体龙腾员工和家属致以节日的问候，感谢大家为龙腾发展付出的辛勤劳动，通报了一年来所取得的主要成就。

在提到炼铁工程项目时，季丙元说：“炼铁项目的上马，是龙腾建厂以来最重大的升级工程，对龙腾来说，这是划时代的大事。一个钢铁企业，如果市场不抓在手上，技术不抓在手上，原料不抓在手上，我们就只能是一个加工厂，不会有主导市场的能力。高炉炼铁项目的上马，将彻底改变龙腾的形象，推动龙腾登上更高的平台。”

季丙元董事长还说：“龙腾建厂已经18年了，我的体会是，无论什么事只要不断去做总会成功，无论什么目标只要脚步不停总会到达，再远的路也没有脚长，再高的山也没有人高，只要当中不改向，总会有到达的一天。

现在，党和政府为我们创造了这么好的机会，我们也要紧紧抓住历史机遇谋发展。”

“机会来了，可是对于不能利用它的人机会又有什么用呢？就比如外面的风吧，只对能利用它的人才是动力，不识的人还要嫌冷嫌风大。”

“两个月后炼铁分厂就要点火开炉了，这标志龙腾将成为全产业链的钢铁联合公司，今年是炼铁分厂正式运转的第一年，今年的目标就在会标上，就是'迎百亿'。往后，我们还要向200亿元、300亿元进军，希望大家在炼铁项目工程最后的冲刺阶段，高质量地完成各项工程的建设任务。"

最后，他响亮地向满堂员工发问："创百亿元，能不能？"

"能！"

"能不能？"

"能！能！能！"

全体龙腾人挥拳发出声振屋瓦、穿云裂石的誓言！

一晃十二三年过去了，当年群情激昂迎百亿元的那一幕已成为龙腾历史的回响，永恒的记忆。时间很快，与时俱进的龙腾发展也很快。如今的"百万元"，只是龙腾某个分公司的年度指标。从那年到现在，龙腾有了200亿元、300亿元、500亿元的纪录。

这次晚会，安排了一个特殊的节目：用方言向故乡亲人拜年。

自完成招工任务后，车间里、工地上、厂区道路上的人明显多起来了，到2010年8月底，新员工全部到位，龙腾员工总数从2009年的1 960人增加到3 380人，新增1 420人，其中多数是年轻人。工作之余，他们喜欢逛街，梅李的超市、饭店、菜市场、理发店，随处可遇到身着龙腾工装的年轻人。

一大批青壮年员工的到来，龙腾显现人丁兴旺、焕然一新的景象。尤其是一批大中专及大学应届毕业生的入职，为龙腾注入了新鲜血液，企业充满生机与活力，涌动着一股激情，也使企业平添了几分文化气息，并形成了强大的气场，其中蕴藏的文化内涵就是一个企业的软实力。

整个龙腾特钢员工的籍贯涉及全国25个省、自治区的四五十个市、县。在龙腾，操各种口音的员工都有，平时交流大家都用普通话，乡音系着的是乡情，也是乡愁，"方言拜年"是一个让员工感到十分亲切的节目。

在新春佳节到来之际，异地员工都格外思念故乡的父母妻儿，也都有隐藏在心底的话儿要对父母、对爱人诉说。深知在外打工者心态的吕纪永对此深有同感，作为总编导，他特地安排了这个节目：让一批外地籍员工上台表演，请他们每人用一句故乡方言跟家乡亲人说一句话。

龙腾员工的籍贯涉及全国五六个方言区，表演时，来自天南地北的员工，竞相登台，用他们浓重的乡音倾诉自己对故乡和亲人的思念。好几位员工在提到家乡提到父母时，都激动得热泪盈眶，此情此景令人动容。他们质朴的语言和对远方亲人的真挚情感，引起了大家的共鸣。

有的员工还要用家乡话对话表演，神情惟妙惟肖、妙趣横生，他乡遇故知似的，迎新晚会上笑声、掌声不断。彼时彼刻，也让大家感受到了龙腾这个新家的温情。

奔赴马钢　徐利慰问参培新员工

为了培养这批员工，吕纪永根据季丙元董事长的要求，与安徽马鞍山钢铁厂（马钢）沟通之后，把新入职的 51 名大学生一起送到马钢实习。针对不同工种的需要，分别接受炼铁、烧结、化验、煤气柜等对口技术培训，为炼铁分公司的开张准备技术骨干队伍。

2010 年 8 月，50 位大学生在炼铁厂技术科长武建荣和烧结技术科长石艳峰的带领下，来到马鞍山钢铁厂。在对方厂办的协助下，他们在离厂区五六里的地方包租了一个简陋的招待所。两位领班把 15 名女生分别安排到各个标间，连两位领班共 37 个男生全部住在一个大统仓式的屋子里。

从住处到马钢这段路没有公交车，他们每天步行上下班，加上工作时间较长，那些没吃过多少苦的“新工人”累得够呛。

一天，武建荣听说当地旧货市场有旧自行车卖，为解决这个问题，向厂领导请示后，他与石艳峰去那挑了 26 辆成色较好的旧自行车，之后他们把这些旧自行车一辆一辆地整好，每天上下班一个骑一个坐。

所有男学生都“企图”带女生，以乘机“大献殷勤”。

那年 8 月一个周六的上午，武建荣对几个新员工说：“告诉大家一个好消息，家里有领导要来看我们了。”

“谁呀？谁呀？……”大家问。

“小老板徐利。”

“好啊好啊！”

去马钢看望新工人的“小老板”是那天中午到达的，他专门驱车数百公里赶到马钢，代表董事长和吕总下车间看望慰问了接受培训的大学生，鼓励他们虚心学习，把师傅传授的专业技术学到手。

在马鞍山，徐利还专门到培训人员的住处看了看，见一个大统仓里挤了 37 个男工，他让武建荣和石艳峰到别处再租了几间房，第二天，两位带班科长就把这事解决了。

徐利一般都不参加“应酬”，他说那太耗时间。但是那天，他却开车带着司机小陈赶到300千米外的马鞍山，在当地选了家好宾馆，点了当地最可口的菜肴，请全体新员工美餐了一顿。

那是一个让武建荣记忆犹新的夜晚。包厢里凉风习习，灯红酒绿，澄澈晶莹的饮料有常温的，也有冰镇的。一群都只有20多岁的新龙腾人，带班“长者”武建荣、石艳峰也不到30岁。席间这些年轻人觥筹交错，大快朵颐，也聊得十分热烈，不时，包厢里还会响起一阵笑声。

那些离校不久的大学生纷纷向“从家里来的徐老师”敬酒，因为有专职司机，徐利也不推辞，并一一回敬。那无拘无束、热烈欢快的氛围让这些新工人又回到率性烂漫的学生时代。

在遥远的马鞍山，这场欢宴让他们增强了作为龙腾人的身份认同，这种认同感比与龙腾签订合同时的那一刻更加真切。

徐利照例要连夜回常熟，临走时他对两位领班说：“拜托照顾好这些学生。有什么需要公司办的事，打电话回来。”

“好的，你放心！”

大家把徐利送到那辆红色轿车边，司机启动引擎，汽车缓缓前行，他们挥手道别。

宾馆外月色融融，大家都静了下来，几十颗年轻的心在那一刻像是都领悟到了什么，从学校来到工厂，从学生成为建设者，他们的人生已经正式起航了。银白色的月光下，那些大学生目光柔和，面容俊秀，有一种白昼看不到的精致。没人说话，大家都沉静地望着周围，像是正在“摄录”这个难忘的夜晚，留作永远的记忆。

人世间要多少年的时光，这个世界才能酝酿出这样一个美丽的夜晚？要多少年的时光，才能等候到彼此的来临，让这些原本天各一方的人殊途同归，聚一条道上，奔一个方向，为同一个梦想奋斗呢？

武建荣若有所思地目送徐利远去的座驾，直到那辆小车红色的尾灯消失在夜幕里。

“回去吧！”不知谁喊了一声。

于是，夜空下响起一串串清脆的自行车铃声。

2010年9月，经过两个月的培训，50位大学生从马鞍山钢铁厂学成归来，他们“满师”后又成为其他员工的指导老师，把自己从师傅那儿学到的技术传授给其他新员工，说起来还都一套一套的。

开炉后的用工问题被解决了。

吃饭事大　为外地员工请北方大厨

炼铁分公司招来的新员工分别来自安徽、河南、山东、湖北、山西、苏北，甚至内蒙古等省、自治区、直辖市，他们的饮食习惯与常熟本地人有很大差异，大多吃不惯常熟师傅烹饪的菜肴，这让有的员工安不下心来。

吕纪永向董事长汇报了这个情况。

“外来员工的吃住不是小事，员工是龙腾的财富啊，一定要让他们住得安心，吃得舒心，这样才能干得开心。”季丙元说，“不要怕众口难调，要尽快解决好外地员工的吃饭问题。”

他嘱咐吕纪永到中原地区找位北方菜系的厨师过来，待遇从优。

得到指示的吕纪永几经打听，在河南焦作找到一位北方菜大厨。从此，外地籍员工吃到了可口的家乡饭菜。后来，食堂实行承包制，这提高了食堂工作人员的积极性，他们不但在饭菜上为适合员工口味下功夫，还千方百计地变换花色品种，员工都感到非常满意。

现在，龙腾共有 9 个大食堂，与员工来源一样，各食堂的厨师也一样来自各地，也都能胜任对“口”服务这工作。龙腾对所有员工都有伙食补贴，员工的工作餐都是由公司免费供应的。而在食堂，每餐十元，就能吃到外卖 15 元以上的饭菜，炼铁分公司码头食堂仅需要六七元就能让员工吃饱吃好。

正因为炼铁分公司和整个龙腾都很在意员工的吃住和文化生活，那些远离故乡的外地员工安下心来，第一批员工中的大学生后来都成为龙腾中层以上干部，有的还成为龙腾的高管。员工的流失率明显下降，吕纪永说，炼铁分公司的员工流失率从起初的 50% 下降到现在的百分之一二，是龙腾员工流失率最少、凝聚力最强的一个分公司。

徐利小故事里的大格局

副总经理徐利是“江苏省领军型新生代企业家”。他全程参与了龙腾的转型升级工程——炼铁分公司的建设，除了全面分管炼铁分公司各分厂的运营之外，制定并指挥实施了龙腾的超低排放工作，负责实施了对噪声、煤烟、污水、粉尘等的治理，且都取得了突出成效。

徐利分管的摊子接近龙腾的一半。他很忙，采访他在钉钉办公通讯平台上的交流比面谈更多些，多次接触之后，他留给我的印象可以用一个字来概括，那就是“真”，天然去雕饰的本真，所言为其心声，所行为其本意。

徐利，也是我在采访其他干部员工时常听到的一个名字。这让我感到，“徐利”是一个与龙腾发展密不可分的大名。他拥有“江苏省领军型新生代企业家”“江苏省钢铁行业‘十三五’优秀企业家”等荣誉称号。

采访使我了解到，他是一位迷恋于工作、沉醉于事业的实干家，也是一位有情怀、有爱心、有个性、有眼界的青年才俊。

刚入职时，徐利对钢铁行业很陌生，但谦逊的学习态度加天资聪慧，让他触类旁通，很快成为炼铁分公司生产营运和管理的行家里手，对设备的机械原理、生产工艺、生产技术了然于心。在炼铁分公司，他的工作无所不包，长年紧张的工作节奏，形成了他说话简洁明了、做事干脆利落、从不拖泥带水的风格，且始终以一颗平常心保持他的朴实形象。他是一位创新型人才，他领导下的炼铁分公司是龙腾专利产品最多的一个分公司，他还数次牵头主持或参与制定了 PC 钢棒等钢铁产品的国家标准。

他所追求的，是有所作为而非身价；所渴盼的，是事业的辉煌而非个人的荣耀。在他的带领下，处在龙腾前道的炼铁分公司犹如磐石，托举着龙腾的辉煌。

根据炼铁分公司干部员工对他的评价和我采访得来的印象，我觉得徐利具有一个高级管理人才应有的素养和特质。

一是他无论对本人还是对部门工作，都有明确的目标，对要达成的目标计划毫不含糊。他知晓钢铁行业大势和钢铁市场行情，有很强的执行力。

二是在下级需要的时候能够给予指导，善于发现下属的潜力和长处，使干部员工各得其所，很乐意为下属提供成长的空间和上升的渠道。他知道如何让各部门以最快的速度和最节省的成本去完成目标任务。

三是有良好的生活习惯和业余爱好。热爱生活的人才会热爱工作，才会和员工打成一片，也才能在紧张的工作之余舒缓压力和情绪。徐利每天晚上 9 点半休息，6 点到厂里，有时利用休息时间到公司体育中心打篮球、乒乓球，与员工相处融洽。

四是能维护企业和员工的利益。能设身处地地为客户着想,以与客户的合作双赢为营销目标。如发现产品质量上的问题,主动上门解决,勇于承担责任。

五是懂得授权与控制。对部门领导用人不疑,给职给权,主张各司其职,各尽其能,尤其支持员工的技术革新和创新型工作。在企业管理上,他强化过程控制和目标导向,充分发挥分厂负责人的主观能动性、创造性,也善于约束自己,接受下属监督。

他也是一个表里如一,坚守承诺,敢作敢当,言必行,行必果的人。

难能可贵的是,徐利还是一位善良勤俭的年轻人。他总是设身处地地为他人着想,在实际工作上,他特别强调产品的高质量,为的是不负客户,让他们感到买龙腾的产品值。

此外,在扶贫济困、赈济灾区等社会公益活动方面,每次他都身先士卒,慷慨解囊。

他的几位部属都说"徐利格局很大"。格局决定前程,格局成就未来,格局有多大,世面就有多大。

从员工叙述的一些小故事里,可以看到一个优秀企业领导的风范。

双喜重叠　只请一天婚假

2011 年 3 月徐利双喜临门,3 月 16 日是他大喜的日子,他要举办婚礼;3 月 17 日是公司大喜的日子,炼铁分厂正式开工,高炉首次点火。让大家没有想到的是,在婚礼上忙到半夜的徐利,第二天还是像往常那样一大早就来到工厂。

一张照片,为龙腾,也为他留下了龙腾发展史上的精彩一瞬。照片上,那位头戴安全帽,跷着大拇指,笑得一脸灿烂的年轻人就是时年 26 岁的徐利。

他身后的钢包里是被工人称为高炉第一吊的龙腾第一炉铁水,火红的铁水腾焰飞芒,辉映着一代龙腾新人的青春光华。

这一瞬,标志着龙腾特钢就此从一个钢铁加工企业发展成为集钢铁生产与金属深加工于一体的钢铁联合企业。随着铁水的奔涌,龙腾特钢完成了从铁矿石—烧结—高炉—转炉—连铸—热轧—金属制品等一条龙生产的完整的长距产业链。

站立在龙腾特钢发展历程中的分水岭上,作为整个炼铁分公司及一号高炉项目的建设者,在工程大功告成的那一刻,为之夙兴夜寐忙得不停的徐利喜悦之情溢于言表。

2010年年初，徐利从英国伦敦大学毕业归来即被季丙元安排到炼铁分公司基建工地与普通员工一起跌打滚爬，许多人并不知他可是一个“喝足洋墨水”的海归。

2011年3月，一号高炉建成点火，徐利也迎来了他的新婚大喜。双喜临门，这是锦上添花的好事，两件叠加的喜事，让他非常高兴，可也让他里里外外忙得够呛。在紧锣密鼓的炼铁分厂基建、设备安装，尤其是在竖一号高炉的那些日子里，也正是他要装饰新房、筹备婚礼的阶段。按照早已确定的好日子，婚礼与一号高炉点火的日子仅隔一天。

他与妻子的热恋阶段与炼铁分公司最紧张的施工阶段也重合。常常，当月上柳梢头时，他并不能像其他情侣那样与未婚妻人约黄昏、卿卿我我。有时，看着热恋中的小姐妹出双入对，新娘子不免娇嗔地怪他几句，可他总是以“事情多，没办法”对付过去。

婚礼之后，虽是新婚宴尔，他仍然每天6点多就上班。而当日事当日清也成为他工作的习惯，因此常常回去得也很晚。

他确实无法分身，为炼铁分公司的建设，他面对闹嚷嚷的拆迁户不知磨了多少嘴皮子，还要耐着性子挨家挨户地做工作，好歹在政府协调和董事长支持下，妥善安置了所有拆迁户。施工阶段，他还要带人在一片水塘上建造烧结分厂，常常弄得满身泥水。

建高炉是钢铁厂的一号项目，为了万无一失，他千山万水踏破铁鞋在全国范围内寻找专家，邀请他们来厂指导。

炼铁分公司的员工占公司总人数的60%以上，作为分管领导，十多年来，徐利在带领炼铁公司出色完成产销任务的同时，每年都要开发10多个新产品，并领衔主持了公司年储卸量900万吨的码头建设项目、年总产140万吨高线和棒材生产线建设项目，其中棒材生产线建设工程设计获得了国家一等奖。他主导的“三废”治理，让公司获得了“全国需求侧管理示范企业”称号。

身上脚上都是泥浆的竟是他

光焰万丈的太阳照耀着炼铁分厂支柱密集得钢铁森林似的工地，一幢幢拔地而起的厂房上下都有人在忙碌，阳光下不时有工人红色的头盔反射出一道光芒,像是在传递什么讯息。

这是一个晴朗的日子,天空蔚蓝柔和,工地上却泥泞不堪,凹陷处还有些积水。之前一天,常熟下过一场大雨。

那天是 2010 年 5 月 8 日,从山东石横来到常熟市梅李镇的宋鹏,要为入职龙腾与龙腾总经理助理徐利见个面。一到龙腾,他就直奔炼铁分厂工地上的临时办公室,但扑了个空,正踌躇着东张西望。

"这位师傅要找谁呀?"一位经过他身边的工人问。

"徐利,小老板徐利。"宋鹏回答。

得知要找的是徐利,那位师傅便指着 200 米开外的那几个人说:"你还是到工地上去问问那几个人吧,我们小老板一般都在工地上办公。"

雨后的工地又湿又滑很不好走,为绕过烂泥和积水的凹坑,宋鹏拐来拐去地向那群人走过去。接近那之后,他看到几个人正围着一个圆坑商量着什么。

见有人过来,几位员工用询问的目光看着他。

"几位师傅知道徐利在哪吗?"宋鹏向他们打听。

"我就是徐利呀!"其中一人回答。

那是一位中等个头,身材瘦削,看上去不过二十来岁的样子,他脚上的高筒雨靴粘着厚厚的泥土,工装和卷着的裤子上也有许多半干的泥浆。也许是在工地上日晒风吹久了的缘故,他脸色黝黑。

这显然不是宋鹏想象中的"高学历小老板"形象。

据推荐他的老乡张海涛介绍,徐利拥有令人羡慕的双博士研究生学位,是南京财经大学国际贸易系的高才生,后又去英国伦敦大学亚非学院工商管理学院深造,他和徐胜哥儿俩是学历最高的龙腾人。

可学成归来后,担任董事长的父亲可没惯着他们,把他们放在一线锤炼,与普通员工一样在最基层干,还跑过销售。平时工友都爱叫他"小老板",可徐利丝毫不装,从不摆谱、摆架子。这位在工地上握着把铁锹,鞋上、服装上粘了许多烂泥的徐利,就跟一个朴实的打工者似的。他很平静、真实,没有高高在上的优越感。

宋鹏无法把他与一个留英归来,拥有双硕士学位的"小老板"相提并论。他应该是一位西装革履、风度翩翩的白面书生,坐在办公室里运筹指挥才对呀!

正想着,徐利向他走了过去。

"你是宋鹏吧?"

“对、对!”宋鹏迎上去说。

“我就觉得这几天你可能会过来,差不多到约定的日子了。有点抱歉啊!工地上坐也没处坐。”

“没事儿,在这儿挺好!”宋鹏说。

接着,徐利询问了他的工作经历及离开老家后孩子老人有没人照料等问题。还就宋鹏来龙腾后的工资待遇征求他的意见,并爽快地答应了他的要求。

“你正式上班后,我们会为你安排住处的。”徐利又对他说。

初次见面,徐利给他留下的印象是“低调、质朴、直率、干脆,还是个能吃苦的人”。

那年的6月,宋鹏正式入职龙腾。

2019年10月,宋鹏被提拔为石灰钢渣厂厂长。开始,这个决定让他很意外,“我从没有想过自己有一天能当厂长,”他在接受采访时说,“我也担心自己做不好,心里很不安。也向徐总说了自己的顾虑,想推辞。”

徐总说:“你担任维修车间主任到现在,大家都觉得你能干、会干、肯干。我觉得你能胜任,好钢放哪都行。要是有什么问题我们一起商量,你就大胆放心地干吧!”

在徐利的鼓励下,宋鹏上任。

建一座双膛窑,是宋鹏担任石灰厂厂长后徐总派给他的第一个任务。

钢铁厂炼铁时需要加入石灰,以中和高炉、转炉和电炉产生的二氧化硫等有害气体。石灰还有另一个功能,就是通过化学反应分离、清除铁水中的钢渣。龙腾原来的旧窑由于设备陈旧,生产的石灰质差量少,已跟不上企业发展需要,必须建一座双膛窑。

工程从2019年年底开工,先拆除旧厂房。2020年11月新厂房交付使用,新设备投入运转。在这1年里,徐利到工地去了五六十次,平均每周去1次,除了推进工作进程,就是到现场为宋鹏解决工作中遇到的一些难题,对工程中涉及变更的事项,徐利都要认真审查,经过他修改,施工方案得到了进一步优化。

徐利入职龙腾10多年来,每天6点上班,这比规定的上班时间提早了1个半小时左右,他上班后的第一件事就是骑辆自行车到炼铁分公司各分厂去巡查。

一天清早,徐利来到石灰厂,发现冲渣沟里有一块旧耐磨衬板,由于与正在炼的钢品质不同,如混入炼钢炉,就会产生质量问题。他立刻找到宋鹏,让他把旧耐磨衬板另放，要求以后把回收的废钢按不同成分品质分开使用。

他对宋鹏说："我也可以悄悄把旧耐磨衬板拿开，但不说，你可能就不知道了。要把产品质量做到最好，必须在所有环节上把好关。"

钢渣的排放量通常占粗钢的10%—20%，这是一个庞大的数字，钢渣中含有5%—10%的钙、铁、铝、锰等废金属，具有极高的回收利用价值。

"全部收回钢渣中可利用的废金属，按不同钢种分开使用"，是徐利对石灰厂的要求。正是由于徐利的重视，龙腾每年从钢渣中回收的废钢铁多到25万吨以上，为龙腾创造2.5亿元的价值，而企业也从未出现过混用废钢的事故。

徐利始终扎扎实实沉浸在一线，作为公司副总经理，他自然也要听汇报，看报表，但是他更注重从现场获得的一手资料和实际情况，从担任企业领导职务以来，除了出差，每天上班后的第一件事就是下车间，从不间断。

在工地上接待宋鹏，在双膛窑建设的一年里，一次又一次地去现场察看指导，体现了一位青年企业家对事业高度的责任感和求真务实的工作作风。

优胜劣汰　"在质量上不出色就出局"

"凡是客户对龙腾产品和服务质量提的意见，客户说错了的也是对的"，龙腾对客户的意见和建议有多重视，从季丙元董事长的这句话就能感觉到，这是落地的"顾客至上"理念。

设身处地地站在客户立场上思考问题，维护客户利益，坚持双赢目标，倾听和重视客户的意见、建议，是龙腾不断赢得客户、赢得市场的秘籍之一。

徐利对"客户说错了的也是对的"这要求身体力行，尤其对产品质量上的问题，即使是芝麻绿豆般的"小事"，他也会当西瓜冬瓜那样的"大事"去处理。

徐利说："在质量上不出色就出局，连招呼都没人跟你打。"

2016年年底，炼铁分公司收到两家圆钢用户反馈的意见，说是发现龙腾卖给他们的圆钢表面有翘皮、细裂纹。但对方都表示"问题不大"，可以用，只是提醒一下。

可在徐利眼里质量上没有"问题不大"的事。一得知这事他就立刻上门向那两家用户表示感谢和道歉，他让客户把因为圆钢质量造成的损失统计出来，并代表龙腾表态说："你们有多少损失龙腾赔多少。"

另有一家企业也是那批圆钢的用户，虽然没有接到他们的任何反馈意见，但徐利一样主动上门回访，得知他们在发现圆钢上有翘皮和细裂纹之后，就利用本厂技术力量做了一番修整，原料也已用完了。

那位厂长对徐利说："只是表皮稍有点问题，我们评估后觉得不会影响产品质量，就用了。"

徐利坚持请他们把修磨圆钢的人工费，包括延误损失一起统计出来，由龙腾全额补偿。

那次龙腾共向客户补偿了近60万元。徐利的真诚和他向客户高度负责的善举让几家圆钢用户既感动又敬佩，也为龙腾赢得了良好的口碑。

一位厂长说："徐总这么重视产品质量，是我们学习的榜样。用龙腾的产品，我们100个放心！"

在处理好客户方面的事务之后，徐利召集公司总工办、质检科、转炉分厂、耐磨钢球分厂和中棒生产车间等部门负责人、技术人员会诊，找出了圆钢出现翘皮、细裂纹的原因，是由于连铸坯过热或加热不匀，以致应力过大才产生的问题。对症下药后，问题随之得到解决。

可徐利要解决的不光是工艺技术问题，他觉得更需要解决的是员工思想上的质量意识问题。他在部门负责人、技术人员和员工代表参加的质量专题会上说："产品质量问题说到底就是思想上的质量意识问题。圆钢走向市场后，获得到客户一致好评，但客户几次一夸，我们尾巴一翘问题就来了。"他说："'把产品质量做到最好'不是我们的口号，而是我们的实际工作目标，要落实到整个生产和出厂检验全过程。"

最后，他说："市场只认高质量，质量上没有鸡毛蒜皮，都是西瓜冬瓜，质量不出色，产品就出局。同样的问题绝不允许出现第二次。"

为了从源头上把好关，徐利还改变了圆钢的质检方法，把抽查改为一根一根地过关，绝不让有瑕疵的圆钢出厂。

就这样，徐利使处理一个质量问题的过程成为向客户宣示龙腾真诚、友善、客户至上和强烈的质量意识的过程，巩固了龙腾与客户的合作关系。10多年来，使用龙腾圆钢的企业越来越多，而那3家企业至今一直是龙腾的忠实客户。在内部，他利用这一案例多次对员工进行质量意识教育，并采取有效的措施杜绝后患。

自那以后，龙腾再也没有"出现第二次"类似问题。

季丙元董事长提出要让龙腾成为"社会尊重的龙腾，政府肯定的龙腾，市场首选的龙腾，员工向往的龙腾”，徐利以强烈的质量意识和真诚的服务，为实现这样的目标做出了实实在在的贡献。

“小厂不容易　我们不要为难人家”

工厂采购设备，付款方式一般为“三三三一”，即签订合同后付款30%，到货后付款30%，安装完毕验收合格后付款30%，正常使用满质保期之后再付其余的10%。

2011年上半年，龙腾炼铁分公司向河南一家工厂买了几台冷却塔设备，按协议，已付给对方60%的货款。

设备安装阶段，那家冷却塔生产厂的一位客户经理匆匆从河南赶到龙腾，专门来找徐利。

在徐利办公室，那位忧愁的销售经理对徐利说，他们厂遇到了很大的资金困难，想请求徐利把冷却塔的150万元余款提前付给他们，帮他们渡过难关。

“我们是万不得已了徐总。”来人对徐利说，“厂里遇到了意外事，不到实在没办法，也不好意思来向您开这口。请龙腾救救急。”

徐利为他泡了杯茶，安排他先到小会议室休息，对他说：“你先休息会儿，我与部门商量一下。”

徐利回到办公室打电话把宋鹏叫了过来，询问了一些设备安装情况，接着，他把对方派销售经理过来商量要余款的事说了下。

“宋主任，我看他也怪可怜的，穿得也很破。”徐利对宋鹏说，“人家小厂也不容易，缺个几十万元都可能把企业拖死。他们的设备质量不错。我想这就把余款提前给他们，救救急。你带他到财务上去办一下吧！小厂不容易，我们不要为难人家。”

“徐总，按照合同约定，必须等设备安装完正常使用后才能付清余款。我们不能看他外表、听他说辞就违反规定提前把钱给他呀！现在要款装可怜、打悲情牌的人多了。”宋鹏不放心。

“宋主任，他家的设备不是都安装完了吗？以你的经验来看这些设备质量怎么样？”

“徐总，都安装结束了，因为电器施工还没完成，才没试车，设备质量表面上看还可以，没有瑕疵。”

宋鹏语音刚落，徐利就拿起电话打到财务。

接着，徐利来到小会议室，对那位销售经理说："都说好了，你跟我们宋主任到财务科去拿钱吧！"

那位业务经理千恩万谢，徐利说："不客气，去拿吧！"

宋鹏带着那位销售经理到财务科拿钱去了，他看到，拿到150万元余款之后，那位销售经理眼里含着眼泪急匆匆赶回去了。

就是在徐利的帮助下，那家企业渡过了难关，一步步走向兴旺。后来，那位经理还专门打电话过来向徐利表示感谢。而他们销给龙腾的那几台冷却塔10多年来一直处在良好的运转状态，从未出过什么问题。

当下人们似乎都被"信任危机"困扰着，人与人不说完全不信任，也是互不放心的居多，徐利老总却依然保持了他与人为善的优良品行，从而为龙腾赢得了社会的敬重。

这事让宋鹏很感动，他觉得自己能与智者为伍，与良善者同行，在这样的领导下面工作是人生的幸运。

珍惜时间　出差都像急行军

徐利工作起来活力四射，办事效率极高。他曾在一天之内辗转江苏、山东、河南、山西4省，往来奔波两三千千米，为的是现场察看龙腾在外地定制的装备。

"跟着他出差就像奔袭、打闪电战"，凡是跟他跑过外勤的厂长都有这感觉。

新建的炼铁分公司需要大量设备，为了确保新添的设备无误，徐利不辞劳苦，对重要设备都会直接到生产厂家看货验货。每到一地，看完货他就直奔下一站。

"我要看到我们所要的东西。"他说。

许多钢铁生产设备制造厂都远在千里之外，但徐利就像平时在龙腾上班似的，常常一大早才过6点他就到了对方工厂的门卫，而其时对方的业务员往往还没起床呢！

2010年4月，徐利根据董事长的指示，到河南新乡起重机厂订购了一台行车。

他与对方业务经理签了供货合同，可到了约定的供货时间，对方却迟迟不发货,用电话催,那经理不是说运输车辆不好找,就是说大货车司机没有空,找各种理由拖。

于是,徐利驱车 1 000 多千米上门催货,到那才得知对方竟然还没有开始制造龙腾定制的行车。回来后,他把这情况向季丙元董事长做了汇报。

董事长说:"看来对方的管理有些问题。"他指示绕过业务经理,直接去找新乡起重机厂一把手。

徐利又千里迢迢地赶到新乡起重机厂,找到对方总经理之后,把情况对那位老总说了,并出示了购物协议和对方收取龙腾预付款的收据。他对那位总经理说:"如果龙腾付了款却不供货,我们只好走法律程序。"

对徐利所说的情况新乡起重机厂老总很意外,也非常重视,立刻追查有关业务人员的责任,并专门带人到龙腾道歉。

当时有人主张追回定金,去其他单位购买行车。

季丙元董事长认为:经过交涉,对方应该已意识到问题的严重性,而资金被业务经理挪用一事对方领导也已查清了。诉诸法律龙腾肯定赢,要索赔、要弥补损失也没有问题,但这会影响工程进度,也伤了双方的感情。现在对方老板态度诚恳,可"用过,不用功",这业务继续由对方做。

季丙元董事长对那位老总说:"我们之间的合同还有效,还是要请你们做。为了解决定金被挪用后你们在资金上的困难,龙腾决定再付 800 万元货款给你们。"

这样,加上原来付的定金,季丙元董事长就把整台行车的货款都给了对方。

季丙元的大度、大气、大格局让新乡起重机厂老总非常感动,回去后,他亲自指挥员工们加班加点为龙腾赶制行车。2010 年 5 月,一台崭新的行车送到了龙腾,没有耽误工程进展。

这期间,徐利为了稳妥,还专门派出一名员工驻新乡起重机厂,做些联络工作并把握进度。

2013 年下半年,为降低生产成本,徐利专门带领炼铁分公司几位厂长到山东省同行企业去取经。他们早出晚归,一天跑了 3 家钢铁厂,总行程达到两三千千米。这节奏让几位年龄相仿的厂长也感到"不适"。

出差,常被认为是可以在紧张的工作期间放松调节一下,可徐利的安排却是早出晚归。

为提高工作效率,他提前与对方企业联系,说明前往的目的,让对方有所准备，到了约定的日子，他往往凌晨4点就出发。

那次去山东，他一天之内带领几位厂长在山东跑了日照、莱芜、济南等钢厂，完成预定目标后连夜里赶回常熟。

第二天大家发现，炼铁分公司第一个上班的人还是他。上午7点，他就召集管理人员一起归纳那几家厂在成本管理和降本节支方面的经验，对标整改。

徐利做事，总是设身处地地为客户的实际利益着想，千方百计地通过降低成本、提高质量为客户提供高性价比的产品。他说："一个企业只有做到质量好价格低，才有话语权，才经得起市场风浪的颠簸。"

在业务交往过程中，他会婉言谢绝对方的宴请，往往和大家只吃盒饭、方便面，他不喜欢觥筹交错的应酬，"那太浪费时间"，他说。几次与徐利一起外出的吕纪永也对我说过："小老板在出差过程中是坚决不参加吃饭应酬的，随便吃点小吃填饱肚子拉倒。"

一次他与一位厂长到张家港出差，到那之后，就在高速公路服务区一人一碗方便面。他说，这既不给对方企业添麻烦，也省了自己的时间。

高线分厂厂长缪忠说，徐利副总经理非常珍惜时间。一天上午，徐总开车带着他一起去无锡开会，到那之后，他让缪忠先去了解一下会议议程，会议除安排主题报告之外，还有"茶歇"等轻松愉悦的活动。徐总对缪忠说："家里事情一大堆，两小时的主题会议我参加，其他活动我就不参加了。"听完大会报告，他马上就回常熟继续上班去了。

当众被纠违　徐总无愠色

龙腾有严格的安全管理制度，为了督促员工时刻绷紧安全这根弦，每个车间都有专兼职安全员在车间巡逻，及时纠违。进入车间，除了必须按规定线路行走外，公司从上到下，来宾从大到小，无论何人都必须戴上安全帽。

高线分厂缪忠厂长给我说过一个小故事，让我看到了徐利副总经理接受普通员工监督，严格执行安全制度、服从安全制度管理的事迹。

一天，有个人手里提着一顶安全帽匆匆忙忙地来到中棒分厂，可能由于着急，他没把手上的安全帽戴到头上就直接进了车间。

谁知进车间才走了十几步，就撞上分厂的一个安全员。安全员见来人没戴安全帽就凶巴巴地喝道："你哪里的？怎么安全帽都不戴就闯进我们车间来了？

出去,出去!”语气强硬,态度是相当的严肃。

那人一怔,看了看手里的安全帽,怎么忘了戴了呀?他脸红红地对安全员说:“好好好,我马上出去、马上出去。”说着就离开了车间。

那人出去了,安全员继续巡查,当他来到一条生产线上时,一位当班老师傅对他说:“你知道刚才被你轰出去的是谁吗?”

“谁呀?”安全员问。

“炼铁分公司最大的头儿,公司副总经理,我们平时说的小老板就是他。不是我说你,你那凶巴巴的样子,有点过了。”

“啊!那咋整?”安全员忐忑地说。

第二天,安全员在车间里见到缪厂长后,把赶走徐总和自己的顾虑给缪厂长说了:“我不认识徐总啊!见他没戴安全帽就把领导赶出去了。后来有人告诉我,他就是小老板,我觉得自己冒犯了领导,可我不知道呀!”

“我听说了。”缪忠厂长对他说,“不必有什么顾虑,凡是对企业安环有利的管理,小老板都会支持的,这个你放心。只是我觉得,无论对谁说话,你都要注意点态度,不是说有理不在声高吗?是要把规矩告诉别人,没必要那么凶。”

缪忠说:“徐总平时一点没有架子,但有时会为工作上、技术上的分歧,我们会跟他争得面红耳赤,但他却从不会居高临下地固执己见,他只服从对的,只要说得有道理,即使是普通员工的意见也一样会采纳,有什么冲突,就事论事,说过就算,从不为难人,不给人小鞋穿。”

在这里,值得为那位安全员点赞,他尽到了自己应尽的职责。但更应为徐利点赞,他作为龙腾的主要领导,因为一时忘了戴安全帽,被安全员看到后“不礼貌”地要他离开车间,而他不做任何解释就毫不迟疑地退出了车间,这可以让人感到,龙腾上下都能做到令行禁止、毫不含糊的。

缪忠说了他自己在龙腾工作的感受:“我来龙腾之后,感到心情非常舒畅,徐利作为炼铁分公司的领导,非常质朴。分厂厂长有职有权,规定由分厂长负责的事,他都能放开让分厂长全权负责,如在核定分厂工资总额之后,用多少工人,员工的工资、奖金分配等都由分厂自行决定,这极大地调动了分厂干部、员工的积极性和主观能动性,劳动生产率也提高了,可以 10 个人干的事,绝不要 11 个人。”

他说:“徐总为人正直善良,但他也有光火的时候,假如你作为一个部门负责人,提到本部门的生产情况却一问三不知,他肯定不会跟你客气。”

"我们都知道徐总对大家的要求,所以都兢兢业业。"缪忠说,"他天赋异禀,悟性非常高,刚从国外回来参加工作时,对钢铁这行当相当陌生,但很快他就熟悉了炼铁分公司所有业务和专业技术,对炼铁分公司所有部门的各种数据了然于心,说起来都是如数家珍,对下面的报表,一眼就能瞅出其中的问题,让人不服不行。"

一个分厂厂长对徐总的评价,也是我与徐利多次接触之后的感觉。他是一位脚踏实地的实干家,在他的带领下,这支拥有 3 000 多名员工的分公司充满了蓬勃向上的朝气,具有浓郁的创新发展和小改小革氛围。龙腾特钢的三四百个发明专利和技术专利绝大部分出自徐利领导的炼铁分公司。

别开生面　让人难忘的安全教育馆

季丙元说:"安全是企业的生命。"

他要求全体龙腾人坚守安全生产红线,以全员共识为保证、以本质安全做保障,在运转设备上设置智能禁区,让机械设备具有安全操作记忆和提前防范能力,测到误入趋向立刻自停,为人身安全、设备财产安全提供保障。

2014 年,龙腾特钢建立了"安环部"和安全生产管理网络,编织了一张上到董事长,下到车间安全员的安全生产管理网络,完善了安全生产责任体系,强化企业主体责任落实,全面构建长效机制。高层牢固树立"红线"意识,坚持"安全第一"理念;中层"守土有责",忠实履行安全职责;基层强化执行力,把各项安全措施落实到岗、到人。

如果问在龙腾,频次最多规模最大的会议是什么会,工人往往会异口同声地说"是安环会"。在龙腾计有 4 个层级的安环教育会议活动:一是以生产小组为单位,每天必开的岗前安全教育会,员工要学习、背诵本岗位的安全操作规定;二是每个分厂的干部每周必须参加一次安全生产专题会,专找问题和解决问题的对策;三是董事长、总经理、副总经理每个月必须分别下车间做一次安全检查;四是每季度召开一次"安全环保委员会季度扩大会议",参加人员包括全体科室和车间主任以上的干部,通报安全环卫工作情况,表彰奖励零事故单位。

此外,各分公司老总每天都必须下车间巡查,每年还要举办一次安全实战和应急逃生演练,逢 6 月 5 日,安环部还要开展安全咨询日活动,在厂区设置多个咨询点,接受员工咨询。

为了强化员工的安全生产意识，季丙元董事长别出心裁，改变以往那种安全教育学习只停留在本上、口头上的做法，创新安全教育模式。2016 年 9 月，在 16 号门内建成“龙腾特钢安全生产体验中心”。体验中心以多媒体视听设备、宣传法律法规条文、事故案例、环保及清洁生产等内容，让员工了解公司的安全环保使命、愿景，明晰本人应该承担的责任。

在这个中心设有“企业安全文化区”“实物体感区”和“生产现场监控区”。

进门左侧是龙腾特钢安全生产“十大禁令”。这些禁令既有针对管理人员的，也有针对员工的，其中包括严禁违章指挥和强令他人冒险工作，严禁不具备相应资格人员从事特种作业，严禁在起重吊物下行走和停留，严禁在两米以上高处作业不系安全带等。

右侧是一面“事故案例警示墙”。墙上张贴着 100 张事故现场图片，每幅图片下都标有事故情况梗概，其中有不少是国内重大典型事故案例。

龙腾安环部部长蔡军说：“放一些本厂事故案例，是为了敲敲大家的警钟，告诉员工，如果掉以轻心违章操作，那么事故离我们并不远。所有事故都隐藏在违章操作的背后。”

事实也正是如此，事故都是在自以为不会发生的情况下发生的，唯有时刻绷紧安全生产这根弦，才能远离事故。

安全生产体验中心内的一幅“百错图”，给许多人留下深刻印象。这幅占据整面墙的大幅彩图，所绘制的都是工作、生产活动和路面交通场景，画里隐藏着 100 个违章操作行为，让参观者自己去找。

一次我在体验中心采访时，见到有几位身着龙腾工装的员工也在参观。“百错图”下，他们饶有兴趣地对着图上场景指指戳戳地找错，尽管标准答案就在图的下方，但他们说好了“不带偷看”，最后对照。成绩只有及格和不及格两种，因为他们的理由是，哪怕只有一个没弄对，就是不及格。

有位员工仅在图片上的一辆叉车上就找出 8 个“错”，如有货物堆放过高遮挡了司机视线、司机没戴安全帽等，后经过对照，他“及格”了，被认为是“最急棍（最厉害）”的高手。

据体验中心的管理员介绍，如今龙腾老员工都能指出图中的违章处。尽管这样，有时他们还要主动“回炉”，重温“百错图”，因为好玩，也为了顺便露一手。

这种寓教于乐的安全学习过程充满了趣味，工人都很喜欢。用找错的形式对员工开展安全教育，让员工在“百错图”前观察思考，各抒己见，这过程留给人的印象非常深刻，对自己学到的安全知识很难忘。

“实物体感区”有针对高处坠落、物体打击、机械伤害等常发事故设置的13种实物体感项目，其中有“铁块落下体验”“行车危险作业体验”“安全吊挂体验”“急停装置体验”“段差危险体验”等。如在铁块落下体验机边上，可让人直接看到重物坠落后产生的巨大冲击力，让人感到坠落重物对下方人、物造成的不可承受之重。

“实物体感区”通过模拟事故场景，让员工直接看到、感受到事故的危害，从而提高避险能力和意识，看得出“物的不安全状态”和“人的不安全行为”。

体验区还设有VR眼镜，戴上它的人即如身临其境，成为生产活动中的当事人，VR眼镜所见的事故都是冲着自己而来的。这样的身份代入，让人惊心动魄，具有强烈的震撼力和难忘的警示作用，有过这体验的人，谁还敢掉以轻心？

安全生产体验中心别开生面，以直观体验形式，对职工进行可视可感的主题教育。在“生产现场监控区”，设有全公司512个生产现场安全生产监控点，对监控点工作现场24小时全程安全监控，做到无遗漏、无死角。

安全生产体验中心对外开放后，产生了巨大的社会影响，前往“参观取经”的本地和邻近城市企业界人士纷至沓来，沙钢、永钢等老大哥钢厂的领导也都曾先后前往参观考察，并表示这样的安全教育形式值得借鉴。

富有创意的安全生产体验中心开馆之后，得到了常熟市委、市政府的充分肯定和重视。2021年，苏州市安全生产监管局还在苏州范围内推广了龙腾开展直观体验性安全教育经验。

2019年9月18日，国家应急部安全监督管理司司长王小拾一行人来到龙腾调研，随行的还有江苏省、苏州市、常熟市应急管理部门领导。季丙元董事长、吕纪永副总经理等龙腾领导向王小拾一行人汇报了龙腾的安全教育管理情况。

王小拾司长等兴味盎然地参观了“龙腾特钢安全生产体验中心”，他在听取安全工作情况汇报之后说：“龙腾特钢创新职工安全教育上形式，这样的经验值得在全国推广。”

画“金箍”拉红线　强化“本质安全”

2016年，龙腾创新安全教育模式，建了一个新型安全教育平台，完善了自上而下的安全管理防范网络，为强化本质安全，用科技手段为安全生产提供可靠保障，并制定严格的安全管理制度，把安全红线拉到最前沿，犹如孙悟空用金箍棒画一道无法擅入的无形屏障，确保员工人身安全。

“本质安全”是指通过设计等手段使生产设备或生产系统本身具有安全性，目的是要做到即使在员工误操作或发生故障的情况下也不会造成事故。

这样的功能具体包括“失误—安全”和“故障—安全功能”。“失误—安全”是指若有人员误操作时，设备能自动阻止，不会导致事故的发生，如体验区的急停装置；“故障—安全功能”，即设备、工艺发生故障时还能暂时正常工作或自动转变安全状态，为操作工提供充足的避险余地。

本质安全，追求的是企业生产流程中人、物、系统制度等诸要素的安全可靠、和谐统一，使各种危害因素始终处在受控制的状态，进而逐步趋近本质型、恒久型安全目标。

本质安全致力于系统追问，本质改进，是珍爱生命的实现形式。强调以系统为平台透过繁复的现象，去把握影响安全目标实现的本质因素，找准可牵动全身的那一发所在，纲举目张，做到思想无懈怠、管理无空档、设备无隐患、系统无阻塞，实现质量零缺陷、安全零事故。

习以为常　安全意识入心入脑习惯成自然

龙腾的内部大道都比较宽，足够两辆重型大货车交会。但在龙腾，即使路面上再空，步行的员工也只会行走在至多 1.5 米宽的人行道上，即使七八个员工一起出行，他们也只在路边狭窄的人行道上行走，罕见两人以上并列行走的现象。

初到龙腾，我对此不无诧异，为什么要走成一长线呢？并排出行，路上说话也方便呀！

一次我就此向吕纪永老总请教。他说：“龙腾有规定，在路上必须走人行道，还要一人一行。”

原来，龙腾对员工在厂区里行走也是有严格规定的。至于在车间内部就更严了，所有人只能在用绿色油漆黄色边框画出的“人行道”内行走。

一次我去炼铁分公司采访，陪我参观的炼铁分厂安全员任礼智带我来到一个车间，到了车间门口，我们要去对角处的楼梯口那儿，都知道两点之间直线最近，我以为他会直接沿着对角线走过去，当时那儿并无任何障碍和作业人员。可他并没抄捷径，带着我先是沿墙直走，到底后向右，走了个直角才来到对角的那一头。

还有一次去耐磨钢球公司采访，程启亮副厂长带我参观时也一样只走规定线路，我东张西望地走着走着，突然觉得被人拽了一把，原来，我不知不觉走到人行道外去了，这才被程启亮厂长拽了回去。

看来，“不能越雷池一步”真的是龙腾员工必须遵守的铁律啊！

长期的安全教育和管理，久而久之，员工的安全行为举止都已习惯成自然，执行安全规章制度不打折扣不逾矩。

进入龙腾的生产区域，最多最醒目的提示语都是关于安全生产、安全操作、安全往来一类的提示。一线分公司办公楼道和车间楼道上的每级阶梯正面也都有生动的安全提示文字，让人在拾级而上的过程顺便学几句安全教育警句，如“幸福是棵树，安全是沃土”“宁绕百丈远，不冒一步险”“甜蜜的家盼您平安归来”，等等。

安全教育实践证明，工作中要做到“有意注意”相当困难。需要靠平时不断训练，不断纠违，让员工养成习惯才行，当习惯成自然之后，安全系数也自然会大幅提高了。

龙腾还把委外单位纳入本公司安管之列，2021 年 12 月 28 日，龙腾制定出台了“委外单位安环管理制度”，把委外单位列入龙腾安管范围，用制度规范龙腾委外单位的安全操作行为，是龙腾特钢在安全管理工作的首创。这个制度的主要内容包括安全生产准入，委外单位合同签订中的安全责任要求，对委外单位日常工作的安全监督和流程管理，对委外单位的安全管理与评价方法等。在具体操作、技术、人员活动，特殊工程操作人员的资质查验等方面为委外单位提供了细致、周密、严格的安全管理制度，和可操作的安全行为规范。

自从实行委外单位安环管理制度以来，参与龙腾建设的委外单位事故大幅减少。

一系列扎实的安全防范措施，收到了显著效果，员工的安全意识普遍提高，违章操作现象基本消失。

龙腾把委外单位纳入安全管理范畴的做法，得到了苏州市和江苏省安全监管部门的高度评价，苏州市安委会专门推广了龙腾特钢的经验。

换土植绿　绿化也用硬功夫

从常熟市区通往长江的高架途中，有一大片墙体为绿色的厂房，耸立在厂区居中处的高炉烟囱以蔚蓝色打底，四周画着洁白的云朵。厂房与厂房的空隙处，间或有树冠探出屋面，秋季明媚的阳光下，橘红色的屋面熠熠生辉。远处绿意葱茏，大写意般的浓绿丛中散落着隐隐约约的厂房。

这就是从通江高架上眺望到的常熟市龙腾特种钢有限公司。

绿，是龙腾的基色，继2020年入选“江苏省绿色工厂”之后，2021年，龙腾又获得“国家绿色工厂”、国家级“花园工厂”称号，当时在江苏获得这一殊荣的工厂仅两家。

绿，是龙腾吸引各界人士纷至沓来的魅力所在。为做好工厂绿化工作，到龙腾考察学习的企业界和社会各界人士络绎不绝，一个工厂的绿化建设水平究竟能达到什么样的高度，龙腾称得上是一个崭新的坐标。

龙腾是一家硬朗阳刚与柔美娟秀兼而有之，经济发展与绿色发展并驾齐驱的钢铁企业，到过龙腾的人，都会对“绿色的龙腾”留下深刻的印象。

龙腾崭新的厂容厂貌，源自季丙元建设“绿色特钢，生态龙腾”的强烈意识。自建厂以来，他坚持不懈地依法依规地向“三废”宣战，整治内部环境，强化绿色工厂建设。在绿色工厂建设中，做到生态建设和生产建设统筹兼顾，整体规划，全面铺展，提高了企业绿化美化的档次，绿化覆盖率已高达30%。

2008年，龙腾特钢总部和主厂区乔迁梅李经开区之后，在整个公司全面开展植树活动。那年的3月初，季丙元董事长挥铲种下了第一棵树，从此，整个龙腾面上的绿化工作全面展开了。

如果说，季丙元把安全看作企业生命的话，那么他视环境为企业的寿命，他对企业的绿化工作的要求是“路到哪，树到哪儿；厂到哪儿，绿到哪儿”。做到在全厂见土插绿，不见裸土；在所有厂房外都要辟出绿化园地，在四周铺设草坪，栽花种树。

2008年年底，公司种植的第一批苗木出现枯死现象。一天，季丙元董事长带人用铁铲开挖树坑查原因，结果发现树坑里多是瓦砾、水泥块、石灰疆块等毫无养分的建筑垃圾。于是，他要求工程部科长仲关兴组织人力换土重种，把枯死的树全部拔出来，明确要求每个树坑都要挖到1米深，全部用新土填上。那时的一二十万平方米绿地上所有的树都是换过土之后种下去的，这之后，没有死过一棵树。

如今的龙腾厂区内外，四季常青、四季有花。春季里龙腾百花盛开、姹紫嫣红；逢秋季，弥漫在厂区的桂花香气沁人心脾；夏季的龙腾更是枝繁叶茂。厂区围栏上簇拥着密密匝匝的花卉树木，栅栏上爬满藤本月季、炮仗花、紫藤等开花藤蔓植物。逢秋季，厂区内桂花盛开，细小的桂花如碎金细银缠满桂枝，整个厂区和生态园香气四溢。即使寒冬腊月，龙腾也一样满目苍翠，龙腾大道两侧的高枝月季一样盛开。融入美丽常熟的龙腾已成为“国际花园城市”中的一景。

2019 年 11 月底，我去耐磨材料分厂采访，初冬时节的园林依然青翠，更让我惊艳的是车间内部，醒目的彩色人行道干净得纤尘不染，设备和成品排列得横平竖直。在炼铁分厂一边是铁水翻滚腾焰飞芒，一边是沿墙小花坛里青青的小草、摇曳的小花，车间窗户上都挂着盆景。车间里钢花与鲜花相映生辉。这场景让我顿生敬意，原来那些看似粗犷剽悍的钢铁人也是如此爱美爱生活！那小花坛、小盆景都是赞美铁骨柔情的小诗。

如今，龙腾特钢已彻底甩掉了过去钢铁企业“傻大黑粗”的帽子，超低排放、生态文明已成为龙腾人的基本理念，绿化美化让龙腾焕然一新。

2020 年，龙腾特钢被中国环境报社评为“2020 年度绿色发展典范企业”，被《中国冶金报》评为“绿色发展优秀企业”，被中国环境报社授予“中国绿色发展联盟”理事单位，在《中国冶金报》获评“2020 最美绿色钢城网络人气奖”，获评“江苏省绿色工厂”称号。

2022 年国庆前后，正是桂花盛开的季节，整个龙腾处处飘香，龙腾生态园更是美不胜收，入口处右侧那片桂花林香气袭人。

2020 年 9 月 28 日，来自西安市未央区的 70 多位企业家到龙腾考察企业党建工作，参观龙腾的钢铁堡垒党性教育馆，该馆设在龙腾生态园内。来到生态园，幽静的园林里弥漫着桂花的芬芳，国庆前夕，生态园道路两旁的行道树上张挂的一面面五星红旗在万绿丛中显得分外鲜艳。常青的樟树树冠在芳径上方衔接交融，形成一个绿色的长廊。在这片园林的北面，是龙腾新建不久的 4 座厂房。

心旷神怡的参观者议论开了，其中一位老总感慨地说：“哎呀，想不到一个钢铁厂竟能这么美，还能这么香！”

2018 年，龙腾聘请常州园林设计院为龙腾设计了占地约 400 亩的龙腾生态园，园内除了有钢铁堡垒党性教育区，还有入口景观区、健身活动区、产品工艺创新研发区、员工技能培训区、生态果林区、休闲健身区、花园观赏区、垂钓休闲区、蔬菜种植区，等等。园内一片浓绿，让人心旷神怡，若伫立在高高的亭台楼阁之上，可将周边美景尽收眼底，环园芳径两侧是各种果林、花圃。蜿蜒清澈的小河碧水微漾，两岸芳草萋萋，沿河簇拥着垂柳、苇草、苍蒲、美人蕉、夹竹桃……一年四季，园内清新的空气里都弥漫着鲜花绿植的芳香。该园共投入1.5亿元，2020年10月开园。

为了管理好龙腾生态园和各分公司分厂的园林绿化园地，工程部安排富有实践经验的仲关兴和科班出身的园艺师丁建强等专人管理龙腾的绿化工作。

生态园的建成，将龙腾的绿化总面积扩大到40%以上，使龙腾人把工厂建在花园里的梦想成为现实。据龙腾党委副书记朱永坤介绍，开园不到3年，就已接待了来自全国各地的300多批参观者。

污水治理　按饮用标准升级改造

龙腾是常熟用水大户，蒸汽生产、电力生产、高炉渣的造粒及烧结、冷却、抑尘、清洁、热处理等工序都要用大量的水，生产每吨钢的平均用水量在1.5吨以上，全年用水量高达700万吨。随着焊材、汽车配件等分公司的正常运转，全年用水量高达千万吨。

2011年，龙腾在炼铁分公司、炼钢分厂和轧钢分公司等建成了独立水处理循环系统，污水排放也早已达到了国家规定的标准。但追求最高标准的季丙元要实现的目标是污水治理的零排放。

2020年，季丙元董事长对龙腾特钢的污水治理提出了新的要求：污水治理，按人能喝的标准升级改造。

公司副总经理徐利是分管炼铁分公司的主要领导，分公司下的污水处理厂为了实现季丙元董事长提出的“要把污水治理到人能喝”这个标准，充分发挥企业人才的创造潜力，为高标准的龙腾废水和液废治理贡献才智。

随着企业的扩大，用水量也大幅增加。2017年年底，龙腾确定了改建扩建污水处理厂项目，2018年投入1亿多元，开始实施对原有综合污水处理站进行扩建提升和深度处理改造。

对治理标准，季丙元只有一个要求，即“按人能喝的标准去治理污水”。

为了达到“人能喝的标准”，徐利副总经理挂帅坐镇指挥，他与袁建平等专业技术人员一起制订了具体的改建、扩建实施方案，在污水处理厂采用雨、污分流，全封闭污水管网等措施，新增了气浮、MBBR、高效沉淀、超滤、反渗透等设备。在每个用水分厂都建有净环水处理设施及浊环水处理设施、两套终端污水处理设施建设、两套深度水处理设施，集中收集、处理生产过程中产生的废水，实现了废水的零排放。目前，间接冷却水循环率和水资源重复利用率都达到99%，单位产品取水量逐年下降，达到全国领先水平。

他们还采用反渗透等水处理工艺，在以污水处理分厂为中心的1千米半径范围内，设有一二十个地下水质量监测点，每次检查都达到优质标准。

2019年7月的一天，一群梅李集镇居民代表在季丙元董事长、徐利、吕纪永副总经理带领下到污水治理厂参观，好奇的居民跟着龙腾能源动力分厂厂长袁建平看了混凝、沉淀、过滤和消毒等污水处理全过程。他们看到，起先在污水池里涌动的黑色污水浑浊不堪，经过一道道的水处理，渐渐变得越来越清，到最后，蓄水池里经过处理的水体变得十分清澈透明，达到国家一类水质的标准。

这让目睹污水变成纯净水的居民赞叹不已。

这时，有个参观者大声对袁建平说：“袁厂长，你刚才说这水已经干净得像纯净水了，你能喝一口吗？”

“能！”袁建平说得非常肯定。

接着，他用一个透明旅行水杯，从终端清水池里舀了一杯水，当众仰面“咕嘟咕嘟”地喝了下去。

参观人群响起了掌声。

2022年，为解决新建的焊材分公司的液体危废问题，季丙元董事长要求徐利、袁建平也要“按人能喝的标准”去治理。

危废液体的治理难度非常高，徐利副总经理与袁建平等工程技术人员为攻克危废液体治理难题，自制了一套液废处理设备，设计了一套酸性液废处理工艺，投入使用后所处理的危废液体水质同样达到零排放标准，而每吨危废液体的处理成本也从原来的一两千元，降到十多元。

曾有朋友问袁建平：“治理过的污水真能喝吗？”

他说：“能喝，但只可以难得喝喝，不能像自来水那样一直饮用。”

“为什么？”

他说：“因为我们是以工业回收再利用为目的来治理污水的，只要适应工业用水标准就行了。因此，我们治理污水使用的添加剂是工业用药剂，不是食品级别的药剂，这种水很纯净，在管道里也不积垢。养鱼没有问题，我就亲眼在终端清水池里看到有小鱼小虾在游。至于要供人饮用，就得用食品级药剂，那代价就大了。总之，不是做不到，是没必要。”

2022 年 12 月，龙腾被评定为“苏州市水效领跑者”。

在苏州，常熟是以美著称的“国际花园城市”，为了与这座山清水秀、环境优美的城市相融共处，促进企业坚持科学发展、可持续发展，季丙元董事长提出了“创新、协调、绿色、开放、共享”十字方针。在“三废”治理和生态建设上，他舍得的投资，累计投入约 25 亿元，高标准地配置了脱硫、脱硝、降噪、除尘和污水处理设备。无论有组织排放，还是无组织排放都取得超过标准的良好成效。

龙腾特钢坚持把节能环保、绿色发展列入企业转型升级、持续发展的重要内容。近几年在环境保护，生态建设上从水、气、声、渣等各方面加强综合治理，实施了烧结机头烟气脱硫脱硝，烧结小料场全封闭，码头全封闭新能源大棚，高炉炉顶煤气均压放散回收装置，高炉煤气脱硫脱氯，转炉一次烟气新增湿电除尘，综合污水深度处理，运输车辆更新淘汰，资源综合利用煤气发电，钢渣资源综合利用，轧钢加热炉“煤改气”工程，等等。

2013 年至 2015 年，完善了环保装备设施。在大气污染防治设施方面配套的设备有两套烧结机头烟气脱硫设施，脱硫效率达 85%，两套煤气发电烟气脱硫装置和好几十套高效布袋除尘系统等。还有喷雾抑尘设施、厂内雾炮车、清洗装置、全封闭散料堆场等，码头防风抑尘网，高炉热风炉与轧钢加热炉均燃用净化后的燃气等。在烧结机头、机尾、炼铁、炼钢等主要排放口，都配备了烟气自动在线监测系统，并与环保部门联网，可及时掌握实情。

在线监测系统的日常运行及维护同专业单位全权负责，确保设备的完好和适时掌握现场运作情况。

2018 年 5 月，季丙元邀请中国冶金规划院为龙腾量身定制“全流程超低排放规划”。季丙元董事长拉开了“蓝天保卫战”战役的序幕。

根据生态环境部《钢铁企业超低排放改造工作方案(征求意见稿)》，2018 年 5 月，龙腾特钢启动了“超低排放”的提升规划工作，请冶金工业规划研究院专家团队根据超低排放标准做了逐项排查，全面诊断，制定了超低排放改造项目，项目涵盖码头料场、烧结、炼铁、炼钢、轧钢全工序。此后，花两年时间为各工序、各环节均配置了环保治理设施，采用了静电除尘、高效布袋除尘、循环流化床烟气脱硫及脱硝、石膏法湿法脱硫、湿电除尘等一系列大气污染防治技术。

为实现有组织与无组织排放双达标，2020 年 7 月，龙腾制定规划，高标准地建设“无组织排放智能化集中监控系统”。

同年 8 月，又从生产工艺、物料存储、物料输送、除尘器卸灰等环节，全流程、全方位提供对标整改，当年高质量地完成了有组织排放整改。

有组织排放全部达标的重点排放环节包括烧结机机头和机尾、球团焙烧、焦炉烟气、高炉矿槽及出铁场、转炉一次和二次烟气、炼钢车间除尘、石灰窑烟气、热风炉烟气、加热炉烟气、高炉煤气等。

2021 年 6 月，龙腾又对原烧结机氧化法脱硝设施实施了技改，建成 3 套 SCR 脱硝工艺的工程项目，超低改造累计投入约 12 亿元。

龙腾根据“车间内无可见烟尘外逸”“应收尽收”的无组织超低排放要求，从生产工艺、物料存储、物料输送、除尘器卸灰、无组织智能控制系统等方面，在山东冶金设计院帮助指导下，整合优化除尘系统，科学计算平衡风量，确定了环保提升设计方案，并新增了烧结二次混料湿电除尘、小料场除尘、钢渣处理湿法除尘系统以及 850 热轧型钢塑烧板除尘系统等，还新建了一套全厂无组织智能管控一体化平台系统，现场做到“无组织”向“有组织”转变，外排颗粒物（烟粉尘）全面稳定地达到超低排放标准要求。

电动重卡　开启龙腾无害运输时代

2023 年 4 月 19 日，39 辆纯电动新能源重卡入户龙腾特钢。龙腾特钢副总经理徐胜代表公司主持了仪式并讲了话，他说：“引进新能源重卡，是我们根据季丙元董事长关于‘巩固超低排放成果，开启无公害运输时代’的指示采取的重要举措，这也标志着龙腾特钢的‘绿色低碳 双碳双控’正在向纵深推进。”

2023 年，龙腾特钢从三一集团订购了 100 多辆电动重卡，第一批包括 36 辆电动牵引车和 3 辆电动自卸车，这些纯电动重卡具有无尾气、噪音低、耗能低等特点。于五一期间正式投入龙腾特钢的内部运输、施工及装卸货作业。

2022 年上半年，龙腾特钢完成超低排放改造，同年 11 月在中国钢铁工业协会网站公示。为巩固超低排放改造成果，为推动“绿色低碳”“双碳双控”向纵深发展，龙腾先期投资上亿元，实施内部绿色运输更新项目，用纯电动新能源重卡取代传统的化石燃料车。

龙腾销售管理办主任姚艳红介绍说，龙腾特钢共有 108 辆牵引车、自卸车、粉罐车和半挂平板车等燃油车辆，根据规划，将分批更换为纯电动型车辆，以根治汽车尾气的排放。

她说，为减少车辆尾气和运送设备扬尘造成的污染，龙腾已数次淘汰了不能满足超低排放标准的运输车辆及非道路移动机械，提升了龙腾特钢进出厂大宗物料和产品的清洁运输比例，建成两条密闭管带机输送通廊，解决了铁矿粉、焦炭等在输送过程中的污染问题。他们还在提升钢材产品的水运清洁运输上下功夫，建设、修缮了码头，并于 2019 年通过了常熟市内河码头规范化验收。

到 2022 年，龙腾特钢的大宗物料进出厂汽车运输已全部更换为国六排放标准或新能源汽车，满足超低排放的清洁运输要求。对铁水车运输等厂内特种运输车辆和机械也做了全面梳理排查，高标准高质量地实施迭代更新。纯电动新能源重卡的入户，终结了运输污染问题，开启了龙腾特钢的无害运输时代。

创 新 发 展

“五小”奖状　一个33年前的荣誉

拥有一位富有创新思维、创新能力的最高管理者，是企业的幸运——这是33年前的一张“五小”创新奖状给我的启示。

写龙腾的“创新”，我要找的是那种含金量很高的、具有突破性意义的第一个创新奖项。

一次我把这想法对龙腾外办主任袁燕说了，她回头就给我发来了一批创新方面的奖状、证书、奖牌的照片。

其中一张奖状的落款时间是“一九九〇年十二月”，发证单位是共青团苏州市委、苏州市经济委员会、苏州市科学技术委员会和苏州市科学技术协会。

“荣誉证书”以下内容均为手书，如下：

“季丙元同志：24V电动平车，在一九八九至一九九〇年度全市‘五小’成果评比中荣获二等奖。”落款之上依次盖着上述4个单位的大红公章。

这项成果还获得常熟市政府颁发的“科技进步奖”二等奖和共青团常熟市委、常熟市经委、市科委和市科协颁发的一等奖。

1983年4月20日，共青团中央会同国家经委、全国总工会联合发出《关于在全国青年职工中开展“五小”智慧杯竞赛活动的通知》，目的是引导青年职工从“小”做起，促使年青一代在生产实践中发挥聪明才智，开展“小发明、小创造、小革新、小设计、小建议”的“五小”创新活动。

1990年，时年28岁的梅李电动平车厂副厂长季丙元以他的发明创造获此奖项。自24 V电动平车问世后，平车厂效益看涨，到1994年季丙元被调到龙腾钢厂之前，平车的销售量已超过全国总销量的40%。

1994年年初，季丙元来到龙腾，他随身所带的就是他打拼市场的智慧、意志和他开拓创新的精神。

一个建议　填补国家空白　增列“九五”后期重点项目

现代管理学之父彼得·德鲁克也曾说过:“企业家就是一群善于创新的人,创业精神本质上等同于创新精神。”他认为创新者具有五种能力,即“质疑”“观察”“试验”“建立人脉”“联想”,前四项是行动能力,通过这些行动产生各种想法,然后通过“联想”把这些新想法汇聚在一起,从而促成了创新,这就是创新者的“DNA”。

哈佛商学院等曾开展过一项长达6年的研究,有3位教授访问了3 000名高管、500名创办过创新型公司或发明过新产品的企业家,重点研究了25名创新型创业家,他们得出了一个结论:“那些最有创新能力的企业,它的最高管理者往往本人就是非常有创新能力的人。”

季丙元就是这样一位创新型企业家。

为了解轴承钢球项目上马及其后的情况,我采访了曾担任轴承钢球分厂厂长任志刚,他告诉我,是季丙元董事长坚持的创新生产工艺,颠覆了全行业钢球生产方式。

经过一番努力,龙腾生产的热轧钢球终于问世了,当时国内除哈尔滨轴承厂有极少量热轧钢球之外,其他钢厂生产大、中型球坯的工艺都是用热冲或空气锤打击出来的,这种工艺叫“冷镦”。龙腾是我国唯一全部采用热轧工艺生产钢球坯料的企业,可客户用惯了冷镦球,对热轧钢球的使用寿命和产品质量充满疑虑,致龙腾的创新产品打不开局面。

而龙腾采用“热轧钢球毛坯”新工艺生产的钢球,经过测试具有生产效率高、材料利用率高、精度高、成本低、留量小、质量好等优点,滞销原因是没有让客户信服的科学依据。

季丙元说:“嘴上说好没用,有比较才有鉴别。要让客户接受热轧钢球,就要用热轧球与冷镦球的对比数据来说话。”

热轧与冷镦的钢球究竟有什么区别?

我国及美国、苏联、日本、英国、德国等都没有这方面的比较数据。为此,季丙元董事长向中国轴承工业协会技术委员会滚动体分会提了一个开展对比试验的建议并提供了具体方案:组织洛阳、大连和哈尔滨的相关单位及龙腾特钢联合攻关,在用相同材质、相同工艺和相同试验条件下对热轧与冷镦成型工艺生产的钢球做对比试验，用科学方法获得两种钢球的比较数据，实事求是地为轴承成品行业选择质量更好、使用寿命更长的钢球坯料。

季丙元提出的这个方案得到了中国轴协技委会滚动体分会的大力支持，上报国务院后，被列为国家"'九五'后期重点攻关项目"。

2000 年 4 月，本项目的各项试验任务按期完成。

2000 年 5 月，完成本项目的各项试验总结报告。

2000 年 6 月 26 日，中国轴协技委会滚动分会相关领导及会员、课题发起人季丙元、3 家参与攻关单位的 14 位专家、高工会聚常熟虞城大酒店，参加攻关课题验收评议活动。

在听取了课题组的比较试验总结汇报后，中国轴协技委会滚动分会专家组对这一攻关活动做出以下评价：

"龙腾特钢等协作单位已按'轴协技字〔1999〕004 号'文的计划安排，圆满地完成了'九五'钢球专项技术攻关会下达的攻关任务；热轧球与冷镦球形球工艺生产的钢球寿命为 L10 与 L50，热轧球的使用寿命分别提高了 7%和 31%，热轧球工艺可在行业全面推广应用；(此次实验)为中、大型钢球上批量生产的需要，开辟了一条毛坯生产的新路；热轧球与冷镦球的寿命试验，填补了国内这项试验的空白；本课题攻关成功，将进一步推动行业的技术发展，为企业带来好的经济效益和社会效益。"

"开辟了一条毛坯生产的新路""填补了国内这项试验的空白"和"将进一步推动行业的技术发展，为企业带来好的经济效益和社会效益"，国家权威机关做出的评价极高。

季丙元的一个建议，被列为国家"'九五'后期重点攻关项目"，这个填补了国内空白的攻关试验，创新了全国钢球生产企业的生产工艺，解决了长期困扰钢球生产"材料利用率低、生产效率低"等问题。

从此，热轧成为轴承钢球生产的普遍选择，而季丙元一个建议填补国内空白，并被国务院列为"'九五'后期重点攻关项目"这事，一时成为业内广为传播的佳话。

2001 年 6 月，在全国第十一届钢球专业学术(技术)交流会上，季丙元宣读了他的论文《热轧球与冷镦球成型工艺对比钢球寿命的影响》，论文及项目被中国轴承工业技术委员会、中国机械工程学会 TT 滚动轴承专业委员会评为全国二等奖。

如今，龙腾特钢又引进了当今最为高档的高速锻设备，用热锻精密成型又替代了大中球的热轧工艺。

观念创新　是龙腾所有创新的前提

龙腾的创新涉及方方面面，包括观念创新、产品创新、技术创新、服务创新、管理创新、机制创新等，其中的观念创新是前提，有了观念上的创新，才能指导其他领域的创新活动，包括工艺创新、技术创新及新产品的研发，等等。

30 年来，龙腾的产能从数万吨，增加到 400 万吨，员工从 40 多人增加到 6 000 人，固定资产从 400 万元增加到 200 亿元，上缴国家税收从零增加到 10 亿元，产品从一种增加到上百种，获得授权的发明专利、技术专利达到 300 个，这无一不是开拓创新的成果。

1994 年，季丙元到任后的局面是这样的：工厂占地 20 亩、有两间共 4 000 平方米的厂房，其中部分车间还是“露天跨”。全厂工人连跟随他从平车厂来到龙腾的员工在内，不过 50 多人。设备仅一条生产线、一台剪切机和一台小加热炉。围护厂区的是一道篱笆墙，内部道路都是渣土路。更不堪的是，厂里竟然没有电网电源，仅一台柴油机，曲轴还有裂缝。也没有专业技术人才，产品就一个螺纹钢。市场份额小到只有一些砌屋盖房的零星散户，还因同行太多备受挤压。龙腾就像一个羸弱的幼儿，发育不全还缺少营养，随时有夭折的风险。

古人云：“穷则变，变则通，通则久。”（《周易・系辞下》）意思是事情发展到无路可走时，就要发生变化，变化了才会通达，通达了才能持久发展。面对困境，若相时而动，顺应变化做出调整，则可绝处逢生。

龙腾的路怎么走？面对众多同质竞争的同行，惹不起，还躲不起吗？苦苦思索的季丙元想到“拾遗补阙”，想到“大路朝天，各走半边”，想到“夹缝中求生存”……渐渐地，一个崭新的理念呼之欲出。深思熟虑之后，他形成了一个清晰观念——差异化发展。

刹那间，新思路让他看到了出路，顿时感到豁然开朗、海阔天空。

在“差异化发展”观念指导下，龙腾只服从市场大势而不跟风，只坚持“专精特新”而不盲从，更不再亦步亦趋地移步拥堵的独木桥。他带领龙腾毅然与在独木桥上同质竞争的企业分道扬镳。

根据差异化发展思路，季丙元“去找大钢厂不喜欢的产品来生产，在细分行业内找那种很小、很少的产品来生产”。他还制定了“在细分行业夺冠”的目标，铆着劲儿培育了三大核心产品——船用热轧球扁钢、耐磨钢球和 PC 钢棒。这三大产品都是中国钢铁行业的冠军产品，成为支撑龙腾的铁三角。

现代美学认为，只有民族的才是世界的，以此类推，只有独特的才是市场的。差异化的发展思路，市场化的运作机制，亲情化的服务举措与态度，龙腾借此赢得了一片市场。

从拾遗补阙到自主开发，从低端徘徊到创新引领，一个小微钢铁加工厂之所以能成长为常熟名列前茅的龙头企业，这一切就是季丙元观念创新的果实。

生死线上　创新才是活路

“那时的创新，是为了活下去。”在 2023 年 7 月的一次采访活动中，提到建厂初的创新话题，季丙元这样评说。

“活下去”，是所有企业最起码的生存渴望，一要生存，二要发展。活不下去，什么都是空谈。

季丙元感慨地说：“那时的创新都是在没一点钱的情况下自主创新，你要想不出办法来就是死路一条，生死攸关啊！哪像现在，我拨些创新发展基金，你们去研发。现在的创新是为了好上加好、锦上添花，和以前的创新意义不同，压力更不一样。”这话让我印象深刻。

创新既是一条活路，也是一条出路。

季丙元董事长告诉我，在螺纹钢一无市场，二无原料的情况下，他决定转产弹簧扁钢，可生产螺纹钢的 250 小轧机使不出生产弹簧扁钢的大力道，新设备根本买不起，就只能在小轧机上动脑筋。

在改造小轧机的过程中，他想到杠杆原理，就根据杠杆原理调整支点距离，一点一点地移动支点试着寻找最适合的点位，试了一次又一次，才终于生产了质量合格的弹簧扁钢，成功地让小轧机轧派上了大轧机的用场，破了个天方夜谭，救活了濒危的龙腾。

他说：“急出来的主意，逼出来的智慧。这些都是我想出来的急办法，当时不改、不创新，企业就死掉了，那是生死线上的创新。你的那一步往哪踩，踩对了没事，踩错了一失足成千古恨。就像拆弹，几根线你剪哪根？剪错就玩完。所以，为企业的生存，我慎之又慎，每走一步都要反复权衡掂量。”

轧机问题被解决了，冷床问题又来了。

轧出的弹簧扁钢都要先传送到冷床上经冷却过渡，市场上冷床有的是，可一样也买不起，季丙元只能望洋兴叹。

“买一台新冷床要一两千万元，内部还带冷却水，多好！可是我们怎么弄得起呢？但又不能没有，怎么办？”说这话时，他脸上带着当年的那种无奈与纠结。

在走投无路的情况下，季丙元的创新智慧被激发出来了。买不起新冷床，他决定自己造，于是他弄来一批旧铁轨，采用反铺铁轨的办法来满足冷床的平面要求。

也是急中生智呀！可我困惑，为什么不用大块大块的铁板拼个冷床呢？

他说：“用铁轨而不用铁板，是因为铁轨的合金成分很高，变形的概率极小。它经得住火车的重压，搁弹簧扁钢就属于‘无感觉型’了。我们就是用自己造的‘冷床’渡过了那个难关，生产的弹簧扁钢质量很好，一度做到全国第一。现在好了，你看看，我们用的冷床都是一两千万元的。”

在龙腾的30年里，这样的故事很多。

龙腾的30年，创新与发展，互为因果，互相成就。

没有创新，创业的梦想早在1994年就已破灭；没有创业，所有的梦想、所有的创新思路都没有着落。创业与创新是驱动龙腾前进的左右轮，事业的平台是龙腾创新的载体，创新的智慧是龙腾事业发展的引擎。

“龙腾死过多少回了，都靠创新起死回生。只有通过创新，才能使事业生存、发展下去，这就是创新与创业的逻辑关系。人家企业创不创新，可能只是赚多赚少的事，我们创不创新是生还是死的事。”从季丙元这番话，就能看到创新之于龙腾有多重要。

安环例会　说安环不提成就自揭短

2018年5月3日中午12点半，龙腾特钢召开一季度安环工作扩大会议。这是我第一次采访这样的大会。觉得那是一种我以前没有体验过的创新会议模式。

董事长季丙元、副总经理丁君华和吕纪永、安环部总监顾宏明、安环部长蔡军在主席台就座。副厂长、科部室负责人以及全体高管悉数到会。这是龙腾规格最高的例会。

连两侧过道和后排加座，可容纳 300 多人的总部四楼会议厅座无虚席，龙腾光干部人数在梅李就抵得上一家中小企业的员工总数，让我感到龙腾真不小。

主席台两侧面向会场的大屏幕同步显现发言人的 PPT，会场第一排会议桌下，有一面对着主席台的视屏。

会议准时开始，主持人宣布议程后，只见蔡军从主席台走向一侧的讲台，开讲前他彬彬有礼地向主席台和整个会场鞠躬致意，接着做一季度安环工作总结。

有意思的是，他不提安环成就，却一条又一条地曝光他们自己发现的种种问题，何时何处出过什么事故，何时何处存在乱堆放，何时何处发现什么安全隐患，何时何车间 6S 管理不到位等。没有自吹自擂，没有神采飞扬，没有报喜不报忧，全是自我揭短，对任何问题都不藏着掖着。这哪是总结？倒像是检讨似的。

其实，到开会之时那些问题都已是“过去式”早解决了。但他们不放过，还是要拿出来再敲打一番。如涉及人或部门，都是“实名制”，不用“某某”替代，这不免让所涉问题的部门负责人既尴尬又羞愧。

“红红脸，出出汗”，涉及安环问题，龙腾来的可都是真格的。

安环部正视问题而不粉饰太平的态度让我耳目一新，这与我曾采访过的那些铺陈大好形势的总结大会大相径庭。

“成绩不讲少不了，问题不讲不得了”，很久以前听过的这句话，若干年后由龙腾人做了诠释。正是因为他们警钟常鸣经常自我揭短，才提高了安全生产管理成效。这也让我感到，处在生产一线的同志就是不一样，他们不玩虚的，也不能玩虚的，实体单位要的就是实干精神、实际行动，实在成果，这无疑与季丙元董事长的务实作风有关。

抱团发力　一线员工创新出成果

创新是一种需要坚持的执念，一种积极的逆向思维成果，只要做一个有心人，即使是外行人、普通人也一样可以创新。作为一位创新型企业家，季丙元董事长历来鼓励、支持员工的创新活动。这样的成果，在龙腾每个季度展示一次。

在热烈的掌声中，来自一线的年轻员工走上讲台，向大会汇报他们的创新成果。

他们带着本人精心制作的三维立体动画登堂入室，直接向包括董事长在内的全体龙腾干部汇报。通过动画演示他们在一线岗位上取得的创新成果，展现设备在创新改造前后的比较效应，让大家直观地看到他们在改善设备运行质量、提供安环保障、降本节支和增效提质等方面为企业创造的价值。

每当他们介绍完毕，都会获得季丙元董事长及公司全体干部的热烈掌声，这掌声是公司对他们的鼓励、肯定和认可。

季丙元董事长每次在大会上讲话时，都要对员工的创新成就一一点评，一一点赞，这对年轻员工来说，董事长的公开表彰产生的激励和鼓舞作用无疑是巨大的，也是让他们所自豪的。

在龙腾，每次季度例会，都会有一批青年员工上台分享他们的创新成就，我发现每一次出现的都是新面孔，可见创新“五小”活动在龙腾有着广泛的群众基础。

大众创业，万众创新。季丙元董事长在龙腾播撒的创新种子正在成长，他们植根一线，在创新和“五小”活动中八仙过海，各显神通，为龙腾的发展献计献策献成果。

马文健是耐磨材料分厂主任，2018 年他的一个小主意立了大功劳，每天能为企业节省 8 000 元，直到现在。

他负责的圆钢生产车间根据客户需要，轧制直经 50 毫米至 190 毫米的圆钢，按客户要求把圆钢切割成六七米或八九米长。经过精准切割后，一根根圆钢被输送到收集槽。接着工人就要对进入收集槽的圆钢打包。

对于打包丝的消耗，马文健算了一笔账：打包丝直径 6.5 毫米、长 2.8 米，每米重 0.26 公斤，平均每捆需要打 6 道，每天生产 400 包圆钢，每月 30 天，打包丝以每吨 4 500 元计算，每月就扔掉 235 872 元，全年就是 283 万元以上。真是不算不知道，一算让他吓一跳。

为节约成本，马文健开动脑筋，设计了一种足够吊起每包 7.5 吨圆钢的套圈链条，用以取代打包丝。他把自己的创新建议报给胡静厂长，胡静厂长又报给徐利副总经理。徐总经过审核，认为这项小改革能为厂里节省大量打包支出，很快就批准了这个方案。

于是，马文健请起重设备厂加工生产了 400 根可反复使用的套圈链条，从而改变了已持续了 7 年的捆绑式打包方式。现在，当圆钢进入收集槽之后，工人只要在圆钢两端套上套圈链条，便可稳稳当当地通过吊机把一捆圆钢吊进缓冷坑冷却，或进行堆冷，员工也不必再靠近350以上的圆钢打包，安全有了更可靠的保障。

马文健还把原来固定在地面的收集槽改造成升降式的，当圆钢出来时，收集槽会自动升高翘起来，将槽口凑近滚来的圆钢，避免了圆钢下落时因磕碰可能造成的损伤，等完成收集，收集槽便重又缓缓降到地面。

耐磨钢球分厂员工抱团发力为创新也是龙腾的一段佳话。

生产耐磨钢球，须将长圆钢剪切到适当长度的钢段，对钢段粗打之后，再通过滚道将球体传送到电液锤处精打。由于钢球与下冲压模具之间的上落差较大，需要用人力夹钳将那些12公斤到16公斤的钢球夹持到下冲压模具上，员工每班的生产量达到20吨，劳动强度非常大。

为此，徐志强、孙守进、程启亮、沈干、龚逸斌、杨益锋6位干部员工下决心改变这个状况。他们从2022年4月起用了8个月时间，经过多次试验，最后采用在钢球输送的滚道与下冲压模具之间加装气缸提升机构的方法，研制出机械送球装置，可自动将钢球提升到模具上方的位置，再通过滚道进入下冲压模具中。用气缸提升机构取代人工夹持之后，整个设备装置运行平稳、高效、安全可靠，在把工人从繁重的体力劳动中解放出来的同时，还大幅提高了工作效率，省下了一半劳力。

项目在2023年5月获得公司的行业提升优秀项目奖，项目已申请实用新型专利，到截稿时止，仍在公示中。

抓创新等于抓发展 谋创新等于谋未来。发展是第一要务，人才是第一资源，创新是第一动力。在龙腾的30年里，非凡的成就都是创新的成果，迄今已拥有320多项发明专利和技术专利，季丙元带领的龙腾永远在创新的路上。

龙腾特钢科创部副部长顾叶清在接受采访时说，龙腾通过创新实施“三大极致”，就是把产品质量在行内提升到极致，把生产工艺成本在行业内做到极致，把人均劳动生产率提高到极致。持续进行质量的改进与提升，耐磨钢球和PC钢棒被确认为国家单项冠军产品，PC钢棒荣获中国工业大奖表彰奖。

国内首创的热轧球扁钢“双矫直+强力矫直”微变形弯曲度控制技术，实现了最大规格的热轧球扁钢部弯曲度小于2‰，填补了国内空白，打破美日垄断。

龙腾生产的耐磨钢球代表了我国同类产品的最高制造水平，他们还长期专注于特定细分产品市场，实行“一矿一球”的个性化定制服务。在国内首创模锻与自由锻相结合的自动化热锻钢球生产工艺，大幅提高了自动化程度，每班用工人数减少 40%，产能提高 40%，人均劳动生产率提高 1 倍以上。

通过创新从根本上解决了钢棒脆断关键技术，脆断率可控制在 0.1%以下，全国市场占有率达到 85%，产品出口日本等国家和地区。

社 会 责 任

十年扶贫　脱贫村人均收入增3倍

早听说，由龙腾特钢结对扶贫的梅李珍北村富了，美了，我一直想去看看。

2022年6月5日，一个细雨霏霏的日子，我驱车前往梅李镇珍北村，此行目的是去看看龙腾扶助的这个贫困村的十年巨变。

进入珍北村，村口浓郁的行道树让我想到孟浩然的诗句："绿树村边合，青山郭外斜。"纤纤风里，被雨水打湿的树叶儿映着天光闪烁。空气清新宜人，带着蔬菜基地的清香。

我缓缓行驶在村道两旁的拱形蔬菜大棚之间，从一些撩开塑料布幔的大棚里，我看到，蔬菜长得密密匝匝，爬满藤架的绿叶间悬挂着黄瓜、四季豆等，西红柿也已长得很高了，莴笋、西蓝花则贴地而生。细雨如丝，润物无声，雨中的菜地绿油油的一片。

村委会，是一幢有点旧的二层小楼，倒是村委会边上簇新的村民活动中心更吸引人，亮堂堂的屋子里有人在打牌、有人在搓麻、有人在下棋，还有人在看报、看电视。另一幢新建的房屋是村里的"新时代文明实践站"，外墙上挂着一块醒目的牌匾，上书"常熟市龙腾特钢结对扶贫示范点"字样。

村党委委员许月圆和村主办会计韩静芳两位向我介绍了村里的一些情况，说了没几句就要带我看看他们"美丽的乡村和希望的田野"。

珍北村是一个绿水环绕的村庄，阡陌两侧翠色葱茏，田野的芬芳沁人心脾，穿行其间让人有种置身原生态的美感。

村里有十多条大大小小的河流，其中，珍门泾是一条贯穿全村的主干河，一幢幢农舍就坐落在河流两岸的树丛中、竹园里。

路上，许月圆和韩静芳你一句我一句地为我做介绍。许月圆告诉我，珍北村是梅李镇最大的行政村，总面积6.6平方千米，全村59个自然村落，共有1 400多农户，5 000多人口，耕地总面积6 566亩。2022年度农民人均收入42 000元。

“日子过得都不错，你看，是不是都是楼房呀？”许月圆不无自豪。

韩静芳说，虽然现在村民都住进了楼房，用上了自来水、液化气，可许多人家同时也要用传统土灶，她家也有。她说她很欣赏清晨时分村里那种薄雾缭绕、炊烟袅袅、鸡鸣狗吠的场景。

“这不就是你们城里人向往的诗和远方吗？”她得意地对我说。

韩会计脑子里有不少亮闪闪的数字，提到村里的经济情况，她如数家珍：村里人均收入已经从 2009 年的 12 000 元增加到 2020 年的 34 626 元，两年后的 2022 年达到 42 000 元。村级收入从 2009 年的 104 万元增加到 2022 年的 1 083 万元。

我说：“当年人均 12 000 元，也不算穷呀！”

“相对，这是相对。”许月圆说，“常熟是富裕地区，龙腾和我们结对扶贫是为了让我们锦上添花，也好跟上常熟的整体步伐。”

她还说：“龙腾不光帮我们村摘掉了贫困村的帽子，村容村貌也改善了，不输梅李哪个村了，还获得了‘苏州市美丽村庄先进集体’‘现代农业先进集体’等称号，村党委书记计建刚被评为‘常熟市担当作为好干部’。”

“脱贫攻坚没有局外人”

龙腾的扶贫要从 2009 年说起。

那年国庆之后，季丙元董事长主持了一个全体高管参加的务农工作会议，商议与本镇珍北村结对扶贫的事。

公司党委副书记、副总经理丁君华在会上向大家通报了珍北村的基本情况。珍北村以种菜为主，没有工业，村级经济较为落后，2009 年被列为市贫困村。

季丙元在会上说：“我们原来都是土生土长的农民，无论从情感上还是从社会责任上考虑，都有义务出一份力，不能做扶危济困的局外人。我们把珍北村作为对口扶贫村就是为了精准扶贫，我们曾经都是农民，扶贫助困龙腾的人不能缺席。”

会议决定，从当年 10 月起就开始与珍北村结为公司的对口扶贫村。会议还制订了“脱贫攻坚，村企共建”方案。

为了把对口扶贫工作落到实处，党委决定由季丙元书记挂帅，由曾担任过村支部书记、富有农村工作经验的丁君华副书记负责与珍北村党委对接，处理具体事务，会议还决定把帮扶珍北村作为龙腾行政支部的党建特色品牌。

季丙元决定，从 2009 年起，每年向珍北村提供 30 万元扶贫款，这是“输血”，他们的“造血方案”是协助珍北村找准短板，配合村里新建一批蔬菜种植大棚。

10 年来，丁君华每年都要专门围绕脱贫工作与珍北党委一班人共同谋划发展目标、扶贫线路、工作步骤等，根据珍北村的实际情况，协助村里制订了亦农亦工亦商的扶贫解困计划。

10 年里，龙腾特钢无论企业利润厚薄，每年都确保按时足额地向珍北村提供一笔扶贫资金，为村级经济发展打底子。

献计献策　鱼渔兼授从根上脱贫

自从龙腾特钢与珍北村建立对口扶贫关系之后，龙腾党委和行政高管都成为为珍北村收集致富信息的有心人，热心为村里脱贫找对策、献良方。

协助引进葡萄良种。2014 年，丁君华副书记协助村里引进并改良了葡萄等瓜果品种，其中村里大棚种植的“吉健牌”葡萄以个儿大、口味清香甘甜和有机种植等优势，每年上市后都供不应求，种植面积从起初的 250 亩，增加到 600 亩。到 2020 年，全村涌现 40 户葡萄种植专业户，每年共可收获葡萄、瓜果 60 多万公斤，销售收入为四五百万元。

村里为不断提升村民种植技能，增质保量，促进农民增收，建立了专业果蔬合作社，引导和带领村民发展高效益绿色果蔬。珍北村农户还热情地向邻村农户传授葡萄种植技术，为邻近村民增收发挥了作用。

增加标准钢架大棚。珍北村是常熟 3 个大型蔬菜种植基地之一。2013 年，丁君华向村里提出扩大大棚种植面积的建议，这个建议也得到了季丙元的支持，为此额外拨出一笔钱资助村里新建了一批标准钢架大棚。为改善大棚内蔬菜生长环境，还支持珍北村委会在蔬菜种植大棚内添置了通风设备、新建了配套沟渠，铺设了“滴灌”和“环喷”设备管道。到 2020 年，村里累计建设“惠农大棚”4 000 多套，大棚蔬菜种植面积从 800 亩增加到 1985 亩。村里还分区域新建了 17 座节水灌溉泵站，铺设了 30 多千米长的供水管道，实现了全村农田节水灌溉全覆盖和灌溉的半自动化。

大棚种植和机械化水平的提高，改变了过去菜农完全“靠天吃饭”的状况。2020 年，珍北村全年收获各类蔬菜 1 100 万公斤，实现销售收入 1 600 万元。到 2020 年，珍北村的大棚蔬菜种植面积已经从 2009 年的 800 多亩增加到 4 000 亩，西红柿、黄瓜、茄子、西蓝花等大棚蔬菜成为常熟城区和邻近城市的抢手货。

为提高菜农的蔬、果生产技术，龙腾特钢党委还和村党委会联合邀请专家进村传授蔬菜、瓜果种植技术。常熟市蔬菜种植能手殷健、任建洪等都曾到村里做过经济作物农技培训讲座，向菜农传授病虫害防治等科学种田知识，提高了农户的大棚种植管理水平和产出率。

建出租厂房，添新的财源。在珍北村有一条省级公路穿村而过，2019 年，丁君华副书记提出利用交通优势，建造厂房出租，后又申报作为珍北村、新丰村和珍南村的抱团发展项目。2020 年，在梅李镇珍北村支梅公路东侧的六泾桥旁，建造了两栋三层标准厂房，厂房占地面积 8 000 平方米，建筑面积 10 000 多平方米。2021 年 5 月，厂房出租给本地 3 家企业，村里每年可增收 200 万元。

又富又美　珍北跻身美丽乡村

已经摘下贫困村帽子的珍北村 2020 年开展了美丽乡村建设，这个 10 年前还没有一条硬化路面的贫困村，如今全村水泥路四通八达，铺设到全村 59 个自然村落中的所有农户家门外，到 2020 年，全村家家户户都住进了楼房。

已经富了起来的珍北村村民，开始追求优美的生活环境，到 2020 年已有两个村庄被评为“苏州市美丽乡村”，11 个被评为三星级“康居乡村”。村里还加快实施“千村美居”计划，到目前，已有 8 个村落达标，他们还完成了 13 个自然村落的环境改造，村容村貌焕然一新。

近年来，龙腾还参与易地扶贫帮困活动，由丁君华副总经理携带龙腾特钢的爱心捐款前往贵州大山深处的竹山村看望慰问了那里的村民，为贫困地区实现“两不愁三保障”的扶贫目标，献上了钢铁工人的一份爱心。

30 年来，为报效国家和故乡，季丙元以一个党员企业家的家国情怀和责任担当，热心社会事业和慈善事业，在助学帮困、赈济灾区脱贫攻坚、美丽乡村建设、支持慈善机构、社会公益事业建设等方面做出了突出贡献，迄今已捐赠上亿元资金。

2021 年龙腾特钢被中华慈善总会授予“2021 年度爱心企业”称号。

诗意远乡　西村曾经很好看

季丙元家所在的西村是梅李镇聚沙村的一个自然村落，他在那里成长，在那里成家立业，有了可爱的双胞胎儿子。

2020年年底，梅李镇正在酝酿西村的“美丽乡村”改造工程，说打算在西村建一个中心公园，我想先看看改造前的西村模样，也是为了解一下一个能造就成功企业家的村庄有何别样的人文环境、风土人情。

龙腾特钢钢球分公司销售经理徐建清是西村老村民，得知我的想法后，主动陪我前往。

“今年过年时我陪老板去了趟西村，我就带你把老板那天经过的地方再走一遭，让你熟悉熟悉西村状况。”他说。

我们说走就走，那天是2021年3月24日，一个晴朗的日子。

建清轻车熟路，汽车很快就穿过集镇区来到郊外。仲春季节的梅李乡村如诗如画，灿烂的阳光下沿途碧绿的行道树苍翠欲滴，公路两旁的田野盛开着大片金黄亮丽的油菜花。或远或近，农家别墅前后亭亭玉立的花树都绽放着才开不久的鲜艳的花朵。

我看到，我们车头前方两三千米外有一根红白相间又细又高的烟囱，那里有一座火电厂？建清告诉我说电厂已经迁走了，但是厂房还在，烟囱下就是西村。

进入西村，他和我边走边聊。

西村总面积约11万平方米，54户人家，214人。西村人家的楼房，大多是40多年前建的，由于当时缺少农舍规划意识，小村庄显得有点纷乱，房屋之间的间距都很狭窄，路也坑坑洼洼的。

江南农村人家大多临水而居，西村虽然不大，却也有“绿树村边合”“碧水人家绕”的景致，小小的村落里竟有4条河流，分别叫“徐家河塘”“前泾河”“后泾河”和“吴家浜”，村西南隔条路就是宽阔的梅塘，这的确是一个碧水环抱的好去处。

梅塘对岸是同村的另一个自然村落——钱塘泾村。

两村之间宽阔的梅塘河让我想到一首旋律优美的歌曲《我的祖国》，“一条大河波浪宽，风吹稻花香两岸”。

梅塘两岸的村民也都一定“听惯了艄公的号子，看惯了船上的白帆”了吧！

一座约250米长的水泥桥横亘在宽阔的水面上。建清说，早年对岸有一家水泥厂，这桥就是水泥厂当年为沟通与梅李集镇的联系而建造的，两岸人也经此往来。桥名很直白，就叫“水泥厂桥”。

臭河钓鱼　他勾起的是回忆

随建清走过一段高低不平的土路，我们来到前泾河边。这是一条约百米长的河流。可惜的是，河床两侧已被乱糟糟的生活垃圾、建筑垃圾挤占，对岸河堤下还有个黑洞洞的出水口，正汩汩地向河里排放污水。由于下水道水流长年累月的冲击，出水口前的垃圾被冲开一道沟槽，污水就顺着那道歪歪扭扭的沟槽朝河里流淌。整条前泾河也缩得仅剩中间以东一块不大的水面了。

有位居民握着钓杆站在河沿边钓鱼，他神情专注地盯着水面上的浮子。

“徐建华，阿有鱼？”从小生活在西村的建清跟这儿谁都熟。

“弗来哉(不行了)，水特齷龊，呒鱼(没鱼)，白相相。”那位叫徐建华的村民说完反问徐建清，“阿要改造快哉？倷喊季老板早点来弄呢！”

徐建清说：“老板晓得哉，来嘿(正在)研究，要做方案打报告格(的)，事体也不容易，但是快哉！”

我走到钓者徐建华边上，顺着他那根若有若无的玻璃丝钓线盯着水面，希望有鱼咬钩，让徐建华有点收获，但他显然一无所获，脚下也没有放鱼的水桶。我想，与其说他要钓鱼，不如说是在怀旧，在寻找当年那种晨昏之间或斜风细雨里的垂钓之乐。

那时，清粼粼的小河澄澈见底，摇曳的水草之间可见寸许长的小鱼群和一条条柳叶儿似的“串条鱼”悠然游弋。蓦地，河里还会有鱼儿突然跃起又倏忽钻下水，于是水面上漾起一圈圈涟漪，像声波那样久久不散。沉醉在物我两忘的美妙意境里，垂钓者心旷神怡、安然惬意。

我给徐建华递了支烟问道：“您住哪师傅？”

他悠然地吐出一缕烟，侧身用下巴指了指身后：“喏，就在边上。”

他说：“现在村里环境跟当年不好比了，一到下雨天附近污水横流，刮到大风，灰尘乱飞。从前因为离河近，大热天在河边可以闻到水草香，现在大伏里闻到的是从那儿传来的垃圾臭味。”

说着他叹了口气："村里'脏乱差'三个字都搭得上了。"

芬芳田畴　徐河塘边的昨日余韵

离开这儿，建清带着我经过前泾河东端的石板桥，从那儿去了对岸，然后沿着右侧老气罐站外墙和一片竹园之间的小径，来到村北头的徐河塘。那是一条水流湍急的小溪，漂荡在水面上的浮皮潦草随激流匆匆流向梅塘方向。

徐河塘附近有几块面积不大的农田，菜花儿开得又浓又密，蚕豆长势也很旺盛，豆荚还很小，但清晰地挂着呢！那儿有股远乡才有的田园清香。也许，那菜花、蚕豆花的芳香让建清的怀旧思故之情油然而生了，他正默默地看着那片生机盎然的田地若有所思。

我想，这里一定有许多人艰辛而又温馨的记忆，而这也一定是藏在季丙元内心深处的田园情结吧！

接着，建清带我来到沿村的聚沙公路旁，靠路的田边漾着一汪水。建清说，这原来也是一条河，叫吴家浜。现在这河已被淤泥、垃圾填得跟田地差不多平了，作为河，吴家浜已不复存在。

在西村只有"后泾河"还勉强保持原貌，这条河宽 30 多米，水质倒也清澈，高大茂密的岸树从两边探向水中央，遮天蔽日地覆盖在河道上空，一些大树枝丫在上方交错衔接，空隙之下的水面映着天光云影，蜿蜒的河道幽远绵长。

后泾河北端有一个从堤岸上向下延伸直至消失在水下的石阶，那是村民当年用水、取水的"水栈头"。自从村里人家都用上了自来水之后，村民就不再依赖后泾河了，天长日久，少有人光顾的水栈石阶已变得松松垮垮的了。

我与建清说话的当儿，来了位村民，只见他走到河边弯腰从水里扯起一根绳头，接着便开始往上拉。随着被缓缓从水下牵出来的绳子，出现了一个绿色窗纱包裹的圆柱体网笼。

建清告诉我：那是捕鱼用具，叫"龙梢网"。主人平时就把它沉浸在水里，也不用管，得空就过去拉起来看看，而里头多多少少总会有些鱼虾的——由于后泾河离居民远点儿，基本没受什么污染，就是头上一段有点建筑垃圾。

这可真是一个充满人间烟火气的村子，至今保留着从前水乡人家的许多习惯，比方向河里沉张"龙梢网"就能以逸待劳、坐享其成，到时"收鱼"去就成。

如今，随着村民日益增长的对美好生活的渴求向往，改造高低不平的土路、杂乱无序的农宅、扔满垃圾的河道成为全村人的呼声。

西村村民都是"领世面"的人，对"产业兴旺、生态宜居、乡风文明、治理有效、生活富裕"这 20 字乡村振兴方针不少人还能背呢！而对苏州、常熟开展的"美丽乡村"建设、"千村美居"工程，村民说起来也一套一套的。

建清边走边对我说："年初四陪老板到处看、到处转了一下之后，老板临走时评价说'确实脏乱差，不改造不行了'。"

在巷口，我们遇到了西村的队长徐美华，徐队长邀请我们到她家坐坐。通向她家的过道十分逼仄，与相邻的房屋不过就 1 米的间隔。

来到她家后，她对我们说："特轧哉（太挤了），板车也拉不进。院子也不敞阳（宽畅），房子也破哉。"她说，再过年把，孙子要结婚了，想把房子改造改造，就担忧孙子结婚时新村改造跟不上。

"美华放心，僚晓得格，丙元是个说到做到的人！"建清安慰她。

大年初一　众乡亲围着丙元说愿景

2021 年 2 月 12 日，大年初一。

季丙元像往年那样，先是到公司慰问了节日坚持生产的员工，之后便径直去西村向乡亲们拜年。

徐美华和季美华等几个村民，远远看到季丙元回到村里，都迎了上去。两个美华喜形于色，忙着向丙元报喜。说起来，两个美华都是西村整体翻建的促进派。

她们先向丙元报喜。

一个说："镇里就要为村里建中心公园了。"

一个说："不如干脆把村里的老房子都翻新了吧！"

一个说："最好乘机彻底让把整个西村改造一下才好。"

"对呀！对呀！"在场的其他村民随声附和。

曾当过梅李街道副主任的徐建亭对季丙元说："季总啊，你是市人大代表，你领导的龙腾又是常熟贡献最大的企业，请你向市里、镇里领导反映反映村民的呼声，我们想要整体翻建西村，不是光建一个中心公园。"

乡亲们的梦想、追求和激情让季丙元很感动，中央提出来的"乡村振兴""千村美居"和"美丽乡村"建设真是件得民心、顺民意的好事啊！

从小生活在农村的季丙元对西村始终怀着浓浓的乡情，他知道乡亲们对“美好生活”有多渴望。自走上工作岗位以后，他立志好好干一番事业，让自己有能力报效父母、报效故乡、报效国家。这就是他当初“出发”的理由啊！企业状况改善之后，他在梅李镇上铺路、安装路灯，在梅李扶危济困，捐资助学，热心支持慈善事业，等等，好事也做了一大堆了，找机会改变自己老家西村的旧模样，更是他藏在心底的一个夙愿。

30 多年来，季丙元他埋头苦干，总是在向前看，日常的忙碌让他无暇回望，但在他的内心深处，并没有忘记当初为什么出发，始终怀着对父老乡亲们的真挚感情，而这正是激励他“日夜拼搏”的动力。

听了几个村民的话，季丙元对他们说：“只要村民意见统一，每户签字，我就一定去请求市委、市政府支持。”

此言一出，村民立刻行动，当晚就写了申请报告，年初二家家户户都在申请书上郑重地签了名。

从西村回到家里的当天下午，季丙元把村民的要求向梅李镇党委书记许晓波做了汇报。两天后的年初四，他又同许晓波一起到西村看现场，之后向常熟市委做了汇报。

热气腾腾　季家院落品香茗、开洋荤、绘蓝图

大年初五，季丙元再次回西村。

几个村民得知后或奔走相告，或微信招呼，不一会儿季家就挤满了人。季丙元、徐彩云夫妇从屋里端出几张圆桌和所有的藤椅、杌凳、长凳，沏了热气腾腾的香茶，夫妇俩和乡亲们品茗聊天，共话桑麻。

这个院落由常青的绿篱围护，榉树、香橼树、桂花树等长青苗木依然苍翠。悠悠白云、冬日暖阳和乡亲们被希望点燃的激情，让暖融融的季家院落充满了新春的气息。

跟大家一起坐在榉树下的季丙元告诉大家，事情有进展，镇里、市里都知道了，市委书记也会过问的，村里的面貌肯定要大变样了。

好消息，让乡亲们欢声笑语乐成一片。

临近午饭时间，季丙元请大家留下，他要请全村人开个“洋荤”——吃一回肯德基。他叫住在附近的龙腾办公室主任王渐凯和科员沈佳到街上为全村老

少每人买一份肯德基。

来到肯德基店，沈佳对店老板说："老板，今天店里的肯德基我们龙腾全包了。"

老板还当听错了呢！他看了看王渐凯主任——本乡本土的他们认识，王主任说："是的。"老板才知道这不是小沈因为过年才说的吉利话，而是真的。

年初五是"财神日"，从未遇到过这等好事的肯德基店老板喜出望外，忙得不亦乐乎，高兴得连连对两位作揖行礼：恭喜龙腾、恭喜西村家家发财！

带着一车厢肯德基，王主任和小沈回到西村董事长家，在热烈的气氛里，村里老老少少人手一份肯德基，就在季家开了一回"洋荤"。

那天徐建亭也在，看着热烈的场景，拿着一包热乎乎的肯德基，他的思绪回到了40年前。

他与丙元年龄相仿，当时都是才20岁左右的小伙子，工作之余，黄昏时分，村里的几个年轻人常徜徉在梅塘岸畔，边散步边聊天。在他的印象中，青年季丙元勤奋、善良、谦逊、热心，是一个有抱负、有思想、志向高远的人。

"每次与丙元交谈，我都能感到他身上有一股激情和一种催人向上的力量。他的思路非常好，目标意识也很强。"徐建亭说，"当时我作为梅李街道副主任，自认也不是保守的人，可我总觉得与丙元那种前卫思想和理念比，还是有很大的差距。还有啊，他这人无论在村里、厂里还是家里干起活儿，劲头十足。"

打开了话匣子的徐建亭告诉我：西村50多户人家，无论哪家有人生病了，丙元都会上门看望，还都要千方百计为病人送点儿可口的食物，让人感到很暖心。哪家砌屋呀、操办红白喜事呀，他都会冲在前头去义务劳动。在他的带动下，西村就像一个恩爱和睦的大家庭。直到现在，村里有老人病了，他和彩云也要挤出时间去看望。

徐建亭还举了个自家的例子："2010年，我爱人住院动手术，丙元和彩云专门买了灵芝等补品来看望，还给了我们一笔钱，真的让我们很感动。"

让徐建亭敬佩的是，现在的季丙元事业做到全市第一，却还是老样子，没有一点架子，他还是从前的那个丙元。

惊艳四方　再游西村画里行

2021年3月9日，市委领导在详细了解西村情况后，召集有关部门到龙腾参加聚沙西村整体翻建专题会。会议提出要把聚沙西村建成具有江南水乡特色的美丽村庄。

西村改造建设项目立项之后，5 月 1 日，季丙元董事长又专门回村通报了这个好消息，他还与村民代表商讨了一些具体事务，并强调房屋翻建，要充分尊重村民意愿，以自愿为原则。他还向大家展示了新村改造方案。

这之后，一场西村改造项目全面展开了。

转眼间就到了 2022 年 10 月 28 日，在新西村落成一个月后，我第二次去西村，要不是徐建清指点，我无论如何都不可能相信眼前的这个美丽村庄就是之前的西村。

改造后的西村，共翻建了 40 幢独院住宅楼，这些楼房粉墙黛瓦，造型别致，屋檐门窗等都具有江南建筑特色。每幢楼房的建筑面积 300 多平方米，屋边都配有一个车位。原来靠近梅塘的十多户人家，由于建房时间都不长，布局也很合理，按主人意愿未翻建。我也觉得，那 10 多幢楼房艳丽的红色屋顶与粉墙黛瓦的新楼倒也相映成趣。

在美丽新村建设过程中，村里疏浚拓宽了前泾河与徐河塘，填平了已废弃的两条小河，加上通过合理布局腾出来的土地，经过整合建成了 55 亩“美丽菜园”，还建了占地 15 亩的 6 个小园林，围绕草坪花圃铺设了一条红色塑胶步道，步道两侧植有多种花卉，有二月兰、绣球花、格桑花，还有桃树、杏树、海棠、樱花等花果树木。

西村内部道路全部改造成沥青路，村里没有任何裸露的线路、供水管道，出水管道，还有所有供电供水管线全部设在地下，入夜时分，村道和农民居住区域的新村道路上华灯齐亮。

为丰富村民文化生活，西村建了一座多功能厅，内设聚沙西村村史馆和宴会大厅，也可以用于开展群众文艺活动，多功能厅外设有三四十个公用停车位。

为西村建设，季丙元共资助 3 000 万元。

在新村里转悠时，我竟又意外地遇到爱钓鱼的村民徐建华，我问他的新房在哪。

他笑容可掬地指着前泾河的一幢三层楼房说：“还是在河边。你看！”顺着他的视线，一座崭新的楼房矗立在我的眼前。

接着他侧身指着面前波光粼粼的水面说：“这是现在的前泾河，加宽了，挖深了，打了石驳岸。你看这水质阿是‘光清’（方言，意为河水之清）？”

“那你又可以钓鱼了?”我说。

徐建华告诉我:“这等于是新开的河,鱼还没来,过个阶段,就可以钓哉!”

受他兴奋心情的感染,我也很开心。

那天,我没见到徐美华队长,于是我给她打了个电话表示祝贺,当她想起我曾和徐建清一起到过她家,就一个劲儿地连连说好,还特别告诉我,现在“汽车也能开到大门口了”。

她说她孙子已结婚,房子没耽误,电话里传来了她的笑声。

如今的西村旧貌变新颜,已成为一个鲜花盛开的村庄。有老乡告诉我,市里的文艺团队已经来大礼堂演出过好几回了。

梅李镇党委书记许晓波在接受采访,提到西村时说:“现在,西村已经成为全市美丽乡村和千村美居建设的一个典型和示范点了。”

许晓波还说,本镇胜法村有 800 亩地,原来这块地的产出很低。去年,季丙元董事长投入近 2 000 万元,租下这块地,将要通过改良土壤,重新规划建一块现代农业园,从事粮食蔬菜的生产,这是他以实际行动反哺农业的一个新举措。

徐建清曾对我说:“明年春天,当所有的花都盛开的时候,我再和你去西村看看。”而在我重新整理此书的此刻,正是他说的那个“明年春天”……

再游西村,西村的变化之大之快,都让我不胜感慨,这是一个企业家对养育自己的故乡的回报,这也是常熟农村巨变的一个缩影。

“后之视今,亦犹今之视昔。”西村的变迁不是传说,而是镌刻在村口那块巨石上的真实故事,这故事将流传很久很久。

继往开来

沧桑巨变　惊艳四方的华丽转身

许多年前，常有人问龙腾还在不在了，这个问题持续了多年，也出现过好几回。人们的疑问不是无缘无故的，事实上，龙腾确实曾经多次陷入绝境，甚至到了摇摇欲坠、一触即溃的程度。没有专业人才，没有顺心的设备，没有好销的产品，没有像样厂房，甚至没有电源，更不用说资金了，一度连工人的工资都做不出，顺着常理推断，危在旦夕的龙腾如果“关门”不会有人感到意外。

然而，龙腾不但一直在世上，还越做越大，越挫越坚。

在季丙元董事长的带领下，龙腾人一路攻坚克难，突破一个又一个瓶颈，冲过一道又一道难关，终于走出逆境，迎来辉煌，一步步登上了事业的制高点。带着令人引以为傲的卓越成就，当年那个濒临倒闭的龙腾，2012 年就已跻身全国民营企业 500 强和江苏工业企业百强。

历尽磨难华丽转身的龙腾特钢，以在苏州名列前茅的光彩形象惊艳四方。

2018 年 10 月，企业荣获“改革开放四十周年功勋企业”称号

2021 年 7 月，公司党委荣获“江苏省先进基层党组织”称号，党委书记、董事长季丙元赴省城南京，捧回了常熟唯一的珍贵奖牌。

季丙元本人被评为苏州第六届十大企业家。

但人生的荣耀，不仅仅在于领奖台上的光芒与绚丽，也不仅仅在于获奖时的欢呼与喝彩，而在于走向领奖台的坎坷历程和洒在沿途的心血汗水。在生命的长河里，只有迎着风浪搏击，才能迸出最美的浪花。

“有所作为是人类的最高境界”，这是一位导师的名言。

30 年来，季丙元以自信为人生的支点，以逆境为人生的财富，以目标为人生的方向，以奉献为人生的追求。他用他 30 多年的苦斗证明：一个人如果没有他吃不了的苦，就没有他做不成的事。

综观知名企业家的成功历程，人们会发现，许多人的生命之所以伟大，都来

自他们所承受的苦难。当年的季丙元就处在“一无所有”的境地，但“一无所有”不是他的畏途，而是他的基石。

人生的意义不在于拿到一副好牌，而在于怎样打好一副烂牌。季丙元曾经遇到的难题对一个企业来说是致命的，有厂却无电网，要技术改造却无分文，有好项目却无财力开发，产品终于有了市场却没了坯料，还有薄弱的技术力量跟不上前卫科技的发展步伐……怎么办？季丙元在回顾往事时，提出15个怎么办。他焦虑过、忧伤过，但没有绝望，因为他坚信希望就藏在厄运里。

在镇党委的鼓励、支持下，他默默无闻地从梅李东郊一隅那个小小的篱笆墙里起步，怀着钢铁报国和致富一方的美好愿望，用钢铁般的意志、百折不挠的韧性和永不松懈的拼劲，创下了骄人的业绩。

从不受待见到自带光芒令人瞩目，季丙元作为一位成功的企业家，他的才干与意志，是在烈火中冶炼出来的，是在顽石上磨砺出来的。

在竞争激烈和瞬息万变的市场上，成功与失败相互交错，企业家意味着责任、奋斗、创新、卓越和永不屈服，意味着从失败走向成功，而每个企业家都有一路属于自己的足迹，也都有一段属于自己的辉煌。

非凡的企业必有非凡的企业家。

都说好女人是一本书，好男人又何尝不是？季丙元用他30年的创业生涯，用他30年来积累而成的经营管理才略，为正在创业或创业路上的后来人提供了有益的启迪。他用他走过的路教人如何面对和走出人生的困境，如何在逆境中应对各种挫折，如何做事为人，如何充分调动内外两个积极性并使之形成合力，如何把一个小微企业从小带到大，从弱带到强等。

目标引领　有追求的人跑得快

5年前，我第一次来龙腾，交谈时季丙元董事长说过的一句话让我记忆犹新，他说：“我对自己说过的事是不会忘记的。”

这让我感到，他是一位具有坚定的意向和强烈的目标意识的企业领导人。后来的采访让我看到，目标意识是他与生俱来的禀赋，就如他从小斫羊草不满一篮不回家一样。

有道是：有目标的人在奔跑，没目标的人在流浪，因为不知道要去哪里；有目标的人在感恩，没目标的人在抱怨，因为觉得全世界都欠他的；有目标的人睡不着，没目标的人睡不醒，因为不知道起来去干嘛。

有追求的人才有目标，有目标的人才有奔头，有奔头的人才跑得快，跑得快的人才能为天下先，以其远见卓识根据事物的发展趋势想在前、干在前。

什么是季丙元的目标?

是把龙腾做大做强，是提升回报社会的能力，是报效祖国，造福一方，是带领员工共同致富的心愿。

为了这些目标，30 年来，季丙元心无旁骛，一步一步地拾级而上，不断地挑战自我，挑战极限，而随着他前进的步伐，一些当时可望不可即的目标逐一达到。

2020 年，季丙元确定了到公司成立 30 周年时的目标，就是确保把服务 500 万吨特钢产能的工程项目全部落地，这一布局已经完成；到 2028 年实现年产 450 万吨粗钢和深加工 500 万吨特钢的目标，年销售收入达到 500 亿元。

根据总体目标，季丙元董事长向炼铁、耐磨钢球、轧钢、钢棒、焊材、汽锻、新能源装备七大分公司下达了具体目标任务。

在云谲波诡的市场情势影响下，从 2022 年开始，一些同行的钢铁产品产销量有所下滑，然而龙腾却仍然略有所增，这样的逆势增长是业内的奇迹之一。根据国家部署，今后一个阶段在我国钢铁生产形势趋稳后，一些厂家必须压降产能，但龙腾的目标产量将不在降产能之列，这与龙腾的产品质量、绿色生产方式和市场对龙腾产品的刚性需求有关。

在诸多目标中，建设龙腾希尔顿酒店是其中之一。

关于希尔顿酒店，季丙元说，龙腾希尔顿酒店是一所高标准酒店，建设这家酒店，是为配合市委、市政府加大提升城市功能的规划，也是为提升龙腾企业形象，扩大龙腾知名度，塑造与 500 亿企业相匹配的社会公益形象。

希尔顿酒店坐落在原琴湖农民公园的位置上，少年季丙元曾去琴湖水上公园游玩过，琴湖的美景让他流连忘返。从那时起，他就有了为琴湖做点什么的目标。而终于，他没有辜负美丽的琴湖，以一座超豪华的五星级希尔顿酒店为琴湖锦上添花。

希尔顿酒店占地面积为 50 亩，建筑面积为 11 万平方米，总投资 15 亿元。酒店形如一艘巨大的游轮，象征着龙腾、象征着常熟在人类历史的长河中乘风破浪永远前进。

酒店定于 2024 年 5 月投入使用。

记住昨天，做好今天，走向明天
——季丙元寄语

一、龙腾成长的三个法宝

龙腾发展到今天，有这样的规模，有这样的成就，靠三个法宝：党的政策好，这是关键；地方党委政府服务经济发展的措施好，这是依靠；全体龙腾人共同努力拼博的精神好，这是力量。

30年里，新一代龙腾人在茁壮成长，龙腾的事业后继有人，年轻高管徐胜、徐利敬业勤奋，思路敏捷，富有实际工作才能，有大视野、大格局，专业技能、管理水平都很强，思想品行等综合素质都很好，他们都是龙腾的创新型领导人才。

十多年来，他们胸怀全局，为龙腾的发展壮大做出了卓越贡献，未来完全能够担负起引领龙腾健康发展、持续发展的重任，这让我感到欣慰。

二、逆境中有希望　危机里有转机

本人出身在一个农民家庭，也没读过多少书，工作后花了些功夫利用业余时间补习文化，获得大专文凭。被党组织调到龙腾钢厂之后，我有了独当一面的平台，我很珍惜自己的工作，我别无所长，是这个时代让我在经济领域有了一点发光发热的机会。

30年来，龙腾遭遇过许多挫折，经历过五六次倒闭风险，一路风风雨雨、磕磕绊绊。我也纠结、痛苦、无奈过，但是无论多难，我都没有绝望过，挣扎过来之后回头看，人生不可能一帆风顺，时运不济时永不绝望的人才有希望。

常熟人说“车到山前必有路，船到桥头自然直”，人生的转机往往就在“山穷水尽疑无路”的时候，如果在困难面前退却了，就真的完了。如果一个人身处逆境，不能只想到危机，更要看到转机，为转机创造条件。在这世上，一个人要想人家看得起，自己要争气，咬着牙、含着眼泪也要争气。你有多大成色，世界才会给你多大脸色。

30年来，我们之所以能取得一点成就，除了贵在坚持，就在于把龙腾的发展融入国家战略，并追赶时间，研究事物和市场的发展趋势，顺应中国经济社会发展的历史必然，把一些事情想在前，做在前，我们抓住了三轮发展机遇，在全行业提前做了一些工作。

第一轮，是在改革开放初期的短缺经济时期，那时有句话叫“皇帝的女儿不愁嫁”。由于资源、产品、服务等还不能满足市场的需求，只要有钱生产，或者只要能借到钱、贷到款生产就有机会，无论你生产什么产品都能卖掉。我看到这一点，没有钱就借鸡下蛋，千言万语、千方百计地到处借贷，开发的新产品弹簧扁钢为龙腾挣到了第一桶金。

第二轮，是在2008年后，围绕高质量发展，我在行业里率先提出了“五大之最”：产品质量做到最好、成本控制做到最优、市场份额做到最大、营销服务做到最佳、合作关系做到最顺。“五大之最”囊括了企业整体运作的质量要求，是龙腾经营服务的工作总则。

“五大之最”推动龙腾提前进入高质量发展之路，也与2017年10月18日党的十九大报告中提出的“全面推进高质量发展”战略完全吻合，因此受到行业领导和众多同行的认可。

第三轮，是在2010年之后，我在企业规划了“两手抓”。

一是一手抓好依法规范经营，使龙腾的安环工作领先于同行。我们坚决地、毫不含糊地贯彻执行安全生产法，坚守安全生产红线；坚决地、毫不含糊地贯彻环境保护法。我还提出了建设“绿色特钢，生态龙腾”的目标，不惜重金抓安全生产，实施本质安全，努力从源头上消除安全隐患。“三废”治理成效突出，被列入国家超低排放第一批公示企业。

二是一手是抓好科学发展、创新发展，把科技研究院建了起来，在科技引领下，设备的自动化、电脑化比例直线上升，龙腾的深加工产品无论在全国还是在全球细分行业都处在领先水平。

三、低调做人，高调做事；敢于弯腰，敢于低头

这也是我们的法宝，龙腾之所以能取得今天的规模和成就，“低调做人，高调做事；敢于弯腰，敢于低头”是重要原因之一。

“低调做人”就是内敛谦虚，即使有点成绩也不炫耀、不招摇、不狂妄、不张扬，与人为善，静下心来把自己的事做好。

“高调做事”就是高标准、高目标、高志向，敢于担当，勇于创新突破，不故步自封，昂首阔步前进。

“敢于弯腰”就是与人相处态度谦卑，不争执、不较真、不自傲、不自以为是。

做到尊重科学，尊重人才，能者为师，虚心向老大哥单位、向业内专家学习请教，取长补短。成熟的稻谷都弯着腰。

“敢于低头”就是把姿态往低处放，遇到挫折时，要低头思考找问题而不要闷闷不乐；有所作为时不能趾高气昂、不能自命不凡，也不能自以为是，埋着头接着干，敢于低头，才能出头。

四、做有梦想、有追求、有担当、有情怀的人

我自觉是一个有梦想、有追求、有担当、有情怀的人，满脑子心心念念地想着回报社会，想着需要帮助、关心的人，这也是我的初衷。龙腾的文化就是要关心好每一个需要关心的员工，让他们感觉到龙腾的温情，要让他们提到龙腾时有“这是一个家”的感觉，让他们觉得选择龙腾是正确的追求。

当年，即使在企业最困难的阶段，我也有一个想法：有一天，凡是梅镇、全市其他工厂工人能得到的好处，我们龙腾的工人也要得到。

现在我们有近 6 000 名员工，我对各分公司总经理的要求就是“照顾好我的员工”，无论是工作问题、工作餐问题、住宿问题、待遇问题、子女入学问题等，都要在他们有需要的时候提供帮助，消除员工的后顾之忧。

我来自农村，少年时代的贫穷生活和父母的言传身教，使我形成了怜贫惜弱的情怀，对贫困人口的难处深有同感，而这会形成一个人的社会责任感。为扶贫济困，龙腾和我个人既有对公益机构的支持，也有直接的帮扶对象。在脱贫攻坚战中，我在龙腾提出了“扶贫攻坚钢铁工人不做局外人”的口号，本人带头并动员全体员工争做贡献，培养员工的公德心。国内哪里如发生地震、洪涝等灾害，我们龙腾无须动员，总是在第一时间予以资助。

经过我们长达 10 年的扶持，2020 年，梅李一个贫困村成为美丽乡村。我还为造福乡里，出资为梅李镇的公共建设做贡献，为报效故乡出资改造聚沙西村，使焕然一新的西村成为全市美丽乡村中的一个样板村。

忙忙碌碌 30 年，事情多得应接不暇，很多时候我都陷在事务堆里。说实在的，我没什么空去回顾，不断发展的龙腾总是在催促我向前看、向前奔，无论走多远，我都没有忘记自己当初为什么出发，要努力为国家为人民多做点事。

有道是“良田千亩，日食三餐；华屋千间，夜眠八尺”，人生的价值，在于他对人类的奉献而不是独享荣华富贵，给予是一种幸福，对社会和人类有用才是一种地位。

我一直有个愿望，让龙腾成为“社会尊重的龙腾，政府认可的龙腾，市场首选的龙腾，员工向往的龙腾”，现在好评很多，但我们还要再接再厉。

山有高峰，也有低谷；水有深渊，也有浅滩。人生之路也一样，时而处在波峰，时而陷入谷底。一个人在幸运时需要的美德是低调，在厄运中需要的美德是坚韧。

许多人说“苦难是人生的一笔财富”，但说这话是有条件的，如果正在受苦受难，还没有摆脱困境的人是没有权利诉苦的，“市场不同情眼泪，竞争不可怜弱者”。只有当你战胜苦难，才能说苦难是人生的阶梯和财富，别人听着你倾诉时，也不会觉得你是在唱苦经，只会对你充满敬意。苦难面前不要抱怨人生、不要抱怨命运、不要抱怨不公，就像电视剧《上海一家人》的歌里唱的：要生存，先把泪擦干。

五、感恩不能忘怀的恩情　感谢不离不弃的陪伴

在龙腾建立 30 周年之际，我首先要感谢党的领导、党的政策和党的指引，在龙腾人跋涉的崎岖长路上，是党的阳光照耀、温暖了我们，也是党的阳光给了我们前进的原动力和光明的前程。没有党的指引，龙腾不可能取得今天这样的成就。

我要感谢我的父母，是他们含辛茹苦地培育了我们 5 个孩子，由于家庭人口多，我们家在村里年年透支，为维持一家 9 口的生活，父亲长年在外奔波。可再苦再累再难他还是那么乐观，我也永远不会忘了忙里忙外的母亲坐在灶前做饭的情景，我记得汤汤水水的日子，也记得母亲坐在织机前织布时的安详。但就是在那种极其困难的情况下，父母也节衣缩食送我们 5 个孩子上学读书。

母亲的勤劳善良和父亲的乐观豪爽，是我永远的榜样。我父母以坚强的意志承受生活的艰辛和压力，带领儿女们度过一段艰苦的岁月，而超负荷的劳累使我父母积劳成疾，都过早地离开了我们。父母健在时，我的厂还非常困难，老人家没享到儿子的福，却为儿子操了不少心。如今条件好了，“子欲养而亲不待”，这是我心里永远的痛。

我要感谢我的妻子，30 多年来，是她在幕后默默无闻地支持、支撑着我。她承担了几乎所有的家务并抚育我们的孩子成长，这使我能够全身心地扑在工作上。在企业最困难的时候，为解龙腾的燃眉之急，我还“骗”了她不少钱，几百元甚至上千元。有人说，每个成功的男人背后都站立着一个伟大的女性，我虽然说不上有多成功，但是站立在我身后的女性却是可以用伟大来形容的。

我要感谢30年前和我一起创业的老伙伴们，当年，他们在企业极其困难的情况下与龙腾风雨同舟，不离不弃，也从不计较工作时间和报酬，这种艰苦奋斗、合弄饭吃的团队精神，不计个人利益的奉献精神，让我心存感激，也永远不会忘怀。现在条件好了，但这种成就龙腾的精神不能丢，要一代代往下传。

30年来，龙腾一直得到国家及省市相关部门领导扶持，一直得到行业领导、老大哥单位和各界人士的鼎力相助，对此我念念不忘。在龙腾建厂30周年之际，我本人并代表全体龙腾员工，向他们表示敬意和感谢！

我尤其要感谢在龙腾苦苦挣扎、命悬一线的当年，伸出温暖的手拉过龙腾的贵人，这样的恩情龙腾人将永远铭记！

我非常感谢与我们合作的所有客户，感谢你们在激烈的市场竞争中，把“信任票”投给龙腾，成为我们的忠实客户。我一直觉得我们是相互依存的利益共同体、合作好伙伴。未来，我们将继续秉持“五大之最”理念，以合作双赢为目标，为广大客户提供高质量和附加值更高的产品。

六、我有一个百年龙腾的梦想

对未来，我有一个梦想。

我国的炼钢历史已经有两三千年，近代建立最早的钢厂是1873年德国兴建的弗尔克林钢铁厂，这是联合国命名的全球第一个工业文化纪念物，距今正好150年。

我想，既然世界上有那么多的百年老厂在，就说明事在人为，一切都有可能，前途未可限量。

在建厂30周年之际，我希望全体龙腾人以此为继往开来的新起点，让心态归零再出发，以龙腾人坚忍不拔、勇往直前的进取精神；同甘共苦、患难与共的团队精神和追求卓越、勇于突破的创新精神，瞄准国内国际两个市场，不断地开发创新产品，为祖国的强大和繁荣昌盛做出更大的贡献。

在龙腾发展史的交汇点上，我要对我的全体同事说：

记住昨天，做好今天，走向明天！

既然30年前一穷二白的龙腾能发展到今天，那我们就有足够的理由在现在较好的基础上去创造下一个更美好的30年，接着，也就有足够的理由去实现龙腾的百年梦想！

让我们从现在起就向着这个远大目标进发！

后 记

写完本书的最后一章，电脑右下显示快23点了。我合上“笔记本”，惬意地靠在椅背上，如释重负地舒了口气。从开工到现在两三年了，有目标、有事做的日子真快，一刹那，一周过去了，又一刹那，一个月过去了，到现在30多个月了。

这期间，我几乎息交绝游，围绕创作观察、思考、联想、采访、写作、改稿，无论在哪，无论何时。

文字工作案牍劳形，也是粒粒皆辛苦，可在完稿之后却又意犹未尽似的。龙腾是一座丰富的矿藏，在它的深处一定还有许多璀璨的瑰宝没被我挖到；龙腾也是一本精彩纷呈的大部头，而我由于应接不暇很有可能疏漏了最引人入胜的章节。

好在这几年与龙腾朝夕相处，也确实捕捉到不少原始资料，而季丙元董事长一挥而就的6 000字要点提示，和他对龙腾30年节点、拐点上的难事、大事、要事所做的详细介绍，为我的采访、写作提供了具有方向性的指示。

2020年10月，“红色熔炉、钢铁堡垒”党建馆开馆，在丁君华、黄耀良、朱永坤、陈国平、王信明等同志的协助下，为撰写该馆的文字解说词，我做了大量采访，这让我对龙腾的基本情况有了较为全面的了解，并由此产生写本书的念头。

那年11月的一天，龙腾对外办主任袁燕与我聊到企业文化建设，扯到了纪实文学时，她很认真地对我说：“你为我们老板写本书吧！”这是第一个喊我写这书的龙腾干部。

我说：“龙腾从那么小做到这么大，从那么难做到这么顺，从那么弱做到这么强，从在梅李垫底做到常熟龙头，背后的故事值得写，只是我知道的太少了。”

她竭力撺掇了我一番，第二天还送了本其他钢铁厂的报告文学作品给我，这让我感到，她的提议是认真的。

这之后的2020年12月底，龙腾现任党委副书记朱永坤邀我开会，参会的除了他和我，还有丁君华副书记、黄耀良副总经理和董事长办公室主任王渐凯三位领导。

与会人员不多，但挺庄重，有主持、主讲，丁君华开门见山地说：“开这个会，是想请李老师为我们龙腾写本书。”

听他们的意思要写的是厂志。

我说：“两年后就是龙腾建厂30周年，不如写一部报告文学，以老板带领龙腾人求发展的奋斗历程为主线，全程、全景地再现龙腾从小到大、从弱到强的变迁，讲讲龙腾故事，传承龙腾精神，向龙腾的30周年华诞献礼。”

这得到几位领导的一致赞同。

但会后我隐隐感到一种压力，怕力不从心。

我写报告文学的底子很薄，虽然在我的新闻生涯里，写过太多的人物和单位，其中因此获得国家级荣誉称号的个人和单位也有一二十个了，但体裁大多是人物通讯、工作通讯。

报告文学写得很少，且都是短篇，但这方面有过两个意外：一是2018年省委宣传部、省作家协会从全省40年间浩繁的报告文学作品中挑了65篇，结集出版了《实践之树常青——改革开放四十年江苏报告文学选（三册）》一书，我曾在省里获奖的作品《梦在一片蓝天下》忝列其中；二是省委组织部所属的人才创新创业促进会出版《人才的力量——江苏省百名“双创人才”侧影》（上下册）一书，我写的我国三位著名科学家的微型报告文学竟都被录用了。此外，国家卫健委为纪念建党百年出版《小故事 大事业——中国基层卫生发展回眸》一书，收录了我写的中国第一代乡村医生钱桂华的微型报告文学。

但这些与大型报告文学是不能等量齐观的。

书是精神领域的产品，是产品都应该有用。

我国人民有“三十而立”“三十年河东，三十年河西”一说，就是指对人、对企业、对一个地方来说，30年都是一个承上启下的重要节点。我要考虑的是，这本书写龙腾的前30年，该为龙腾留下什么？怎样才能不负季丙元等龙腾拓荒者用他们那代人的青春和热血铸就的事业和培育的精神？龙腾作为我国133万钢铁大军的劲旅之一，该如何展现钢铁人在这个时代的风貌与贡献？此外，我还要考虑的是，这本书能为读者，尤其是仍在创业、仍在苦斗之中的有志者提供些什么？

还有，就是我该如何展现本书中的人物形象？

文学，尤其是报告文学就是“人学”。对于人物形象，纯文学作品如小说主要是塑造与拼写，纪实文学作品则是发现与再现，写的是现实中的人和真实有过的事。

我觉得，我书中的人物形象应闪耀着本真的色彩，映射着时代的辉光，无须宏大叙事，坚持原色叙述，就写那一群从农民、从其他普通人成长起来的钢铁人的梦想、追求和酸甜悲喜，通过可视化的描述，让他们的精神风范闪现在时代浪潮的沉浮之间，生动形象地刻画书中人物，把杰出企业家百折不挠的精神和跌宕起伏的奋斗人生真实、可信地凸显出来。

企业与企业，比的是领导者决策的能力，清晰的思路，有效的策划，关键时刻的坚强意志，坚定的决心和持久的毅力及自我牺牲精神。但凡蒸蒸日上、生机勃发的企业必有一个出类拔萃的栋梁之才。龙腾之所以能度过重重危机而持续发展、不断壮大，正是因为拥有季丙元这位杰出的企业家。而他又以其识才的慧眼在全国范围内遴选了一批一流人才，从而使龙腾成为藏龙卧虎之地。这样，一个统揽全局、具有战略眼光、对市场知己知彼的主帅，加一群忠诚敬业、能征善战的将才，构成了龙腾的中坚，使整个龙腾焕发出了一种具有高效、韧性及强大张力与创造力的内驱动力。

多年前我就发现，作家与书中人物——哪怕是自己塑造的，也会“日久生情”。龙腾许多感人的故事，让我生出一种沉甸甸的责任感，一定要写好此书。很多时候，我沉醉其中且“入戏很深”，对或委婉凄恻或激越澎湃的龙腾之歌，有种“初闻不知曲中意，再闻已是曲中人”的代入感，不知不觉与书中人物的喜怒哀乐产生情感上的通感共振。

创作期间，我查阅了所能找到的原始档案资料，先后采访了五六十位亲历者、见证人、知情人，包括告老还乡远在天津、上海的龙腾前部门负责人，采访了季丙元的家人和寺泾村、聚沙西村的老乡。黄耀良经常为我讲述龙腾的今昔故事，陈国平、王信明还为我提供了文字资料，王昌华做到了我要什么给什么。开工前，朱永坤、丁君华还分别陪我做了一次集体采访。徐胜、徐利热情地为我的采访提供了指引，吕纪永被我麻烦了五六次。陆二平、杨政、周军、徐永涛、王士江等老总也都先后接受了我的采访，朱永坤副书记、王渐凯主任对我的工作有求必应，公司行政办秘书张卫娟和档案室全体工作人员也都为我提供了工作之便。赞比亚分厂首任厂长张建军和现任厂长温晓诚让我看到了赞比亚境外分厂的建设过程和当下产销两旺的景象。现任梅李镇党委书记许晓波和党委委员周琴花也热情地接受了我的采访。该镇老领导徐永达同志向我介绍了龙腾初创时的往事，顾喜芳同志为我提供了珍贵的原始资料等。龙腾的徐建清经理多次带我去西村采风，西村的徐建亭向我介绍了村里的变迁。龙腾园艺工程师丁建强带着腿伤陪我在生态园实地感受绿色龙腾的风光，珍北村的韩静芳、许月圆和胡书记每次我去都是那么热情……

太多了，没有大家支持，我再巧也难为无米之炊，谢谢大家！

我还要感谢作家、雨花杂志社前任总编辑李风宇的指导，感谢中国报告文学协会副会长、评论家丁晓原的鼓励和建议，感谢作家、诗人黄雪梅院长的具体点拨，她关于对事件要写出动感，场景描写要可视，能让人感到似曾相识和身临其境、人物形象要有个性特征、对话要可信和接地气等提示，让我颇受教益。

夜色已深，我来到阳台上，天幕上前些日子还镰刀似的钩月已长成橄榄球模样，很亮地照耀着苍茫大地。融融月色下，离家不远处的南面一艘巨轮形的高大建筑影影绰绰，那是龙腾希尔顿酒店，它从城区一大片建筑群中冒了出来，高高耸立在碧波荡漾的琴湖北岸。此刻，那建筑的窗户里还亮着灯，有的还闪着电焊的弧光，工程进入最后的内装阶段。

酒店附近的电视塔上不断跃升的霓虹一波接一波地冲顶，像要寻求突破。有人说，这塔像窈窕淑女的小蛮腰，我说它更像一柄如椽巨笔，可用来为这座充满灵秀之气的江南水乡城市描绘更新、更美的图画。

悠悠白云在深蓝色的夜空缓缓移动，月光如水，那艘“巨轮”仿佛已经发动……它将在龙腾第二个30年的开局之年——2024年的红五月启航，向着更灿烂的前程！

李根龙

2023年10月24日于家中